옮긴이
홍성수

숙명여자대학교 법학부 교수로 법사회학, 인권법, ~~~~인 이론, 혐오
표현, 차별 등의 주제를 연구하고 있다. ~~~~대학교 법학과를 졸업하고, 같은
대학원에서 석사, 런던정치경제대학교에서 국가인권기구에 대한 법사회학적
연구로 박사학위를 받았다. 스페인 국제법사회학연구소, 옥스퍼드 사회-법연
구소, 런던대 인권컨소시엄 등에서 연구했다.
저서로 『법의 이유: 영화로 이해하는 시민의 교양』 『말이 칼이 될 때: 혐오표
현은 무엇이고 왜 문제인가?』 『헤이트: 왜 혐오의 역사는 반복될까』(공저) 『차
별과 혐오를 넘어서: 왜 문화다양성인가』(공저) 등이 있으며, 역서로 제러미
월드런의 『혐오표현, 자유는 어떻게 해악이 되는가? The Harm In Hate Speech』
(공역) 등이 있다.

유민석

동국대학교 철학과에서 「혐오 발언에 관한 언어행위론적 연구: 랭턴과 버틀
러의 이론을 중심으로」로 석사학위를 받았고, 서울시립대학교 철학과에서 박
사과정을 수료했다. 2015년에는 5·18기념재단의 '혐오표현과 표현의 자유'
프로젝트에 공동 연구원으로 참여했고, 2018년 국가인권위원회의 '혐오표현
예방·대응 가이드라인 마련 실태 조사'와 2020년 '서울시 혐오표현 알림수
첩'에 공동 연구원으로 참여했다.
저서로 『혐오의 시대, 철학의 응답: 모욕당한 자들의 반격을 위한 언어를 찾
아서』 등이 있으며, 역서로 캐서린 겔버의 『말대꾸: 표현의 자유 VS 혐오 표
현 Speaking Back: The Free Speech Versus Hate Speech Debate』과 주디스 버틀러의
『혐오 발언: 너와 나를 격분시키는 말 그리고 수행성의 정치학 Excitable Speech:
A Politics of the Performative』 등이 있다.

혐오

023
Philos

HA

혐오

우리는 왜
검열이 아닌

표현의 자유로
맞서야 하는가?

네이딘 스트로슨 지음
Nadine Strossen

홍성수·유민석 옮김

TE

Why We Should Resist It with
Free Speech, Not Censorship

arte

이 책을 스코키(Skokie) 논쟁 동안 미국시민자유연맹(ACLU)의 핵심 지도자이자 영감을 주는 인권옹호자이자 존경받는 멘토였던 노먼 도슨(Norman Dorsen)과 아리에 나이어(Aryeh Neier)에게 헌정합니다.

혐오적인 표현에 대한 가장 강력한 무기는 억압이 아니라 더 많은 표현이다. 편견에 대항하여 힘을 합치고 상호 존중을 고양하는 바로 그 관용의 목소리 말이다.

— 버락 오바마, 전 미국 대통령

결국 우리는 우리 적의 언어가 아니라 우리 친구들의 침묵을 기억할 것이다.

— 마틴 루서 킹 주니어

나치즘에 대한 도덕적 항의로 제기되어야 했던 목소리들은 독일과 독일제국에 정복당했던 영토들에서 거의 들리지 않았다. 정치적·종교적 지도자들이 나치에 대해 항의했던 곳, 특히 덴마크에서는 유대인 대부분이 구출되었다. 사망한 유대인들은 나치의 희생자였을 뿐 아니라, 유럽의 도덕적 리더십의 침묵의 희생자였다.

— 아리에 나이어, 스코키 소송 당시 미국시민자유연맹(ACLU) 사무처장

차례

감사의 글

이 책은 수정헌법 제1조에 대한 탁월한 전문 지식, 뛰어난 분석 및 세심한 편집 재능을 발휘한 편집자 제프리 스톤의 막대한 공헌 덕분에 헤아릴 수 없이 많은 혜택을 받았다. 가장 미묘한 표현 선택에서부터 이론, 정책, 원리에 관한 가장 도전적인 질문에 이르기까지 모든 수준에서 그의 특별하고 관대한 관심이 없었다면 이 책은 더 좋은 책이 되기 어려웠을 것이다.

플로이드 에이브럼스, 론 콜린스, 밥 콘리비어, 노르만 핀켈슈타인, 엘리 노엄, 벤 위즈너가 초고를 아낌없이 읽고 유익한 비평을 해 주었다.

책에 생명을 불어넣는 데 재능 있는, 친구들 사이에서 "조산사"로 불리는 뛰어난 문학 에이전트인 캐럴 맨, 그리고 아리에 나이어, 캐런 갠츠 잘러 등이 특별한 도움을 주었다. 특히 이 책을 편찬하는 데 뉴욕 로스쿨의 앤서니 크로얼 학장과 빌 라피아나 학장이 나에게 실질적인 연구 지원과 함께 2017년 봄의 안식년을 허락하는 등 특별한 편의를 제공해 주었다. 나는 또한 마틴 플래허티, 도니 게위츠만, 프랭크 멍거, 제리 빌도스테기 교수가 나의 2017년 봄 학기 강좌를 신청한 학생들에게 강의해 준 것에 감사드린다. 또한 강의실에서의 내가 그립지만, 내 책을 읽기를 기대하고 있다는 사려 깊은 메시지를 전해 준 학생들에게도 감사드린다.

뉴욕 로스쿨의 사서 마이클 매카시와 캐롤린 하셀만이 귀중한 연구 지원을 했으며, 현재 및 이전 뉴욕 로스쿨 학생들인 조지핀 번, 제이콥 브로도프스키, 마이클 콜린스, 데니스 푸토리언, 알렉시스 그래넬, 리사베스 조겐슨, 나나 하차투랸, 케이시 킴볼, 데일 맥케이, 마이클 맥킨, 스테파노 페레즈, 홀리오 피카릴로, 레이철 셜, 리처드 셰어, 알렉산더 와인만, 그리고 자크 젤닉 등도 귀중한 연구 지원을 했다. 크리스 제니슨이 추가로 고마운 연구 지원을 해 주었고, 스탠 슈워츠 교수 보좌관은 많은 분야에서 큰 도움을 주었다. 그 밖에도 뉴욕 로스쿨 오럴 호프, 클로드 애브너, 실비아 알바레즈, 투안 부이, 레지나 정, 다나 니논스, 아라슬리스 노르베르토, 엘리자베스 토머스, 로버트 토레스, 제프리 유 등이 특별한 지원을 했다.

옥스퍼드대학교 출판부에서, 나는 운 좋게도 아이린 바너드, 레슬리 존슨, 데이브 맥브라이드, 에린 미헌, 니코 펀드, 사라 루소, 클레어 시블리, 루시 테일러, 폴 톰셋, 레니시 비탈, 웬디 워커, 로빈 웨인, 그리고 에니드 자프란의 전문성과 헌신으로부터 혜택을 받았다.

나는 이 책에 정보를 제공하고 영감을 준 학자들에게 은혜를 입고 있다. 혐오표현의 악영향과 대항표현을 포함한 사회적 대응의 중요성을 기록한 그들의 영향력 있는 작품에 대해 나는 리처드 델가도, 스탠리 피시, 찰스 로런스, 마리 마쓰다, 장 스테판치, 알렉산더 체시스, 그리고 제러미 월드런에게 감사한다. 나는 또한 플로이드 에이브럼스, 야만 아크데니즈, 리 볼링거, 아녜스 칼라마르, 론 콜린스, 밥 콘리비어, 도널드 다운스, 데이비드 골드버거, 조엘 고라, 마조리 하인스, 자멜 재퍼, 피터 몰나르, 버트 뉴본, 로버트 포스트, 플레밍 로세, 제프 로젠, 로버트 세들러, 스티브 심슨, 데이비드 스코버, 제프리 스톤, 캐슬린 설리번, 트레버 팀, 윌리엄 밴 알스테인, 유진 볼로크, 제임스 와인스타인 등 내가 가장 가깝게 협력하고 이 책의 배경을 "계속" 제공해 준 연구자들을 비롯하여 내가 가장 밀접하게 일했던 표현의 자유 단체인 미국시민자유연맹(ACLU), 교육에서의 개인의 권리를 위한 재단(FIRE), 검열반대전국연합(NCAC)에도 감사드린다.

그 밖에 의미 있는 기여를 한 사람들로 낸시 에이브러햄, 데이비드 버스틴, 스티브 M. 코언, 조지프 포니에리, 조너선 하이트, 매슈 호프먼, 엘리자베스 K. 잭슨, 피터 몰나르, 데니스 파커, 베키 로이피, 리 롤런드, 로버트 샤크터, 루티 테이텔, 라파트 S. 토스, 그리고 미셸 지얼러 등이 있다.

나는 운이 좋게도 코네티컷주 뉴밀퍼드(New Milford) 근처의 레스토랑에서 미시 알렉산더, 존 볼거, 롭 브레튼, 밥 브로피, 앨 버가서, 척 쿤다리, 크리스 엘리스, 에릭 개튼, 낸시 자누톨로, 마이크 라티니, 돈 로, 수지 마커, 더그 매슈슨, 그레그 맥클루어, 펠리시아 마이클, 짐 모커, 짐 노왁, 빌 펫카나스, 필 스필레인, 가이 티노, 팻 워커, 낸시 월시, 존 우드 등 재능 있는 음악가들이 공연했던 아름다운 라이브 음악에 영감을 받아 이 책의 많은 작업을 할 수 있었다. 나는 또한 글쓰기에 적합한 환경을 제공해 준 조 카시미로, 알과 요하나 마르체나, 루이사와 세르지오 라고스타, 그리고 데이비드와 센카 톰프슨에게도 감사를 표하고 싶다. 우리는 2017년 8월에 혐오표현에 대해 많은 이웃과 함께 목소리를 높였다. 혐오표현은 우리 지역 공동체의 재산을 일시적으로 더럽혔지만, 그것의 지속적인 효과는 혐오와 차별을 극복하겠다는 우리의 다짐을 새롭게 했다.

마지막으로 내 인생에서 가장 중요한 두 사람, 부헨발트 (Buchenwald) 강제수용소의 참상을 견디고, 나치의 탄압에 저항했으며, 그의 딸이 생명, 자유, 또는 "법 앞의 평등한 정의"를 결코 당연하게 여기지 않도록 새로운 나라에서 새로운 삶을 만들어 낸 아버지 우드로 스트로슨(Woodrow J. Strossen), 그리고 이 책을 쓰는 과정을 포함하여 내 삶의 모든 면을 풍요롭게 해 주는 가장 완벽한 파트너인 내 남편 엘리 노엄(Eli M. Noam)에게 감사드린다.

편집자의 글

우리는 모든 인간이 평등하게 창조되었고, 창조주로부터 양도할 수 없는
권리를 부여받았다는 이 자명한 진리를 믿는다.

― 미국 독립선언문

1991년부터 2008년까지 미국시민자유연맹(American Civil
Liberties Union) 회장을 역임한 네이딘 스트로슨보다 혐오표현에
대한 글을 쓰기에 더 적합한 사람은 없을 것이다. 스트로슨은 시민
적 자유의 수호와 수정헌법 제1조에 자신의 경력을 바쳤다. 그는 미
국에서 표현의 자유를 가장 옹호하는 사람 중 한 명이다. 그러므로
미국의 역사에서 이 격동의 시기에 그가 오늘날 미국을 분열시키고
있는 몇 가지 문제를 밝히기 위한 노력으로 논쟁에 다시 참여해야
한다는 것은 적절할 뿐 아니라 당연하다.

『혐오: 우리는 왜 검열이 아닌 표현의 자유로 맞서야 하는가?(HATE: Why We Should Resist It with Free Speech, Not Censorship)』에서 스트로슨은 사려 깊고 선의를 가진 사람들이 혐오표현을 침묵시키고 싶어 하는 자연스럽고 이해할 수 있는 이유와, 자유민주적인 사회에서 우리가 그러한 유혹에 저항해야 하는 설득력 있지만 종종 잊히는 이유를 탐구한다. 그의 요점은 혐오표현이 해롭지 않다는 것이 아니라, 검열보다 더 나은 해결 방법이 있다는 것이다.

이를 위해 스트로슨은 우리의 수정헌법 제1조의 핵심 의미를 설명하고 표현의 자유에 대한 미국의 헌신을 구성하는 필수 원칙들을 확인한다. 그러나 그 원칙들이 우리의 국가적 가치와 전통의 기본 요소이기 때문에, 그는 몇몇 상황에서는 사람들이 혐오표현이라고 부르는 것이 헌법에 따라 사실상 제한될 수 있다는 점을 인정한다. 그러나 그가 거부하는 것은 "**헌법상 보호되는** 혐오표현"을 그 비난받는 지점 또는 잠재적으로 해로운 영향 때문에 검열해야 한다는 주장이다.

스트로슨은 내적으로 일관되고 정합적인 혐오표현금지법을 제정하는 것의 어려움, 다른 국가에서 혐오표현금지법이 의도했던 문제들을 해결하는 데 실패하는 것, 정치적 절차를 조작하고 법의 의도된 수혜자인 소수자들에게 불이익을 주기 위해 혐오표현금지법을 악용하는 것, 그리고 검열에 관여하지 않고 혐오표현이 야기할 수 있는 해악을 해결할 많은 대안 등 광범위하고 중요하고 복잡한 문제를 탐구한다.

스트로슨은 혐오표현금지법을 채택하는 것이 도덕적 만족감을

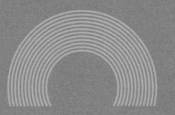

사유의 새로운 지평

Philos 시리즈

인문·사회·과학 분야 석학의 문제의식을 담아낸 역작들
앎과 지혜를 사랑하는 사람들을 위한 우리 시대의 지적 유산

arte

Philos 001-003

경이로운 철학의 역사 1-3

움베르토 에코·리카르도 페드리가 편저 | 윤병언 옮김

문화사로 엮은 철학적 사유의 계보

움베르토 에코가 기획 편저한 서양 지성사 프로젝트
당대의 문화를 통해 '철학의 길'을 잇는 인문학 대장정

165*240mm | 각 904쪽, 896쪽, 1096쪽 | 각 98,000원

Philos 004

신화의 힘

조셉 캠벨·빌 모이어스 지음 | 이윤기 옮김

왜 신화를 읽어야 하는가

우리 시대 최고의 신화 해설자 조셉 캠벨과
인터뷰 전문 기자 빌 모이어스의 지적 대담

163*223mm | 416쪽 | 28,000원

Philos 005

장인: 현대문명이 잃어버린 생각하는 손

리처드 세넷 지음 | 김홍식 옮김

"만드는 일이 곧 생각의 과정이다"

그리스의 도공부터 디지털시대 리눅스 프로그래머까지
세계적 석학 리처드 세넷의 '신(新) 장인론'

152*225mm | 496쪽 | 38,000원

Philos 006

레오나르도 다빈치:
인간 역사의 가장 위대한 상상력과 창의력

월터 아이작슨 지음 | 신봉아 옮김

"다빈치는 스티브 잡스의 심장이었다!"

7200페이지 다빈치 노트에 담긴 창의력 비밀
혁신가들의 영원한 교과서, 다빈치의 상상력을 파헤치다

160*230mm | 720쪽 | 68,000원

Philos 007

제프리 삭스 지리 기술 제도:
7번의 세계화로 본 인류의 미래

제프리 삭스 지음 | 이종인 옮김

지리, 기술, 제도로 예측하는 연결된 미래

문명 탄생 이전부터 교류해 온 인류의 7만 년 역사를 통해
상식을 뒤바꾸는 협력의 시대를 구상하다

152*223mm | 400쪽 | 38,000원

Philos 018

느낌의 발견: 의식을 만들어 내는 몸과 정서

안토니오 다마지오 지음 | 고현석 옮김 | 박한선 감수·해제

느낌과 정서에서 찾는 의식과 자아의 기원

'다마지오 3부작' 중 두 번째 책이자 느낌-의식 연구에 혁명적 진보를 가져온 뇌과학의 고전. 다양한 임상사례를 근거로 몸과 정서가 긴밀히 상호 연관되어 우리의 의식과 자아를 형성한다는 사실을 밝힌다.

135*218mm | 544쪽 | 38,000원

Philos 019

현대사상 입문: 데리다, 들뢰즈, 푸코에서 메이야수, 하먼, 라뤼엘까지 인생을 바꾸는 철학

지바 마사야 지음 | 김상운 옮김

인생의 '다양성'을 지키기 위한 현대사상의 진수

아마존재팬 철학 분야 1위, '신서대상 2023' 대상 수상작. 이해하기 쉽고, 삶에 적용할 수 있으며, 무엇보다도 마음을 위로하고 격려하는 궁극의 철학 입문서.

132*204mm | 264쪽 | 24,000원

Philos 020

자유시장: 키케로에서 프리드먼까지, 세계를 지배한 2000년 경제사상사

제이컵 솔 지음 | 홍기빈 옮김

당신이 몰랐던, 자유시장과 국부론의 새로운 기원과 미래

'애덤 스미스 신화'에 대한 파격적인 재해석. 시장과 정부, 자유와 통제를 논한 2000년 경제사상사에서 새로운 자유시장을 위한 통찰과 경제위기의 해법을 찾는다.

132*204 | 440쪽 | 34,000원

Philos 021

지식의 기초: 수와 인류의 3000년 과학철학사

데이비드 니런버그·리카도 L. 니런버그 지음 | 이승희 옮김

서양 사상의 초석, 수의 철학사를 탐구하다

고대 그리스철학과 유일신교의 부상에서부터 근대 물리학과 경제학의 출현까지, '셀 수 없는' 세계와 '셀 수 있는' 세계의 두 문화와 인문학, 자연과학, 사회과학을 넘나드는, 수를 둘러싼 심오하고 매혹적인 삶의 지식사.

132*204mm | 600쪽 | 38,000원

— Philos 시리즈는 계속 출간됩니다.

줄 순 있어도 득보다 실이 더 많다고 결론지었다. 그것들은 수정헌법 제1조의 핵심 원칙들과 양립할 수 없을 뿐만 아니라, 효과가 없으며 따라서 궁극적으로 불필요하다. 간단히 말해서 혐오표현금지법 지지자들이 말하는 목표를 달성하는 데에는 그 법보다 더 나은 방법이 있다.

이 책에서 저자 스트로슨은 평등과 자유 **둘 다**를 가장 잘 보호할 대담하고 중요한 주장을 내세운다. 미래에 혐오표현금지법과 정책을 옹호하고 싶은 사람은 "악마의 변호사"를 현재 바로 가까이에 두고 있는 것이다. 이 강력하고 설득력 있는 분석을 접하지 않고는 누구도 가까운 미래에 이 문제를 다룰 수 없다. 이 책은 앞으로 몇 년 동안 이 문제에 대한 모든 논쟁의 토대를 마련해 줄 것이다.

제프리 R. 스톤(Geoffrey R. Stone)

2018년 2월

핵심 용어 및 개념

모든 표현의 자유 논쟁에서 실제 문제는 '법 위반 행위를 야기하는 경향이 있다면, 그 가능성이 아무리 희박해도, 그러한 모든 말을 국가가 처벌할 수 있는가, 아니면 법 위반 행위를 직접 조장하는 말만 처벌할 수 있는가'다.

— 제커라이어 체이피(Zechariah Chafee), 하버드 로스쿨 교수

나는 이 책에 인용을 하지 않았다. 그러나 내가 참조한 문헌 목록은 http://www.nyls.edu/nadinestrossen에서 찾아볼 수 있다.

이 책에서 나는 중요하고 복잡한 법적 개념을 명확하고 간결하면서도 지나치게 단순화하지 않게 논의하려고 노력할 것이다. 혐오표현이라는 용어 및 이에 대한 토론에서 반복되는 기타 용어들에 구체적이고 일반적으로 받아들여지는 정의가 없기 때문에, 이 작업은 특히 어렵다. 핵심 용어의 일관성 없는 사용 때문에 이 주제에 대한

토론은 종종 혼란에 시달렸다. 이러한 혼란을 최소화하고자 가장 중요한 용어와 개념 정의를 알파벳 순서로 아래에 소개한다. 또한 혐오표현금지법에 반대하는 주요 논증을 소개한다. 그 개념 정의들은 모든 혐오표현금지법이 본질적으로 위반하는, 특히 소수 관점과 소수자 발화자들을 위험에 빠뜨리는 기본적인 표현의 자유의 두 가지 원칙, 즉 긴급성 원칙(emergency principles)과 관점 중립성 원칙(viewpoint neutrality principles)을 제시한다.

어떤 독자에게는 일단 이 절을 건너뛰고, 본문을 읽을 때 보충 자료로 참조하는 것이 더 좋을 것이다.

나쁜 경향성(또는 해로운 경향성) 테스트와
긴급성 테스트

서로 다른 역사적 시기에 등장한 이 용어들은 미국연방대법원이 어떤 표현이 해악을 야기할 때 정부가 그 표현을 어떤 경우에 억압할 수 있는지를 결정하기 위해 사용한 두 가지 정반대되는 테스트를 가리킨다. 이것은 혐오표현뿐만 아니라, 체이피가 말했듯이, 표현의 자유에 관한 모든 문제에서 핵심 질문이다.

20세기 후반까지 미국연방대법원은 어떤 표현에 우려되는 "나쁜" 또는 해로운 "경향"이 있다면 정부가 그 표현을 처벌하는 것이 헌법상 정당하다고 봤다("해로운 경향"이라는 용어가 표현의 우려되는 부정적인 영향을 더 명확하게 묘사하기 때문에 나는 나쁜 경향이라는 용어보다 "해로운 경향"을 선호하지만, 이 두 용어를 같은 뜻으로 사용할 것이다). 실질적으로 이 테스트는 정부 정책이나 관료들을 비판하는 표현을 포함하여, 정부가 탐탁지 않게 여기는 생각을 담은 표현을 처벌할 수 있는 자격을 정부에 부여했다.

20세기 초의 획기적인 반대의견에서 올리버 웬들 홈스(Oliver Wendell Holmes) 대법관과 루이스 브랜다이스(Louis Brandeis) 대법관은 나쁜 경향성 테스트(bad tendency test)를 거부하고 대신 더 엄격한 긴급성 테스트(emergency test)를 제시했는데, 법원은 20세기 후반에 마침내 이를 만장일치로 채택했다. 이 테스트에 따르면, 정부는 긴급 상황이 발생한 경우에만 공적 문제에 대한 표현을 처벌할 수 있다. 표현이 비(非)검열적 조치—이 중 가장 중요한 것은 대항표현(counterspeech)과 법 집행이다—로 막을 수 없는, 구체적이고 객관적으로 확인 가능한 심각한 해악을 직접적이고 명백하게 그리고 임박하게 야기하는 경우에만 처벌이 가능하다. 과거에 법원은 이 긴급성 테스트를 설명하기 위해 때때로 "명백한 현재의 위험"이라는 문구를 사용했지만, 그 문구를 일관되게 사용하지는 않았다. "긴급성 테스트"라는 용어는 지난 반세기 동안 법원이 정당하게 시행해 온 엄격한 기준을 보다 명확하게 포착해 낸다.

편견범죄 또는 혐오범죄

편견범죄(bias crime) 또는 혐오범죄(hate crime)라는 용어는 폭력이나 기물 파손 같은 범죄 행위 중 가해자가 피해자 또는 재산 등의 범죄 대상을 차별에 근거하여 의도적으로 선별한 경우를 말한다.[1] 이러한 범죄는 피해자와 사회 모두에 추가적 해악을 입히는 것으로 여겨지기 때문에, 가중처벌 대상이다.

헌법상 보호되는 '혐오표현'

나는 이 문구를 사용하여 잘 이해되지 않는 핵심 사실을 강조한다. 즉, 혐오표현이라는 모호한 문구가 내포하는 모든 표현을 헌법이 보호하는 것은 아니다. 미국연방대법원이 메시지만으로 수정헌법 제1조(The First Amendment)[2]의 보호에서 제외되는 혐오표현의 특별한 범주를 인정한 적은 없지만, 문맥상 표현이 특정한·임박한·심각한 해악을 직접적으로 야기함으로써 긴급성 테스트를 만족시키는 경우, 정부는 혐오적이고 차별적인 메시지를 포

---

1   '편견범죄'는 편견이 동기가 된 범죄로서 통상 혐오범죄와 같은 뜻으로 사용된다. 인종, 종교, 성별, 성적 지향, 성정체성, 장애 등에 대한 편견이 동기가 되어 소수자를 공격하는 범죄다.

2   이 책에서 계속 언급되는 미국 수정헌법 제1조는 다음과 같다. "의회는 종교를 만들거나, 자유로운 종교 활동을 금지하거나, 표현의 자유, 출판의 자유, 평화롭게 집회할 수 있는 권리, 그리고 불만 사항에 대한 구제를 위해 정부에 청원할 수 있는 권리를 제한하는 어떠한 법률도 제정할 수 없다." (원문: Congress shall make no law respecting an establishment of religion, or prohibiting the free exercise thereof; or abridging the freedom of speech, or of the press; or the right of the people peaceably to assemble, and to petition the Government for a redress of grievances.)

함한 일부 표현(기타 다른 메시지를 전달하는 표현 포함)을 제한할 수 있다. 또한 3장에서 설명하듯이 공공부문과 민간 부문 모두에서, 혐오표현(기타 다른 메시지가 포함된 표현 포함)을 제한할 수 있는 또 다른 경우가 있다. 따라서 "헌법상 보호되는 혐오표현(constitutionally protected hate speech)"이라는 용어는 일부 사람이 검열해야 한다고 하지만 그럼에도 수정헌법 제1조가 보호하는 혐오표현을 가리킨다.

대항표현

대항표현(counterspeech)이라는 용어는 혐오표현을 포함하여 발화자가 거부하는 메시지를 담은 표현에 대항하거나 대응하는 모든 표현을 말한다. 대항표현은 발화자, 발화자의 의견을 공유하는 다른 사람들, 비하하는 표현을 당하는 사람들, 일반 대중 등 다양한 사람들을 대상으로 할 수 있다. 대항표현의 내용으로는 메시지에 대한 비난이나 반박, 비하 표현을 당하는 사람들에 대한 지지, 그리고 발화자와 발화자의 의견에 공감하는 사람들의 의견을 바꾸기 위한 정보를 포함할 수 있다. 해로운 경향성이 우려되지만 긴급성 테스트는 통과하지 못하는 표현에 대해 헌법상 허용되는 대응은 검열이 아닌 대항표현이라는 것이 미국연방대법원의 입장이었다.

탐탁지 않거나, 불온하거나, 두려움을 주는 메시지

나는 탐탁지 않거나, 불온하거나, 두려움을 주는 메시지(disfavored, disturbing, or feared messages)라는 용어를 헌법상 보호되는 혐오표현에 귀속시키는 세 가지 주요 잠재적·부정적 영향을 요약하기 위해 사용한다. 혐오표현금지법 지지자들은 이러한 용어를 혐오표현금지법을 정당화하기 위해 활용하지만, 이것들로 근본적인 긴급성 원칙 및 관점 중립성 원칙에 부합하는 법이 정당화될 수는 없다(관점 중립성 원칙에 관해서는 아래 참조). 단지 "탐탁지 않다"라는 이유만으로 어떤 의견을 검열하는 것은, 아무리 탐탁지 않은 정도가 심각해도, 관점 중립성 원칙에 직접적으로 위배된다. 어떤 관점이 일부 청중의 감정이나 정신에 "불온한" 영향을 미칠 수 있다는 이유로 혐오표현을 포함한 공공 문제에 대한 표현을 정부가 억제하는 경우에도 이 규칙을 위반한다. 그러한 부정적인 영향은 표현에 담긴 메시지에서 나올 것이기 때문에, 이 근거에 따라 표현을 처벌하는 것은 표현에 담긴 메시지를 처벌하는 것과 같다. 마지막으로, 긴급성 테스트는 메시지가 언젠가 잠재적인 해로운 행위를 조장할지 모른다는 어떤 두려움 때문에 이를 처벌하는 것을 금지한다. 간단히 말해서 단지 "탐탁지 않거나, 불온하거나, 두려움을 주는 메시지"라는 이유로, 정부가 혐오표현(또는 기타 다른 메시지를 갖는 표현)을 처벌해서는 안 된다고 말하는 것은, 관점 중립성 원칙과 긴급성 원칙을 내포하는 것이다.

'혐오표현'

혐오표현(hate speech)이라는 용어의 단일한 법적 정의는 없으며, 우리의 대중적 담론에서 혐오표현은 탐탁지 않은(disfavored) 여러 관점을 악마화하기 위해 느슨하게 사용되어 왔다. 일반적으로 이해되는 핵심 의미는 역사적으로 차별의 대상이 된 특정 집단[예: 아프리카계 미국인, 유대인, 여성 및 성소수자(LGBT)]에 대해, 또는 차별의 기초가 된 특정한 개인적 속성(예: 인종, 종교, 성별, 성적 지향 등)에 대해 혐오 또는 차별적 관점을 나타내는 표현이다. 이 용어가 단일한·특정한 의미를 가지지 않는다는 것을 강조하기 위해, 나는 다른 논평자들과 마찬가지로 이 용어를 따옴표로 묶었다(한국어판에서는 가독성을 고려하여 장 제목과 리드문에만 따옴표를 남겼다).

'혐오표현금지법'

나는 혐오표현금지법(hate speech law)이라는 용어를 헌법상 보호되는 혐오표현에 대한 공립대학을 포함한 모든 정부 기관의 모든 규제를 지칭하기 위해 사용한다[그러한 대학 규정은 "학칙(codes)"이라고 불리곤 한다]. 그러한 혐오표현금지법은 특정한·긴급한·심각한 해악을 직접적으로 야기하지 않음에도 혐오표현을 규제하며, 따라서 관점 중립성 원칙 및 긴급성 원칙 양쪽에 모두 위배된다.

정치적 표현

미국연방대법원은 정치적 표현(political speech)이라는 용어를 공적 문제에 대한 표현을 지칭하기 위해 사용한다. 미국연방대법원은 정치적 표현이 민주공화국에서 수행하는 필수적인 역할을 고려할 때, 정치적 표현은 가장 강력한 수정헌법 제1조의 보호를 받을 자격이 있다고 일관되게 주장해 왔다. 미국연방대법원은 1964년 사건에서 다음과 같이 선언했다. "공적 문제에 관한 표현은 자기-표현(self-expression) 이상이다. 그것은 자치(self-government)의 본질이다." 혐오표현이라고 비난을 받아 온 광범위한 표현들은 그럼에도 인종 관계에서부터 성차별, 이민정책에 이르기까지 그 성격상 대중의 관심사에 대한 견해를 표현한다. 가톨릭, 동성애자, 군인 들에게 독설을 퍼붓던 혐오표현에 대해 국가가 부과한 처벌을 뒤집은 2011년 사건에서 미국연방대법원은 해당 표현이 "공적 문제"를 다루었기 때문에 "수정헌법 제1조 가치의 가장 높은 위치에 있으며 특별한 보호를 받을 자격이 있다"라고 선언했다.

관점 중립성

관점 중립성(viewpoint neutrality)이라는 문구는 미국연방대법원이 20세기 후반부터 표현의 자유의 "근간"으로 치켜세워 더욱 엄격하게 집행한 원칙을 일컫는 말이다. 종종 "내용 중립성

(content neutrality)"이라고도 하는 이 원칙은 정부 관리나 지역사회 구성원이 표현의 메시지, 생각 또는 관점을 싫어하거나 위험할 수 있다는 이유만으로 정부가 표현을 규제하는 것을 금지한다. 미국연방대법원이 설명했듯이 그러한 "관점에 기초한" 또는 "관점을 차별하는" 규정은 관료들이 "대중적이지 않은 생각이나 정보를 억압하거나 여론을 조작하기 위해" 그것을 집행할 위험이 있으며, 그로 인해 개인의 자유뿐 아니라 우리의 민주적 자치를 파괴할 수 있다. 이와는 대조적으로 정부는 어떤 표현의 메시지가 독립적인 해악을 입히는 경우 그 표현을 규제할 수 있다. 이러한 경우에는 "사상에 대한 공적인 탄압이 일어날 현실적인 가능성이 없다". 이렇게 범죄가 될 수 있는 표현에는 사기, 위증 및 뇌물 수수 등이 포함된다. 마찬가지로 정부는 아동 포르노그래피가 제작 과정에서 실제 미성년자에게 해악을 끼친다는 이유로 이를 처벌할 수 있다.

관점 중립성 원칙에도 불구하고 미국연방대법원은 메시지에 의해 정의되는 "소수의" "좁은" 범주의 표현들은 수정헌법 제1조의 보호를 받지 못하거나 축소된 보호만 받아야 한다고 판결했다(이 판결은 또한 긴급성 테스트의 예외에 해당한다). 이러한 보호되지 않거나 덜 보호되는 범주의 표현에는 외설(obscenity), 상업광고 및 명예훼손이 포함된다. 여기에 혐오표현은 포함되지 않았다. 시간이 지남에 따라 법원은 그러한 범주의 목록과 정의를 모두 좁혀 왔다.

서문

우리 사회에 그 어느 때보다 만연해 있는 차별적이고 분열적인 태도와 행동에 맞서야 하는 도전에 직면하면서, 우리의 정치 담론에서 "혐오"라는 단어가 점점 더 부각되고 있다. 경험이 가르쳐 주듯이, 누구나 다양한 개인적 특성과 신념 때문에 "혐오"라고 비난받고 "혐오"를 당할 수 있다. "혐오표현"과 "혐오범죄"라는 용어는 우리 민주주의에 필수인 정치 담론을 포함하여 다양한 표현을 악마화하고 처벌할 것을 요구하는 데 사용된다.

혐오표현이라는 용어는 특정한 개념 정의를 가진 법률 용어가 아니다. 오히려 그것은 광범위하고 다양한 표현을 낙인찍고 금지하기 위해 사용된다. 가장 일반적으로 이해되는 혐오표현의 의미는 특정한 개인이나 집단, 특히 역사적으로 차별에 직면했던 사람들에게 혐오적이거나 차별적인 의견을 전달하는 표현을 말한다.

이 핵심적인 의미 외에도 많은 주요 공공정책 문제에 대한 메시지를 포함하여, 많은 사람은 자신이 거부하는 다양한 메시지에 혐오표현이라는 멸시적인 딱지를 붙였다. 게다가 너무 많은 수사가 혐오표현을 폭력적인 범죄행위와 동일시한다. 예를 들어, 여러 대학에서 학생들은 자신의 기분을 상하게 하는 생각에 노출되거나 심지어 도발적인 연사가 대학에 초대되었다는 사실을 알게 되었을 때 "공격을 당했다"라고 항의한다. 논쟁의 여지가 있는 사상과 물리적 폭력 사이의 이 잘못된 등식은 폭력과 마찬가지로 생각도 불법화하고 처벌해야 한다는 부당한 요구를 부채질한다.

물론 우리 사회의 대학 및 기타 장소는 모든 사람을 포용하고 환대하도록, 특히 전통적으로 배제되거나 소외되어 온 사람들을 포용하고 환대하도록 노력해야 한다. 이러한 포용성은 인기 없는 생각을 말하는 사람들에게까지 확대되어야 하여, 특히 생각을 가장 자유롭게 방송하고, 토론하고, 논쟁해야 하는 대학에서 확대되어야 한다. 혐오적이고 차별적인 생각을 포함하여 "달갑지 않은" 생각을 접하는 것은, 그것을 분석하고, 비판하고, 논박할 수 있는 능력을 연마하는 데 필수적이다. 그런 점에서, 2001년부터 2012년까지 브라운대학교의 총장을 역임했으며, 아이비리그 대학 최초의 아프리카계 미국인 총장이며, 브라운대학교 최초의 여성 총장이기도 했던 루스 시먼스(Ruth Simmons)의 취임식 연설을 인용하고자 한다.

제가 싫어하는 것이 무엇인지 아십니까? 사람들이 "그건 저를 불편하게 만듭니다"라고 말하는 것입니다. 저는 말합니다. "편안하려고 당신이 여기 온 것이 아니다"라고. 저는 최고의 배움은 편안함의 반대라고 믿습니다. 만약 당신이 편안함을 위해 이 대학에 오셨다면, 저는 당신에게 철문을 통해 걸어 나가라고 권하고 싶습니다. 하지만 만약 여러분이 자신과 여러분의 공동체와 후손을 위해 더 나은 것을 찾으신다면, 여기 남아서 싸우십시오.

혐오표현에 대한 논의는 많은 종류의 표현과 행동을 혼동하는 단정적인 비난 때문에 혼란스러워졌다. 그 대신 우리는 탐탁지 않거나, 불온하거나, 두려움을 주지만 보호받아야 하는 생각과, 차별적이거나 폭력적이기 때문에 처벌받아야 하는 행동 사이에 중요한 구분을 해야 한다. 이 저서에서 나의 임무는 미국이 다른 많은 국가의 선례를 따라 불법적인 혐오표현이라는 광범위한 개념을 채택해야 한다는 주장을 반박하고, 그러한 흐름이 어째서 우리 민주주의의 기본 수칙을 위반할 뿐 아니라 득보다 실이 더 많은지를 보여 주는 것이다.

보호되는 '혐오표현'과
처벌 가능한 '혐오표현'의 핵심적 차이

이러한 문제에 대한 논쟁은 지배적인 표현의 자유 원칙에 대한 광범위한 혼란 때문에 종종 망가진다. 너무 많은 사람, 심지어 일부 법조인조차도, 미국 헌법하에서 혐오표현이 절대적으로 보호된다고 하거나 완전히 보호되지 않는다고 주장하는데 이는 모두 오류가 있는 주장이다. 두 진술 모두 정확하지 않다.

정부가 혐오표현을 처벌할 수 있도록 법을 개정해야 한다고 주장하는 많은 사람은 그러한 표현이 현재 **절대적으로** 보호된다고 잘못된 가정을 한다. 자신들의 주장을 뒷받침하기 위해 그들은 오랫동안 지속되어 온 표현의 자유 원칙에 따라, 이미 미국에서 제재를 받고 있는 많은 표현의 예를 인용한다. 예를 들어, 그들은 혐오표현이 진정한 위협(genuine threat)이나 표적이 있는 괴롭힘(targeted harassment)에 해당하기 때문에 처벌해야 한다고 늘 지적하는데, 이는 특정한·임박한·심각한 해악을 직접적으로 유발하므로 이미 긴급성 원칙에 따라 처벌할 수 있다.

반면 혐오성 메시지가 포함된 표현은 수정헌법 제1조의 보호 대상에서 자동으로 제외된다고 가정하고는 "혐오표현은 표현의 자유가 아니다"라고 잘못 주장하는 사람도 너무나 많다. 그러나 기본적인 관점 중립성 원칙에 따르면, 정부는 단지 우리 중 일부, 심지어 대다수 사람이 그 관점이나 생각을 불쾌해하거나 혐오스러워한다는 이유만으로 혐오표현(또는 특정한 관점을 전달하는 **그 모든** 표현)을 처벌할 수 없다. 그런 이유로 "혐오적인" "모욕적인" "달갑지 않은" "공격적인" "위험한" 또는 "폭력적인"(특정 표현을 금지하자고 주장하는 사람들이 제기하는 용어들을 그대로 인용했다)을 포함해서 우리가 싫어하는 생각의 표현을 비난하기 위해 어떤 형용사를 사용하든 간에, 그러한 반감만으로는 표현을 검열할 수 없다.

게다가 표현의 메시지가 어떤 청자의 감정(hearts)이나 정신

(mind)을 해칠 수 있다는 이유로 표현을 검열하지 않아야 한다. 관점에 기반한 제한(viewpoint-based restrictions)은 수정헌법 제1조의 기초가 되는 핵심 가치인, 어떤 생각을 표현하고 받아들이고 믿을 것인지 개인 스스로 선택할 수 있는 우리의 권리에 가장 큰 위험을 초래한다. 공론장을 왜곡하기 때문에, 관점에 기반한 규제는 우리의 민주주의적 정치체제에 반하는 것이기도 하다. 게다가 관점에 기반한 규제는 다수주의적·정치적 압력을 반영하여 일반적으로 인기 없고 소수이며 반대되는 관점과 발화자를 목표로 하기 때문에 평등 원칙(equality principles)을 위반한다. 혐오표현에 대한 검열은 그 표현의 우려되는 해로운 경향(feared harmful tendency), 즉 그것을 듣거나 읽은 일부 사람의 미래의 부정적인 행동을 간접적으로 야기할 수 있다는 사실에 의해서도 정당화되지 않는다.

이러한 표현 보호 원칙들이 표현이 해악을 끼칠 수 없다는 가정에 기초하는 것은 아니다. 반대로 긍정적이든 부정적이든 우리에게 영향을 줄 수 있는 정확히 바로 그 독특한 능력 때문에 우리가 표현을 소중히 여기는 것이다. 그러나 표현이 비록 잠재적인 해악을 야기할 수 있다고 하더라도, 긴급성 원칙 및 관점 중립성 원칙에 부합하지 않는 한, 동일한 이유로 정부에 표현을 금지할 권한을 부여하는 것은, 개인과 사회 모두에 더 해로울 것이다. 이 책은 많은 다른 국가의 다양한 사례를 통해 그러한 결론을 입증한다.

미국연방대법원은 2011년 사건에서 앞의 수정헌법 제1조 원칙을 강하게 재확인하였는데, 여기서 미국연방대법원은 개인에게 극도로 상처를 주거나 모욕적인 표현을 할 수 있는 권리를 지지했다.

즉, 군인과 가톨릭교회, 교황, 동성애자 들에게 혐오적인 관점을 전달하는 표지판을 들거나 참전 용사들의 장례식장 밖에서 피켓을 들고 시위하는 표현도 권리로 보호받아야 한다고 판단한 것이다. 미국연방대법원은 다음과 같이 설명했다.

> 표현은 강력하다. 그것은 사람들을 움직이게 하고, 기쁨과 슬픔의 눈물을 흘리게 하며, 여기서 그랬던 것처럼, 큰 고통을 줄 수도 있다. 우리는 발화자를 처벌하는 것으로는 그 고통에 대응할 수 없다. 한 국가로서 우리는 공적 토론을 억누르지 않도록 공적인 사안에 관해 상처를 주는 표현조차도 보호해 주는 다른 경로를 선택했다.

이 사건에서 미국연방대법원 판결이 만장일치에 가까웠다는 것은 주목할 만하며, 이는 표현의 자유 판결의 전형이다. 최근 수십 년 동안 미국연방대법원은 이념적으로 매우 분열되어 왔으며 다른 헌법 논쟁에서는 5 대 4로 갈라지곤 했다. 그러나 대법관들은 혐오스럽고 증오스러운 관점을 전달하는 표현의 경우에도 핵심적인 표현의 자유 원칙을 지지하는 쪽으로 이념적 스펙트럼을 넘어 일관되게 단결해 왔다.

수정헌법 제1조에 대한 이러한 확고한 이해는 우리 정치 영역에서도 마찬가지로 당파 분열을 넘어서야 한다. 왜냐하면 수정헌법 제1조의 기저에 놓인 원칙은 우리의 견해가 무엇인지, 그리고 우리가 누구이든지 간에 모든 발화자와 모든 청자를 보호하기 때문이다. 그 핵심은 시민권운동이 한창이던 1961년, 뉴욕 법원이 미국 나치가 인종차별적 사상을 전달하는 것이 관점 중립성 원칙과 긴급성 원칙에 부합한다며, 그들의 표현의 자유를 옹호하는 판결을 하면서 강조되었다. 재판부는 이러한 원칙이 시민권운동가의 이익에도 부합한다고 설명했다. 그들은 정반대의 반(反)인종주의 사상을 전달하고 있고 그들을 배제해 왔던 많은 대학을 포함하여 **자신들의** 생각을 경멸하고 두려워하는 지역사회에서 지속적으로 검열 위협을 받았던 자들이다.

어떤 관점이 인기가 없다거나 불쾌하다는 것이 그 관점을 억압하는 것을 정당화할 수는 없다. 그렇지 않으면 반(反)인종주의자가 "제한된" 지역에서 발언할 경우 탄압을 받을 수 있다. 그리고 공립학교가 모든 민족에게 차별 없이 개방될 것을 요구하는 사람이, 그러한 설득이 가장 필요한 곳에서 발언할 경우에 합법적으로 탄압받을 수 있다.

혐오표현금지법이 필연적으로 정치적 스펙트럼 전반에 걸쳐 어떤 관점들을 위험에 빠뜨린다는 사실은 그러한 법을 가진 유럽 국가들의 최근 경험으로 확인된다. 2017년 9월 '유럽에서 혐오표현금지법은 종종 좌파적인 관점을 억압하고 처벌하는 데 사용된다'라는 제목의 칼럼에서 언론인 글렌 그린월드(Glenn Greenwald)는 다음과 같이 썼다.

유럽의 혐오표현 규제를 동경하는 많은 미국인은 이러한 법이 인종차별, 동성애 혐오, 이슬람 혐오, 여성혐오 등 자신이 가장 싫어하는 편협한 생각의 표현을 불법화하고 처벌하는 데 사용된다고 가정한다. 종종 그러한 법은 그런 식으로 사용된다. 그러나 이들 국가의 혐오표현 규제는 좌파인 다수 검열 옹호자들이 "혐오적"이라고 꿈에도 생각하지 못했던 광범위한 정치적 의견을 제한하고 제재하는 데 자주 사용되어 왔으며, 심지어 이러한 제재는 그들 다수가 공유하는 의견을 억압하는 데에도 사용되어 왔다.

만약 정부가 우리의 정신이나 행동에 부정적 영향을 미칠 수 있는 표현을 억제할 수 있게 허용한다면, 그 어떤 표현도 안전하지 않을 것이다. 올리버 웬들 홈스 대법관은 1919년 역사적인 반대의견에서 다수의견의 나쁜 경향성 원칙을 강하게 거부하면서 "모든 생각은 선동이다"라고 선언했다. 그가 이 진술을 통해 말하고자 한 것은 그래서 정부가 모든 생각을 억압할 수 있다는 것이 아니라, 정확히 그 반대다. 정부는 표현이 구체적이고 즉각적이며 심각한 해악을 직접적으로 끼칠 때에만 억압할 수 있다는 것이다.

역사가 가르쳐 주듯이, 정부가 표현과 우려되는 해악 사이의 더욱 미미한 연관성에 근거하여 표현을 처벌할 수 있도록 허용하는 것은 비유적으로는 물론 문자적으로도 마녀사냥을 허가해 주는 꼴이 될 것이다. 루이스 브랜다이스 판사는 1927년 '휘트니 대 캘리포니아(Whitney v. California)' 사건 때 홈스 판사가 합류한 의견에서 우리에게 이 위험을 상기시켰다. 다수의견인 나쁜 경향성 기준과 그 결정, 즉 사회당 활동가 어니타 휘트니(Anita Whitney)의 사회주의 옹호가 "테러리즘과 폭력"으로 이어질 수 있기 때문에 정부가 헌법에 따라 처벌할 수 있다는 결정을 거부한 후, 브랜다이스는 다음과 같이 썼다. "심각한 상처에 대한 두려움만으로는 표현의 자유를 억압하는 것을 정당화할 수 없다. 남자들은 마녀를 두려워하여 여성들을 불태웠다." 따라서 그는 1969년 법원이 만장일치로 최종 승인한 표현을 강하게 보호하는 긴급성 기준을 명확히 했다. "오로지 긴급성만이 억압을 정당화할 수 있다." 브랜다이스는 메시지의 잠재적 위험이 긴급성 수준으로 올라가지 않는다면, 적절한 대응은 "강제된 침묵이 아니라 더 많은 표현"이라고 덧붙였다.

다른 많은 국가가 현재 시행하는 혐오표현금지법은 단지 표현의 메시지가 탐탁지 않거나, 불온하거나, 두려움을 준다는 이유만으로 정부가 표현을 처벌할 수 있도록 허용하고 있으며, 오늘날 어니타 휘트니와 같은 사람, 즉 인기 없는 반대 의견을 표현하는 사람을 억압하기 위해 시행하는 경우가 빈번하다. 미국이 공직자에게 자신의 비판자를 침묵시킬 수 있는 법적 체제로 회귀하는 것은 진보적이라고 할 수 없을 것이다.

더 적은 표현이 아니라, 더 많은 표현

폭력적·차별적 행동은 즉시 처벌해야 한다. 그리고 차별적·혐오적 생각을 전파하는 표현은 강력하게 논박해야 한다. 그러나 우리가 혐오적이거나 차별적이라고 여기는 생각을 처벌하는 것은 위에서 소개했던 표현의 자유 근본 원칙을 파괴할 뿐만 아니라, 집단 내의 불신과 차별을 줄이는 게 아니라 증가시킬 수도 있다. 증거에 따르면, 우리 중 그 누구도 우리 사회에 만연한, 구조적 차별과 함께 단단히 자리 잡은, "암묵적"이거나 무의식적인 편견으로부터 자유롭지 않다. 따라서 차별적인 고정관념을 반영한 표현은 악의보다는 무지와 무감각의 결과인 경우가 종종 있을 수 있다. 물론 우리는 의도적이지 않은 종류의 편견을 포함하여, 편견에 단호하게 맞서 싸워야 한다. 그러나 싸우는 도구는 방향을 적절히 잘 잡아서 써야 한다. 부주의하게 고정관념적 생각을 전파하는 사람은 혐오표현을 기소하고 처벌하는 것보다는 건설적인 교육적 활동에 더욱 적극적으로 반응할 가능성이 높다. 실제로 내가 이 책 8장에서 논의하듯이, 혐오적 생각을 의식적으로 품고 표현하는 사람에게조차도, 교육적 전략이 혐오적 생각을 바꾸고 그 영향력을 억제하는 데 검열보다 더욱 효과적이다.

애석하게도 혐오표현과 혐오범죄가 넘쳐 나고 있지만, 그것에 대처하는 데 필요한 자원, 즉 우리가 혐오표현을 당하고 있다면 우리 자신과 혐오표현의 표적인 다른 사람 모두에게 당당히 말할 수 있게 도와주는 정보, 교육훈련, 조직 등도 그만큼 많다. 헌법상 보호되는 혐오표현이 야기할까 봐 염려되는 차별, 폭력, 정신적 손상 등과 같은 잠재적 해악을 억제할 비검열적 수단 또한 풍부하다. 최근 새로 등장한 다학제적 "혐오 연구" 영역에서는 이러한 종류의 비검열적 개입을 탐구하며, 세계의 인권 활동가들은 그러한 비검열적 개입에 대한 의존을 확대해야 한다고 주장해 왔다.

특히 긍정적인 점은 혐오표현에 의해 폄하되었던 집단의 구성원들과 다른 많은 공동체 구성원들 및 지도자들의 대항표현이 증가하고 있다는 점이다. 표현의 자유를 통해—또한 검열이나 폭력의 힘에 저항하면서—혐오적인 언행에 대한 저항이 증가하고 있으며, 이는 "극우" 및 유사 단체의 시위에 직면하여 고무적으로 분명해졌다. 우리는 혐오 이데올로기와 폭력을 규탄하고 평등, 포용성, 집단 간 화합에 대한 국가의 새로운 헌신을 축하하는 놀랍고 초당적인 표현과 평화 집회가 쏟아지는 것을 목격했다. 이 대항표현의 합창은 이러한 근본적인 목표를 촉진하는 데 수정헌법 제1조가 핵심적 역할을 한다는 점을 재확인한다.

HATE

1장

서론

이 장에서는 혐오표현 논란의 간략한 개요와 이후의 장들에서 보다 심층적인 분석을 하기 위한 배경, 그리고 추가적인 고찰, 토론 및 논쟁을 위한 토대를 제공한다.

'혐오표현'이란 무엇인가?

무수히 많은 정치적 논쟁과 그 논쟁이 종종 유발하는 열띤 수사는 혐오표현이라는 비난과 그에 대한 반격을 불러일으켰다. 예를 들어, "흑인의 생명은 소중하다(Black Lives Matter)" 운동(이하 BLM으로 인용)의 구성원들은 경찰관에 대한 혐오표현으로 비난을 받은 반면, BLM에 대한 여러 비판 역시 그 운동의 지지자들 또는 아프리카계 미국인에 대한 혐오표현으로 널리 비난받아 왔다. 회원 자격이 "유럽 및 비유대계 후손"으로 제한된 백인 민족주의 단체 "아이덴티티 에브로파(Identity Evropa)"의 설립자이자 지도자인 네이선 데이미고(Nathan Damigo)는 "인종차별주의자" 및 "(백인)우월주의자" 같은 용어들이 "백인 혐오표현"이라고 거부한다.

"백인 특권"을 규탄하는 사람들은 백인에게 혐오표현을 한다고 비난받아 왔다. 성소수자(LGBT)의 섹슈얼리티가 죄악이라고 주장하는 복음주의 기독교인들은 게이와 레즈비언에게 혐오표현을 했다고 비난받았고, 한편 복음주의 기독교인들에게 이러한 비판을 가하는 자들은 종교적 혐오표현을 했다고 비난받았다. 비슷하게, 여성에 대한 이슬람교의 가르침을 비판하는 자들은 일부 무슬림이 여성에게 혐오표현을 한다고 비난한 반면, 이들은 이후 "이슬람 혐오"를 했다고 비난받았다.

혐오표현이라는 명칭은 또한 "가짜" 뉴스, 테러리즘 옹호, 성조기 불태우기, "비동의 성적 영상(revenge porn)", 낙태 반대 시위 등 광범위한 논쟁적 표현을 낙인찍기 위해 사용되어 왔다. 궁극적으로, 혐오표현이라고 공격받는 모든 다양한 표현은 공격자가 싫어하는, 실은 종종 혐오하는 메시지를 담고 있다는 점에서 연결되며, 그러한 이유로 공격자는 그 메시지를 억압하려는 것이다.

'혐오표현금지법'은 자유와 평등을 모두 위협한다

표현의 자유가 단지 소수자들의 가장 좋은 친구인 것만은 아니다. 그것은
우리가 유일하게 믿을 수 있는 친구다.

— 조너선 라우시(Jonathan Rauch), 브루킹스연구소(Brookings Institution) 선임 연구
원 및 성소수자 인권 변호사

프레더릭 더글러스(Frederick Douglass), 듀보이스(W. E. B. Du Bois), 마
틴 루서 킹 주니어(Martin Luther King Jr.) 등 우리 역사상 모든 위대한
아프리카계 미국인은 자유의 투사, 또한 표현의 자유를 위한 전사이기도
했다.

— 조너선 지머먼(Jonathan Zimmerman), 펜실베이니아대학교 교수

혐오표현금지법에서 채택되고 제안된 다양한 정의에도 불구하
고, 그것들은 모두 수정헌법 제1조에 명시된 두 가지 근본적인 결함
을 공유한다. 즉, 혐오표현금지법은 어떤 메시지가 임박한·심각한
해악을 초래해서가 아니라, 단지 그것이 탐탁지 않거나, 불온하거
나, 두려움을 준다는 이유로 표현을 억압하도록 허용함으로써, 관
점 중립성 원칙과 긴급성 원칙을 위반한다. 이러한 이유로 우리가
말하면 안 되거나 들으면 안 되는 말과 사상을 선택할 권한을 정부
에 부여하는 것은, 개인의 자율성의 본질이자 민주적 자치를 위한
필수 요소인 사상의 자유를 질식시키는 것이다.

게다가 이 책 4장에서 더 자세히 설명하듯이, 혐오표현금지법들

은 또한 수정헌법 제1조의 근본적인 세 번째 결함을 공유하는데, 그것은 처음 두 가지 결함으로부터 비롯된다. 혐오표현금지법들은 지나치게 모호하고 용납할 수 없을 정도로 광범위하기 때문에, 고소인과 집행 당국의 주관적 기준에 따른 집행이 필연적이다. 혐오표현금지법은 서로 다른 정도의 정확성과 너비로 초안을 만들 수 있지만, 그것들은 "혐오"라는 개념 자체에서 시작하여, 모두 주관적 판단을 요구하는 개념들에 초점을 맞추고 있다. 혐오표현금지법들은 긴급성 원칙이나 관점 중립성 원칙을 준수하지 않기 때문에, 이 원칙들이 정부의 재량에 부과하는 제약이 없다. 일단 염려되는 해로운 경향 때문에 또는 탐탁지 않은 불온한 관점 때문에 표현을 억압할 권한을 정부에 부여하면, 정부는 대부분 제한받지 않는 검열권을 갖게 된다. 미국에서는 법원이 검토한 사실상 모든 대학의 혐오표현 학칙이 지나치게 모호하고 광범위하다는 이유로 폐지됐다. 마찬가지로, 다른 나라의 혐오표현금지법에 사용된 언어는, 세부 사항에 많은 차이가 있음에도, 혐오표현금지법들이 모두 광범위한 표현을 자의적이고 주관적으로 판단할 권한을 정부에 부여한다는 것을 입증한다.

혐오표현금지법이 안고 있는 이러한 근본적인 수정헌법 제1조의 문제들을 고려할 때, 혐오표현금지법은 심지어 그 법의 지지자들조차 우리의 민주적 자치 정부에 필수인 활기찬 대중 담론과 반대 의견의 일부로서 보호되어야 한다고 동의하는 표현을 억누르는 것으로 귀결된다. 아프리카계 미국인 인권변호사이자 미국 고용기회평등위원회(Equal Employment Opportunity Commission)의 첫 여성 의장이면서, 오랫동안 컬럼비아 특별구 하원의원이었던 엘리너 홈스 노턴(Eleanor Holmes Norton)이 이 점을 잘 언급했다. 그는 대학 내 혐오표현 학칙을 언급하며 "아무도 금지할 의도가 없는 표현에 대해 왜곡할 수 없는 표현 금지 학칙을 제정하는 것은 기술적으로 불가능합니다. 시도하고 시도하고 시도했습니다"라고 말했다.

그렇다, 혐오표현은 부정적 영향을 미칠 수 있다. 전래동요가 "막대기와 돌멩이가 내 뼈를 부러뜨릴 수는 있어도 말은 결코 나를 해치지 않을 거야"라고 선언할 때, 그것은 틀린 것이다. 유대인 혐오적이고 여성혐오적인 표현으로 스스로 비방받았던 내 경험으로부터 말한다. 내가 그럼에도 혐오표현을 계속해서 보호해야 한다고 믿는 이유는 "약이 병보다 더 나쁘다"라는 또 다른 옛말로 잘 요약된다. 개인과 사회에 해악을 끼칠 수 있는 표현의 잠재적 힘보다 더 나쁜 것은 혐오표현금지법을 시행함으로써 똑같이 해악을 끼칠 수 있는 정부의 잠재적 힘이다. 예상대로, 이 탄력적 힘은 반대 의견, 대중적이지 않은 발화자, 그리고 권력이 없는 집단을 침묵시키는 데 사용될 것이다. 이러한 위험을 피하고자, 미국연방대법원은 표현의 메시지가 탐탁지 않거나, 불온하거나, 두려움을 준다는 이유만으로 표현을 처벌할 수 있는 정부의 힘을 꾸준히 줄여 왔다. 대신, 정부는 혐오표현을 포함하여 공공 문제와 관련된 표현이 임박한 폭력이나 불법행위를 부추기는 것과 같이, 특정한·임박한·심각한 해악을 직접적으로 초래할 때만 처벌할 수 있다. 이러한 요구 사항들은 정부의 검열 권한을 제한하여, 단지 대중적이지 않은 생각을 억압하기 위해 휘두르거나 사용할 위험을 줄인다.

탐탁지 않거나, 불온하거나, 두려움을 주는 생각을 잠재우고자 정부가 힘을 행사하면 자유와 민주주의를 훼손할 뿐만 아니라, 혐오표현금지법에 생명을 불어넣는 평등이라는 목표를 전복시킨다. 예상대로, 그러한 법들은 대중적이지 않은 발화자와 사상을 억압하기 위해 집행되며, 심지어 그들이 보호하도록 설계된 취약하고 소외된 소수자집단의 발언을 억누르기 위해 집행되는 경우도 빈번하다.

이러한 문제들은 혐오표현금지법 지지자들 스스로 설정한 전제에서 비롯된다. 그들은 형사·민사 사법제도를 포함한 사회제도가 뿌리 깊은 인종차별과 다른 유형의 차별을 반영한다고 주장한다. 그들은 또한 문화가 우리 안에 심어 놓은 암묵적 또는 무의식적 편견을 지적한다. 이런 현실을 감안할 때 혐오표현금지법을 집행하는 기관과 개인은 소수자에게 도움이 되는 방식으로 집행하지 않을 것이 뻔하다. 이 책 전반에 걸쳐 논의된 전 세계 혐오표현금지법의 실제 집행 기록은 이러한 예측 가능한 양상이 실제로 현실화되었음을 보여 주며, 이것은 선진 민주주의국가에서도 마찬가지였다.

미국에서는 혐오표현금지법의 몇몇 주요 지지자들이 이런 문제를 인정하면서, 전통적으로 차별의 대상이 되어 온 집단을 향한 표현일 때에만 법을 집행해야 한다고 제안했다. 이러한 접근은 일부 발화자와 메시지를 다른 발화자보다 선호함으로써, 기본적인 표현의 자유 원칙과 평등 원칙을 정면으로 위반한다. 이 접근법은 그 지지자들조차 인정하듯이 실제 적용의 복잡성 때문에 혼란스러워지기도 한다. 이 문제에 대한 하나의 예시만 생각해 보자. 법학자 마리 마쓰다(Mari Matsuda) 교수는 1989년에 발표된 영향력 있는 논문에서 "역사적으로 억압된 집단을 향한 것"이자 "박해적이고 증오스럽고 모욕적인" "인종적 열등성"을 담은 메시지를 처벌해야 한다고 주장한다. 그는 특정 언어가 "어떤 예속된 사람이 다른 예속된 사람을 비난하기 위해 사용되는" 경우를 포함하여, 이러한 기준을 적용하는 데 많은 문제가 있음을 인정한다.

평등권 운동은 항상 강력한 표현의 자유, 특히 관점 중립성 원칙과 긴급성 원칙에 의존해 왔으며, 이 원칙들은 많은 사람이 해롭고, 증오스럽고, 우려스럽고, 위험하다고 여겨 온 평등주의 사상을 보호한다. 개념상, 현재 상태에 도전하고 법 개혁을 옹호하는 사상은 다수 또는 권력층에 부정적인 시각으로 비치는 경향이 있다. 확실히 인종적 부정의에 도전하는 표현은 그랬다. 노예제도 찬성 옹호론자인 상원의원 존 C. 캘훈(John C. Calhoun)은, 노예제도를 비판한 노예제도 폐지론자들이 "남부의 명예를 훼손하고 감정적인 상처를 입혔다"라고 주장했다. 1830년대에 많은 남부 주는 노예제 폐지론자들의 표현을 억압하는 법을 제정했는데, 이것은 그들의 표현이 폭력 특히 노예 반란을 부추기고 국가의 존립을 위협할 것으로 우려되었기 때문이다. 법사학자 마이클 켄트 커티스(Michael Kent Curtis)는 심지어 많은 북부인조차 노예제 폐지론 출판물들이 노예 반란을 초래할 것이라는 널리 퍼진 추정에 공감했다고 말했다. 마찬가지로, 마틴 루서 킹 주니어의 역사적인 편지는 버밍햄 감옥에서 온 것인데, 그는 그러한 메시지를 싫어하고 두려워하는 청중의 인종 분리와 차별을 비난하려고 했기 때문에 투옥되었던 것이다.

전미유색인종발전협회(NAACP)와 20세기 인권운동의 지도
자들은 공직자들의 일관된 법 제정 및 집행 양상을 고려할 때, 혐
오표현금지법을 포함하여 관점에 근거한 검열(viewpoint-based
censorship)에 반대했다. 1977년 일리노이주 스코키(Skokie)시에
서 계획된 신나치 집회를 막기 위한 목적으로 그러한 법이 제정되
었을 때, 미국연방대법원에서 그 법률들을 폐지하는 데 승소 판결
을 받은 미국시민자유연맹(ACLU)은 "이 법은 1968년에 마틴 루서
킹 주니어가 일리노이주 시서로(Cicero)시로 향하는 투쟁 행진을
막는 데 사용될 수 있었다"라고 지적했다.[3]

특히, 노예제 폐지론자들의 표현이 야기할 우려가 있다고 주장된
해악들(명예훼손, 정서적 상처, 폭력)은 혐오표현금지법을 지지하
는 데 현재 인용되는 해악과 동일한 바로 그 해악이다. 따라서, 일부
혐오표현금지법 지지자는 평판이나 존엄성을 손상할 수 있는 집단

---

3 '스코키(Skokie) 사건'은 유대인이 다수 거주하는 스코키 마을에서 나치 시위를 허
   용해야 하는지를 놓고 격론이 벌어졌던 역사적인 사건이다. 미국 일리노이주 스
   코키 마을은 홀로코스트 생존자를 비롯하여 유대인이 다수 거주하는 곳이었는데,
   1977년 신나치주의자들이 반유대인 시위를 하겠다고 나섰다. 당국은 집회 개최를
   불허했지만, 일리노이주 대법원은 "표현의 자유를 보장하는 수정헌법 제1조의 취
   지에 따라 집회를 허가한다"라는 결정을 내렸다. 당시 표현의 자유를 옹호해 온 대
   표적인 인권 단체인 미국시민자유연맹(ACLU)은 '신나치에 반대하지만 표현의 자
   유는 인정해야 한다'는 입장을 취했고, 이에 항의하는 회원들의 탈퇴가 이어지기도
   했다. 나쁜 표현에 대해서도 표현의 자유를 인정해야 하는지, 나쁜 표현에 법적 금
   지로 맞서야 하는지 아니면 대항하는 시민행동으로 맞서야 하는지에 대한 중요한
   논쟁거리를 제시한 사건이다. 이 책의 저자 네이딘 스트로슨은 미국시민자유연맹
   (ACLU)의 대표를 역임했다. 한편 시서로라는 마을은 인구 대부분이 보수적이고
   인종차별적 입장을 가진 백인 노동자였다.

명예훼손이나 표현을 대상으로 삼아야 한다고 주장한다. 몇몇 사람은 감정적·정신적 해악을 야기할 수 있는 표현을 대상으로 삼아야 한다고 주장한다. 그리고 몇몇 사람은 폭력을 유발하는 표현을 대상으로 삼아야 한다고 주장한다. 만약 우리가 이러한 이유에서 관점 중립성 원칙과 긴급성 원칙에 예외를 두어 혐오표현을 규제한다면, 오늘날 그 다른 한쪽인 노예제 폐지론자들과 시민권 옹호자들의 표현도 보호할 수 없게 된다. 즉, 일부 공직자와 지역사회 구성원이 싫어하거나 불온하다고 여기거나 두려워하는 인종적 정의(racial justice)를 옹호하는 표현도 규제 대상이 될 수 있다는 것이다. 주된 표적에는 혐오표현이라고 공격받고 심지어 경찰관 살해를 자극하는 것으로 비난받는 BLM의 표현들도 포함될 것이다. 실제로 "혐오 단체(hate groups)"를 감시하는 남부빈곤법률센터(Southern Poverty Law Center)는 BLM을 혐오 집단으로 지정하라는 압력을 받아 왔고, 2017년 8월의 샬러츠빌(Charlottesville)의 폭력 사태[4]를 계기로 공화당 전국위원회뿐 아니라 일부 주 의회에서 발의된 편견과 혐오표현을 규탄하는 결의안에서는 BLM에 대한 비난을 논의하기도 했다.

여성의 권리와 재생산의 자유를 위한 운동에 대해서도 같은 양상이 보인다. 법 개혁을 옹호하는 그들의 메시지는 전통적인 종교

---

4   2017년 버지니아주 샬러츠빌에서 백인우월주의자 등의 극우 세력들이 남북전쟁 당시 남군 장군 로버트 리 동상 철거에 반대하는 시위를 벌이면서 이를 저지하는 진보 측 시위대와 충돌한 사건이다. 진보 측 시위대에 차량이 돌진하여 사상자가 발생했다.

적·문화적 가치의 관점에서 탐탁지 않거나, 불온하거나, 두려움을 주는 것으로 간주되어 검열되었다. 그것이 바로 미국가족계획협회(Planned Parenthood)의 설립자인 마거릿 생어(Margaret Sanger)가 반복적으로 투옥된 이유다. 좀 더 최근에는 조너선 라우시가 위의 제사(題辭)에서 썼듯이, 성소수자의 권리를 위한 운동은 많은 사람이 싫어하고 심지어 혐오스러워하는 표현을 위한 강력한 자유에 특히 강하게 의존하고 있다. 결국 성소수자 개인에게 해방과 평등을 향한 바로 그 첫걸음은 말 그대로 목소리를 내는 것, "벽장 속에서 나오는 것(coming out of the closet)", 그리고 자신의 섹슈얼리티와 젠더 정체성을 명확히 긍정하는 것이다. 반대로, 최근까지 우리 사회의 다수와 공직자들은 성소수자 인권 옹호를 탐탁지 않거나, 불온하거나, 두려움을 주는 메시지를 전달하는 것으로 인식했고, 따라서 다양한 검열 조치의 대상으로 삼았다.

대학에서 헌법상 보호되는 '혐오표현'에 대한 억압

우리는 인권운동가들을 공산주의자로 의심하여 이전에 배제했던 것은 말할 것도 없고, 대학 커뮤니티에 '지장'을 주거나 '불쾌감'을 줄 수도 있다는 이유로 그들이 남부 대학에서 연설하는 것을 막았던 길고 안타까운 역사를 기억해야 한다.

— 데릭 복(Derek Bok), 하버드대학교 총장

헌법이 보장하는 혐오표현을 보호하는 존엄한 수정헌법 제1조 원칙은, 광범위한 대중 한편에서는 결코 잘 이해되지 않았다. 사실, 많은 사람은 그들이 혐오표현이라고 부르는 것을 수정헌법 제1조가 완전히 보호하지 않는다고 잘못 생각한다. 2017년에 일어났던 두 가지 예를 들어 보겠다. UC버클리대가 보수 논객 앤 콜터(Ann Coulter)의 연설 참여를 취소한 데 대해 전(前) 민주당 전국위원장이자 버몬트주 주지사인 하워드 딘(Howard Dean)은 "혐오표현은 수정헌법 제1조의 보호를 받지 못한다"라고 선언했다. 한 달 후 테드 휠러(Ted Wheeler) 오리건시 시장은 "극보수주의"라고 명명한 두 번의 집회를 취소하려고 시도하면서, 딘의 잘못된 선언을 문자 그대로 반복했다.

안타깝게도, 우리는 최근 표현의 자유와 학문의 자유를 가장 잘 보장해야 하는 대학에서 광범위한 언론 탄압을 목격하고 있다. 1980년대 말 공립대학들이 혐오표현 학칙을 도입했을 때, 이들은 수정헌법 제1조를 위반한 혐의로 미국시민자유연맹(ACLU) 등으로부터 신속하고 성공적인 법적 이의제기를 받았다. 그럼에도 일부 공공 고등교육기관은 여전히 "괴롭힘"을 막고 "시민성"을 의무화하는 규칙들을 발동함으로써 그들이 혐오표현이라고 여기는 것을 억제하려고 한다.

적어도 어떤 경우에는 현재의 대학 검열이 과거의 폐지된 혐오표현 학칙보다도 훨씬 더 많은 표현을 위협하고 있다. 예를 들어, 몇몇 기관은 심지어 일부 학생이 "달갑지 않게(unwelcome)" 생각하거나 그들을 "불편하게(uncomfortable)" 만들 수 있는 사상들을 금지하기까지 했다. 게다가 더 오래된 혐오표현 학칙은 보통 특정한 개인이나 소수의 개인 집단에 직접적으로 전달되는 개인적인 모욕만을 처벌했다. 이와는 대조적으로, 오늘날 혐오표현의 방대한 개념은 종종 일부 학생이 반대할 만하다고 간주하는 사상의 표현을 포함하는 것으로 이해된다. 2015년 미주리주립대학교 경찰국(그렇다, **경찰국**이었다)은 대학 전체에 이메일을 보내 학생들에게 "혐오적이거나 상처를 주는 표현"에 대해 경고하고, 이러한 혐의를 조사하고 대학 관리자에게 보고하여 징계 절차를 밟게 할 것이라고 약속했다.

공식적인 억압을 넘어, 많은 공립대학은 학생들과 교수들 사이에서 솔직하고 활발한 논쟁과 토론을 긴급히 요구하는 민감하고 논쟁적인 주제에 대한 자기검열이 증가하는 것을 경험했다. 대학이 이러한 역효과로 위태로운 상황에 처해 있음을 생각해 본다면 혐오표현, 또는 심지어 누군가를 "불편하게" 만드는 말을 한다고 비난받을지 모른다는 두려움이 광범위하게 퍼져 있는 것을 알 수 있다. 이렇게 비난받는 것은 현재 대학의 상황에서는 치명적이다.

표현을 특별히 보호해야 하는 이유는 무엇인가?

표현의 자유는 기본권일 뿐만 아니라, 시민적·정치적 권리는 물론, 교육권과 문화생활 참여권 및 과학적 진보의 혜택을 누릴 권리와 같은, 경제적·사회적·문화적 권리를 포함하는 다른 권리를 '가능하게 해 주는' 권리다. 정당한 표현을 제재하기 위해 형법을 사용하는 것은 다른 인권침해로

이어지기 때문에 가장 중대한 형태의 제한 중 하나다.

— 프랭크 라뤼(Frank LaRue), 전(前) 유엔 표현의 자유 특별보고관

수정헌법 제1조는 민주주의의 생명선이자 자유의 필수 요소일 뿐만 아니라 시민사회 자체의 보증인이기도 하다. 그것은 언론, 학계, 종교, 정당, 비영리단체를 보호한다.

— 데이비드 콜(David Cole), 미국시민자유연맹(ACLU) 법무 이사

왜 우리는 혐오적이고 차별적인 사상을 전달하는 표현을 억압해서는 안 되는가? 왜 우리는 그러한 사상이 퍼지는 것을 막고, 잠재적으로 차별적·폭력적 행동을 조장하는 것을 막으려고 하면 안 되는가? 그리고 왜 우리는 사람들을 폄하하고 정신적 안녕과 존엄성을 훼손할 수 있는 표현을 보호해야 하는가? 물론, 헌법이 보호하는 혐오표현은 직접적으로 심각한 해악을 끼치지는 않는다. 그것이 바로 혐오표현이 처벌되지 않을 수 있는 이유다. 하지만 그 표현에 우려스러운 해로운 경향성, 즉 잠재적으로 정서적인 해악을 끼치고 어쩌면 미래의 차별적·폭력적 행동에 기여할 경향성이 있다는 이유로 검열을 정당화할 수 없는 까닭은 무엇인가?

이것들은 혐오표현금지법 반대자들이 반드시 답변해야 하는 설득력 있는 질문이다. 이 질문에 답하는 것이 이 책의 임무다. 이 임무가 특히 시급한 이유는, 혐오표현금지법을 정당화하려는 주장은 비록 그것이 직접적으로 심각하고 즉각적인 해악을 끼치지 않더라도 탐탁지 않거나, 불온하거나, 두려움을 주는 메시지를 담은 모

든 표현에 대한 제한을 지지하기 위해 늘 제시되는 바로 그 주장이기 때문이다. 친숙한 예로, 전쟁이나 기타 정부 정책을 비판하는 표현, 국기 소각 표현, 테러리즘이나 "극단주의"를 조장하는 표현, "가짜" 뉴스, 폭력에 대한 묘사, 청중을 불안하게 하거나 "불편하게" 만드는 표현, 문화적 보수주의자들과 종교적 보수주의자들이 "전통적인 가족 가치"에 "모욕적"이라고 생각하는 표현 등이 있다. 그리고 성적 표현은 여성 차별부터 10대들 사이의 계획되지 않은 임신, 사회적 관습의 훼손에 이르는 해악에 기여했다는 공격을 받아 왔다. 우리는 이러한 유형의 메시지와 다른 유형의 메시지들에 대해 탐탁지 않거나, 불온하거나, 두려움을 주기 때문에 검열하라는 요구를 자주 듣는다. 따라서 이 책은 이러한 논리들이 헌법이 보호하는 혐오표현에 대한 검열을 정당화하지 못하는 이유를 설명함으로써, 이러한 논리들이 논란이 되는 다른 논쟁적인 표현들을 억압하는 것을 정당화하지 못하는 이유도 분명히 제시하고자 한다.

조사 결과, 미국 성인 대부분은 미국연방대법원이 수정헌법 제1조를 어떻게 해석하고 적용해 왔는지는 말할 것도 없고, 수정헌법 제1조 자체를 잘 모르고 있는 것으로 확인됐다. 헌법이 보호하는 혐오표현 금지를 지지하는 많은 이는 표현은 "비언어적 행위"와 대조적으로 특별한 가치를 갖는다는 기본 전제에조차 친숙하지 않다.

표현의 자유는 여러 가지 이유로 오랫동안 널리 소중히 여겨져 왔으며 국제 인권법과 대다수 국가 법체계에서 존중되어 왔다. 개인에게 표현의 자유는 감정을 표현하는 것뿐만 아니라 사상을 형성하고 소통하는 데 필수다. "우리 민중들(We the People)"이 정책에 영향을 미치고 공직자들에게 책임을 묻기 위해 서로 간에 그리고 우리가 선출한 공직자들과 정보와 의견을 교환하도록 하는 것이 미국의 민주적 자치의 전제 조건이다. 게다가 표현의 자유는 다른 모든 권리와 자유를 행사하기 위한 전제 조건이며, 우리가 그러한 권리를 옹호하고 조직할 수 있게 하고, 정부에 권리 침해를 시정해 줄 것을 청원할 수 있게 한다. 표현의 자유는 또한 진리 탐구를 용이하게 하고 관용을 장려한다. 노벨평화상을 수상한 중국 인권운동가 류샤오보(Liu Xiaobo)는 2010년 수감 생활을 하면서 "표현의 자유는 인권의 토대이자 진리의 어머니"라며 자신의 신체적 자유를 희생해야 했던 이 소중한 자유를 감명 깊게 설명했다.

미국연방대법원의 많은 대법관은 자유와 평등 모두를 위해 표현의 자유의 상호 연관된 여러 이익을 설득력 있게 포착했으며, 심지어 탐탁지 않거나, 불온하거나, 두려움을 주는 메시지를 담은 표현에 대한 자유도 지지하는 의견을 가졌다. 사실, 표현의 자유에 대한 미국연방대법원의 의견은 필연적으로 그러한 메시지를 갖는 표현과 관련된 것이다. 그렇지 않았다면 그런 표현은 헌법의 변화를 촉발한 제재 대상이 되지 않았을 것이다. 이러한 의견 중 일부는 혐오 표현을 포함했고, 훨씬 더 많은 의견은 미국의 많은 지역, 그리고 우리 역사의 상당 부분에서 탐탁지 않거나, 불온하거나, 두려움을 주는 것으로 여겨져 왔던 시민권 옹호와 관련이 있었다.

다른 "비언어적" 행위와 대조적으로, 이와 균형을 맞추는 표현의 특별한 가치는 해악을 조장하는 표현의 역할이 제한적이고, 간접적이며, 예측할 수 없다는 점이다. 다른 형태의 행위와 마찬가지로, 한 사람의 표현은 물론 다른 사람에게 영향을 미칠 수 있다. 표현은 청자의 감정, 정신, 신념, 행위에 영향을 미칠 수 있다. 그러나 다른 형태의 행위와는 달리, 표현은 청자의 인식, 반응, 행동을 매개로 하여, 또한 잠재적인 영향력을 가진 수많은 다른 요소 중 하나로서만, 청자에게 영향을 미칠 수 있다. 이러한 이유로 누군가에게 어떤 말(words)을 퍼붓는 것은 속담대로 "막대기와 돌"을 던지는 것과는 실질적으로 다르다. 막대기와 돌은 그 힘으로 직접 해악을 끼치지만, 말이 실제로 해악을 끼치는지 아닌지는 개별 청자가 그것을 어떻게 인식하고 반응하는지에 달려 있다. 이는 결국 잠재적으로 청자의 심리와 행동에 영향을 미치는 기타 무수한 요소를 포함하여 그들의 성격과 상황에 영향을 받는다.

요약하자면, 표현은 대다수 형태의 행위와 대조했을 때, 고양된 긍정적 가치 및 축소된 부정적 잠재력을 모두 가지고 있으며, 이 점에서 표현에 대한 특별한 보호가 정당화된다.

미국식 접근법은 다른 많은 국가의 시민들이 옹호해 왔다

모욕적 표현에 관한 국제법은 미국 수정헌법 제1조에 따라, 미국연방대법원이 지지하는 접근법을 따라, 더욱더 표현을 보호하는 방식으로 적용되어야 한다. 증오, 적대감 또는 차별을 부추기려는 의도는 형사제재를 정당화하기에 충분하지 않다.

— 아말 클루니(Amal Clooney)와 필리파 웹(Philippa Webb), 영국 인권변호사

나치즘에 대처하는 미국의 방식은 항상 내게 자유민주주의에 대한 위협을 다루는 더 성숙한 방법으로 보였다. 독일이 혐오표현을 불법화하는 것은 마치 토론과 교육에 대한 영구적인 불신을 선언하는 것처럼 보인다. 나는 민주적인 대중이 스스로를 통제할 수 있는 능력을 믿는다. 나는 독일도 그랬으면 좋겠다.

— 아나 자우어브레이(Anna Sauerbrey), 독일 신문 《타게스슈피겔(Der Tagesspiegel)》 편집장

혐오표현금지법은 자유, 평등 및 민주주의의 보편 원칙을 훼손한다. 따라서 그 법을 위반하는 사건은 수정헌법 제1조의 문구나 그 문구를 보장하는 연방대법원의 해석에만 의존하지 않는다. 반면에 동일한 일반 원칙이 다른 맥락에서 적용될 때는 다른 결과를 초래할 수 있다. 예를 들어, 한 국가에서는 폭력을 조장하는 임박한 위험을 야기하지 않는 혐오표현이, 다른 국가에서는 임박한 위험을 야기할 수 있다.

나는 이 책에서 내가 옹호하는 일반 원칙들이 최소한 세계의 다른 곳에서 표현의 자유와 평등을 동시에 증진하고자 하는 사람들에 의해 철저히 고려되기를 바란다. 실제로 이러한 문제들에 대한 미국식 접근법이 인권옹호자, 변호사, 그리고 국제기구 및 다른 많은 국가의 기타 전문가들에 의해 옹호되어 왔다는 점은 주목할 만하다. 이러한 미국식 접근법에 대한 국제적인 지지자들은 다른 나라들의 혐오표현금지법의 실제적인 영향을 직접 목격했고, 이러한 법이 아무리 좋은 의도가 있더라도 실제로 해롭다는 결론을 내렸다. 다음은 전 세계 많은 혐오표현금지법 비판자가 이와 관련하여 진술

한 몇 가지 최근 사례들이다.

- 2017년, 독일에 본부를 둔 유럽언론미디어자유센터(ECPMF)는 소셜미디어가 혐오표현을 차단하거나 삭제하도록 요구하는 독일 법안에 반대하는 성명을 발표하면서 다음과 같이 설명했다. "폭력, 증오, 차별에 대한 불법적인 선동을 퇴치하는 것은 정말로 중요하지만, 표현 검열의 효과가 나타난 적은 없다. 우리 사회에 도움을 주는 것은 오히려 더 많은 표현이다."

- 2017년, 인종적으로 다양한 남아프리카의 저명한 코미디언·풍자작가 연합은, 근본적으로 미국식 접근법을 뒤따르기 위해 남아프리카의 혐오표현금지법을 제한할 것을 촉구했다. 연합 회원들은 정치적 유머를 포함하여 유머에 대한 법의 검열 영향에 우려를 표명했다.

- 2015년, 인종차별과 불관용에 반대하는 유럽위원회(ECRI, 이하 '유럽인종차별위원회'로 인용)는 유럽의 혐오표현금지법이 불충분하고 잠재적으로 역효과를 낳는다고 비판하는 보고서를 발표했다. 보고서는 대항표현을 포함한 비검열적 대안 조치들이 검열에 비해 혐오표현과 잠재적인 해로운 영향을 "궁극적으로 근절하는 데 효과적"이라고 결론지으면서, 유럽 국가들이 이것들을 우선시할 것을 촉구했다.

- 2015년, 유네스코(UNESCO)는 "온라인 혐오표현에 대항하기"에 관한 보고서를 발표했는데, 이 보고서는 "대항표현이 표현을 억압하는 것보다 일반적으로 바람직하다"라고 강조했다.

· 1969년에 발효된 UN의 모든형태의인종차별철폐에관한국제협약(CERD, 이하 인종차별철폐협약으로 인용)을 집행하는 위원회는 비준국들이 혐오표현금지법을 제정할 것을 요구하였지만, 2013년에는 그러한 법의 집행을 대단치 않은 것으로 보고 대신 "인종차별적 혐오표현에 대한 효과적인 해독제로서의 관용 및 대항표현을 위한 교육"의 중요성을 강조했다.

앞서 말한 것들은 내가 인용할 수 있는 많은 비슷한 비판 중 단지 몇 개일 뿐이다. 티머시 가턴 애시(Timothy Garton Ash) 옥스퍼드 대학교 교수는 2016년 미국 입장을 지지한 책에서 "영국의 일부 인권운동가는 평등 대우(equal treatment)를 근거로 영국의 인종증오선동법을 폐지하지는 않더라도 개정할 필요성을 사적으로는 인정하지만, 공개적으로 이 말을 할 사람은 거의 없을 것이다"라고 썼다. 애시의 비평은 혐오표현금지법이 표현의 자유뿐만 아니라 평등을 훼손한다는 핵심 논점을 강조한다. 그가 그 구절을 쓴 후, 영국의 저명한 인권변호사 두 명이 내가 위에서 인용한 《컬럼비아인권법평론(Columbia Human Rights Law Review)》의 2017년 기사에서 영국 등이 보유한 혐오표현금지법을 폐지할 것을 공개적으로 요구했다.

'혐오표현금지법'을 다른 민주주의국가에서는 오랫동안 반대해 왔다

혐오표현금지법의 많은 지지자가 이 법이 처음에 소련과

그 동맹국들이 당시 신생 유엔에서 추진했었고, 거의 모든 자유민주주의 국가가 이 법을 완강하게 반대했었다는 것을 알면 놀랄 것이다. 소련은 세계인권선언과 다른 유엔 기구들의 회의에서 유엔 회원국들이 혐오표현을 제한하도록 허용하거나 심지어 요청할 것을 끈질기게 요구했다. 그들이 제안한 내용은 공산주의 체제의 헌법을 모델로 한 것이었다. 예를 들어, 1936년 소련 헌법은 "인종이나 민족적 증오에 대한 어떠한 옹호도 법으로 처벌할 수 있다"라고 규정했다.

1946년부터 1953년까지 유엔 미국 대표였던 엘리너 루스벨트(Eleanor Roosevelt)는 유엔 법률 문서에 그러한 내용을 포함시키는 것은 "극히 위험하다"라며 "다른 인권 조항들을 무효로 만들 목적으로 전체주의국가가 악용할 것 같다"라고 경고했다. "공적 기관이나 종교 기관에 대한 비판이 증오 선동으로 너무 쉽게 간주되어 결과적으로 금지될 수" 있기 때문이다. 마찬가지로, 다른 민주주의국가의 대표들은 혐오표현금지법이 "시민단체와 야당의 의견을 억압하기 위해" 발동될 수 있다고 주장했다. 슬픈 일이지만, 이러한 경고는 예언대로 된 것으로 입증되었다. 즉, 그러한 법을 지지하는 공산주의자들은 소수민족과 종교적 소수자들뿐만 아니라 정치적 반체제 인사들의 표현을 억압하기 위해 어김없이 혐오표현금지법을 집행했다. 현재 혐오표현금지법의 옹호자들은 이 문제에 대한 미국의 "예외주의"를 주기적으로 비판하지만, 미국의 입장은 민주주의 정치체제와 표현의 자유를 지지했던 대다수 다른 국가에서도 수십 년 동안 공유되었다.

물론, 혐오표현금지법의 장점이 전 세계적으로 얼마나 인기가 있는지 여부에 달려 있는 것은 아니다. 그럼에도 많은 민주주의국가가 상당한 기간 이러한 법률을 지지해야 한다는 실질적 압력에 저항했다는 것은 주목할 만하다. 자국의 많은 시민이 오늘날까지 계속 인용하는 이유를 들면서 말이다.

민주주의국가에서의 반민주적인 '혐오표현금지법'의 집행

혐오표현금지법의 실제 효과가 무엇인지 알려면 유럽에서 그러한 법이 현재 어떻게 적용되는지, 그리고 누구에게 적용되는지를 보라. 누가 그것을 보고 바람직한 것으로 여길 수 있을까?

— 글렌 그린월드, 기자

미국의 혐오표현금지법 주요 지지자들은 그 법이 사회·정치 문제에 대한 일반적인 진술이 아니라 개인을 겨냥한 모욕만을 처벌해야 한다고 주장한다. 그러나 혐오표현금지법은 종종 다른 민주주의국가에서 시급한 공공정책 이슈에 대한 생각을 표현하는 것, 심지어 정치 후보자들과 관료들의 표현을 조사하고, 기소하고, 처벌하는 데 사용되어 왔다. 마찬가지로 실망스럽게도, 혐오표현금지법은 예배당에서 종교 예배를 드리며 성서와 코란을 인용한 기독교인들과 무슬림 성직자들을 처벌하는 데 종종 사용되어 왔다. 이러한 검열은 혐오표현금지법이 정부 관료들에게 불가피하게 재량권을 승인해 주었기 때문에 발생한 예측 가능한 결과다.

　다음은 미국에서 혐오표현금지법이 시행된다면 어떤 일이 발생하는지 예를 들어 설명하기 위해, 최근 다른 민주주의국가에서 혐오표현금지법으로 규제했던 사례들을 추출한 것이다(이후의 장에서는 여러 예시를 추가로 제공할 것이다).

・ 2017년, 영국의 거리 설교자 두 명은 성소수자와 무슬림을 모욕하는 것으로 여겨지는 발언이 담긴 성경 설교를 한 혐의로 유죄판결을 받았다. 검사는 법원에 "설교 말씀이 1611년 버전의 성경에 포함되어 있지만, 이것이 2016년에 범죄에 해당할 수 없다는 것을 의미하지는 않는다"라고 말했다.

・ 2016년, 덴마크 항소법원은 "이슬람은 민주주의를 없애기 위해 민주주의를 남용하고 싶어 한다"라고 비난하면서 "이슬람 이념"을 비판하는 댓글을 페이스북에 게시한 한 남성에 대한 하급심 법원의 유죄를 확정했다.

・ 2016년, 성소수자 인권단체 액트업(ACT-UP)의 파리 지부를 이끌었던 로어 포라(Laure Pora)는 "전통적 가족 가치"를 옹호하는 동성결혼 반대 단체의 회장인 뤼도빈 드 라 로셰르(Ludovine de La Rochère)에게 "동성애 혐오자(homophobe)"라는 용어를 사용한 혐의로 벌금 2300유로를 부과받았다. 액트업 활동가들은 로셰르의 얼굴에 "동성애 혐오자"라는 단어가 적힌 전단을 게시했다.

- 프랑스 최고법원은 2015년, "팔레스타인 만세, 이스라엘 보이콧"이라는 메시지가 적힌 티셔츠를 입고 슈퍼마켓에 가서 "이스라엘 제품을 산다는 것은 가자 지구 범죄를 정당화하는 것을 의미한다"라는 내용의 전단을 배포한 친팔레스타인 활동가 열두 명에게 유죄판결과 벌금 총 1만 4500달러를 선고했다.

- 2014년, 영국의 한 교회는 불타는 화염을 보여 주는 표지판을 소유지에 전시하고 "당신이 신은 없다고 생각한다면, 당신이 옳기를 바란다!"라고 말한 혐의로 제재를 받았다.

- 2013년, 스위스의 한 가톨릭 주교는 결혼과 가족에 대한 토론회에서 동성애에 대한 구약성경 구절을 인용한 혐의로 형사 고발과 수사를 받았다.

- 2011년, 호주의 한 언론인과 그의 신문 고용주는 "호주에 유럽계 혈통의 하얀 피부를 가진 사람들이 있는데, 원주민에게 제공되는 직업 기회나 정치적 행동에 동기가 부여되어, 원주민으로 잘못 규정되어 선택되었다"라고 불평하는 칼럼 때문에 유죄판결을 받았다.

- 2010년, 덴마크의 역사학자이자 언론인은 인터뷰에서 이슬람교 인구가 많은 지역에서 범죄율이 높다고 말했다가 유죄판결을 받았다.

- 2010년, 폴란드 경찰은 성경과 가톨릭교회를 비판한 두 가수를 형사 기소했다. 한 사람은 성서가 "믿을 수 없는" 것이며 "술에 취해 일종의 약초를 피운"

사람들에 의해 기록되었다고 말했다. 다른 한 명은 공연 중 가톨릭교회가 "지구상에서 가장 살인적인 사이비종교"라며 성경 한 권을 찢었다고 한다.

- 2009년, 오스트리아의 한 의원이 유죄판결을 받고 징역형(유예)을 선고받았으며, 벌금 2만 4000유로를 부과받았다. 그가 무함마드(Muhammad)의 아내 아이샤(Aisha)가 결혼 당시 6~7세, 초야 당시 9세로 추정되므로 "오늘날의 체제에서" 무함마드는 아동 성추행으로 간주될 것이라고 말했기 때문이다.

- 2008년, 캐나다의 주간지 《매클린스(Maclean's)》는 이슬람 혐오로 알려진 기사를 실었다는 이유로 여러 집행기관에서 소송을 당했다.

- 2008년, 프랑스의 전직 영화배우이자 오랜 동물권 운동가인 브리짓 바르도 (Brigitte Bardot)는 당시 내무장관 니콜라 사르코지(Nicolas Sarkozy)에게 이슬람교도들의 양 도살 의식을 불평하며 이슬람교도들이 "그들의 방식을 강요함으로써 우리 나라를 파괴하고 있다"라고 말하는 편지를 쓴 혐의로 유죄를 선고받았고, 벌금 1만 5000유로를 부과받았다.

- 2005년, 프랑스 신문 《르몽드(Le Monde)》는 이스라엘을 "난민의 나라"로 지칭하면서 특정 이스라엘 정책을 비판한 2002년 사설 때문에 유대인 증오를 부추긴 혐의로 유죄판결을 받았다.

- 2001년, 네덜란드인 이맘(imam)은 국영 TV 인터뷰에서 코란을 비롯한 이

슬람 문헌을 인용하면서 동성애 행위가 "네덜란드 사회에 해롭"고 "전염병" 이라고 말했다는 이유로 기소되었다.

- 1999년, 당시 영국의 내무장관 잭 스트로(Jack Straw)는 "집시" 또는 "여행자"로 가장한 사람들이 몇몇 범죄를 저질렀다고 말했다는 이유로 집시인에 대한 인종 혐오를 선동한 혐의로 공식 조사를 받았다.

민간기관도 표현의 자유를 보호해야 한다

소셜미디어 플랫폼은 비록 공식적으로 수정헌법 제1조에 구속되지 않지만, 헌법 기준에 가까운 것을 수용해야 할 민주적 의무가 있다. 대학이나 언론매체처럼 온라인 표현 플랫폼도 안전한 공간이 되어서는 안 된다. 그것들은 이성과 숙의에 의해 결정되는 사상의 충돌에서 궁극적인 승자가 있는 민주적인 공간이어야 한다.

— 제프리 로즌(Jeffrey Rosen), 조지워싱턴대학교 법학과 교수

나는 기분이 좋지 않은 상태로 일어났고 《데일리스토머(The Daily Stormer)》[5]가 인터넷에서 허용되어서는 안 된다고 결정했다. 누구도 그 권한을 가져서는 안 된다. 내가 클라우드플레어(Cloudflare)사의 한 직원

---

5 《데일리스토머》는 제2의 유대인 학살을 옹호하는 미국의 극우성향 인터넷 웹사이트로서 신나치즘, 백인우월주의, 여성혐오, 이슬람 혐오, 유대인 혐오, 홀로코스트 부정 등을 담은 내용의 게시물이 올라오는 곳이다.

에게 이 결정에 대해 말하자 그는 다음과 같이 물었다. "오늘이 인터넷이 죽는 날입니까?"

— 매슈 프린스(Matthew Prince), 클라우드플레어 CEO

정부의 일원이 아니기 때문에 헌법상의 제약을 직접적으로 받지 않는 특정 강력한 민간 부문 행위자들이 그럼에도 권력을 행사하는 다른 사람들의 표현의 자유를 존중해야 한다는 제프리 로즌 및 매슈 프린스의 의견에 나는 동의한다. 이는 커뮤니케이션 활동에 종사하고 다른 사람들의 커뮤니케이션 기회에 영향을 미치는 민간 부문 기업에 가장 중요하다. 대표적인 예는 사립대학과 인터넷 서비스 제공 업체, 검색엔진, 소셜미디어 플랫폼을 포함한 온라인 중개 사업자들이다. 일반적으로 그들은 헌법상 보호되는 혐오표현을 포함하여 정부가 막을 수 없는 표현을 금지하는 것을 유보해야 한다.

나는 "일반적으로"라는 수식어를 사용했는데, 그 이유는 특정한 민간기관들이 그들이 가장 중요하게 여기는 다른 가치들을 향상하기 위해 그와 다른 기준들을 집행하는 선택을 할 수 있기 때문이다. 이렇게 하는 것은 그들 자신의 헌법적 권리와 일치한다. 예를 들어, 특정 종교 교파에 소속된 사립대학들은 그들의 종교적 신념과 일치하지 않는 특정 표현을 금지하는 선택을 할 수 있다. 그 대학들은 사전에 그러한 정책을 명확하게 공지해야 한다. 그래야 모든 잠재적인 학생, 교수진 및 기타 사람들이 그 정보를 참조하여 그 대학에 합류할지 여부를 결정할 수 있기 때문이다.

마찬가지로, 특정 온라인 플랫폼은 대중의 특정 부분에 호소하기 위해 참여자가 게시하고 접근할 수 있는 표현에 관한 관점에 기반한 제한을 포함하여 특정 환경을 생성하는 선택을 할 수 있다. 예를 들어, 비디오게임 스트리밍 플랫폼 트위치의 미스클릭스(Misscliks) 채널은 "모든 성별과 배경을 가진 사람들이 두려움이나 편견, 괴롭힘 없이 게이머 문화에 참여할 수 있는 곳"으로, 게이머 문화가 여성혐오적이라는 비판을 받은 2013년에 설립되었다. 이를 위해 미스클릭스는 성차별적이거나 여성혐오적인 게시물을 제한하기 위한 다양한 조치를 취하는데, 여기에는 이런 게시물을 집요하게 남기는 노골적인 사람들을 쫓아내는 것도 포함된다.

사립대학들과 온라인 중개사업자들이 생각과 정보의 자유로운 교환을 촉진할 수도 질식시킬 수도 있는 엄청난 권력을 가지고 있다는 점을 고려할 때, 예외적인 경우를 제외하면, 사립대학 대부분과 온라인 중개사업자들은 수정헌법 제1조가 정부 검열로부터 보호하는 모든 표현을 허용해야 한다고 나는 주장한다. 2017년 미국 연방대법원은 "사이버공간과 …… 특히 소셜미디어가" 생각의 교환을 위해 …… 가장 중요한 공간이며, "많은 사람이" 생각을 교환하기 위한 "주요한" 수단으로 기능한다는 점을 인정하는 만장일치 결정을 내림으로써, 온라인 중개사업자의 특별한 중요성을 묘사한 바 있다.

사립대학 대부분은 학문의 자유와 올바른 교육 방침에 따라 표현의 자유 원칙을 존중하겠다고 선언한다. 그 약속을 늘 지키는 것은 아니지만 말이다. 온라인 상황이 더 문제다. 《워싱턴포스트(The Washington Post)》는 2017년 7월 '페이스북이 혐오표현 퇴치에 고

군분투하다'라는 제목의 기사에서 "페이스북도 미국 소셜미디어 기업 대부분과 마찬가지로 오랫동안 표현을 위한 문지기 역할을 거부했다"라며 "미디어기업이 아닌 기술 기업"이라는 마크 저커버그(Marc Zuckerberg) 최고경영자의 말을 반복했다. 《워싱턴포스트》는 페이스북의 최근 변화를 연대순으로 기록했는데, 여기에는 2017년 6월 저커버그가 "우리를 안전하게 지키기" "모두의 포용"이라는 목표를 수용하는 수정된 사명 선언문도 반영되었다. 《가디언(The Guardian)》은 2017년 페이스북이 혐오표현 및 기타 불미스러운 메시지를 금지하는 내부 기준을 시행한 것을 다룬 기사에서 페이스북이 "사실상 세계 최대의 검열 기관"이라고 적절하게 언급했다. 위험한 표현 프로젝트(Dangerous Speech Project)의 수전 베네시(Susan Benesch) 국장은 "페이스북은 그 어느 정부보다 더 많은 표현을 규제하고 있다"라고 덧붙였다. 그해 말 페이스북은 "현재 혐오표현 게시물을 한 달에 약 28만 8000건을 삭제한다"라고 밝혔다.

물론, 국제적으로 운영되는 온라인 중개회사의 사업자들은 혐오표현금지법을 포함하여 미국보다 표현 보호가 덜한 다른 국가의 법률을 준수해야 한다. 그럼에도 온라인 회사는 제한 조치를 해당 지리적 영역으로 한정하는 "지리적 차단(geo-blocking)"을 선택할 수 있다. 요컨대, 이러한 중요한 기관들은 그들의 방대한 권한을, 가능한 한 핵심적인 표현을 보호하는 관점 중립성 원칙 및 긴급성 원칙에 맞도록 최대한 행사해야 한다. 그렇게 하지 않으면 표현의 자유, 민주주의, 그리고 평등을 심각하게 악화시킬 것이다. 4장과 7장에서는 이러한 문제를 보여 주는 몇 가지 예를 제시한다.

인터넷을 규제하는 최초의 미국 연방법 이후 미국 의회는 현명하게도 온라인 중개사업자들이 자유로운 사상과 정보의 교환을 위한 열린 통로 역할을 하도록 권장해 왔다. 1996년 통신품위법 (Communications Decency Act)은 온라인 중개사업자들을 다른 사람들이 배포하는 자료에 대한 책임으로부터 광범위하게 보호한다(일부 항목 제외). 따라서 온라인 플랫폼이 다른 사람들의 탐탁지 않거나, 불온하거나, 두려움을 주는 메시지만으로는 그러한 통신을 억제하지 않고, 다른 사람들의 커뮤니케이션을 위한 "공통 전달자" 역할을 하도록 장려한다. 이는 유선전화 시스템이 오랫동안 수행해 온 중요한 역할과 같다. 이와는 대조적으로, 일부 국제기구뿐만 아니라 다른 정부는 헌법상 보호되는 미국의 혐오표현을 금지하도록 요구하는 것을 포함하여 관할구역 내에서 운영되는 온라인 중개사업자들에게 표현을 억제하는 규제 기능을 부과했다.

점점 더 중요해지는 온라인 영역에서 표현의 자유를 촉진하기 위해, 많은 국제기구와 인권 단체는 온라인 중개사업자들이 두 가지 주요 방법으로 표현의 자유를 촉진하고 검열에 저항해야 한다고 촉구했다. 정부는 그러한 온라인 중개사업자에게 표현 규제적인 기능을 부과해서는 안 된다. 중개사업자는 제3자 콘텐츠(위에서 설명한 미국 상황)에 책임을 지지 않는다. 예를 들어 2017년 유엔, 유럽안보협력기구, 미국국가기구, 아프리카인권위원회의 표현의 자유 전문가들의 공동선언은 일부 정부가 온라인 콘텐츠를 제한하도록 온라인 중개사업자에게 압력을 가함으로써 반대 의견을 억압하고 공공의 의사소통을 통제하려는 시도를 비판했다.

이 책은 주로 수정헌법 제1조의 적용을 받지 않는 민간 온라인 중개사업자와 기타 민간기업보다는 정부의 조치에 초점을 맞추고 있다. 그럼에도 대학과 온라인 중개회사 등의 민간기관이 이 책에서 밝힌 원칙적·정책적 우려에 비춰 헌법상 보호되는 혐오표현을 억압해서는 안 된다고 많은 전문가가 공유하는 입장을, 정부가 혐오표현을 억압해서는 안 되는 이유를 설명하면서 기록해 두고자 한다.

비(非)검열적 전략

혐오표현에 대한 전략적 대응은 더 많은 표현이다. 즉, 문화적 차이를 교육하는 더 많은 표현, 다양성을 촉진하는 더 많은 표현, 소수자에게 힘을 실어 주고 목소리를 주는 더 많은 표현 말이다. 더 많은 표현은 개인에게 다가갈 수 있는 가장 좋은 방법이 될 수 있으며, 그들의 행동뿐 아니라 그들의 생각을 바꿀 수 있다.

— 2011년 국가적·인종적·종교적 혐오 금지에 관한 유엔 전문가 워크숍

실질적인 증거는 대항표현 전략이 헌법상 보호되는 혐오표현의 잠재적인 부작용을 확인하는 데뿐만 아니라, 그 표현이 겨냥하는 개인과 집단의 존엄성과 권한을 증진하는 데에도 최소한 검열만큼 효과적이라는 것을 보여 준다. 우리는 차별적인 태도와 행동을 억제하는 데 집중해야 한다. 헌법상 보호되는 혐오표현을 검열하는 것은 이러한 문제들을 실제로 해결하지 못할 뿐만 아니라 더 효과

적인 조치들로부터 관심과 자원을 전환하는 경향이 있는 피상적이고 값싼 "빠른 해결책"이다. 이러한 이유로 1980년대 후반과 1990년대 초반에 초기 대학 혐오표현 학칙을 옹호했던 일부 사람은 그것들에 환멸을 느끼게 되었다. 같은 이유로 많은 국가와 국제기구의 인권 활동가들은 비검열적 대안을 점점 더 우선시하고 있다.

버락 오바마 미국 대통령은 재임 시절 혐오표현의 빈번한 대상이자 평등 및 포용성의 옹호자라는 그의 관점에서 "더 많은 표현(more speech)" 접근법을 반복적으로 지지했다. 오바마 대통령은 "아프리카계 미국인들에게 불쾌감을 주거나 여성을 비하하는 신호를 보내는 언어"에 대해서도 대학에서 표현의 자유를 강하게 지지하며 "활동가가 되는 것은 다른 쪽을 듣고 대화에 참여하는 것을 포함합니다. 그것이야말로 변화가 일어나는 방식이기 때문입니다"라고 학생 청중에게 설명했다. 그는 민권운동을 이러한 접근법의 예로 들며 "지도부가 일관되게 반대파의 의견을 이해하려고 노력했기 때문에 일어난 일"이라며 "심지어 그들에게는 섬뜩했던 의견들까지도 말입니다"라고 말했다. 그는 학생들에게 자신의 의견을 거부한 사람들과 "논쟁을 벌이십시오"라고 촉구하며 "'나는 너무 예민해서 당신이 해야 할 말을 들을 수 없다'라고 말하면서 누군가를 침묵시켜서는 안 됩니다"라고 주장했다.

오바마는 비록 소수자 학생들과 다른 폄하된 사람들이 반박하는 것이 특히 부담스러울 수 있다는 점을 인정하면서도, 이러한 노력이 그들이 옹호하는 사회정의 개혁을 가능하게 하는 필수 조치임을 인식했다. "네, 이는 그러한 학생들에게 더 많은 부담을 줄 수 있습니다. 하지만 용기 있는 방식으로 상대방을 상대하지 않고서는, 당신은 이 학생들이 원하는 깊은 사회 변화를 만들어 내지 못할 것입니다."

'혐오표현금지법'의 비용편익분석

혐오표현금지법에 대한 찬성 주장과 반대 주장을 공정하게 평가하려면, 혐오표현이 어떤 경우에는 처벌받고 어떤 경우에는 보호되는지, 그리고 이 둘을 구분하는 중요한 이유에 관한 수정헌법 제1조 원칙을 먼저 이해해야 한다. 이 문제는 대체로 미국 법이 혐오표현을 처벌해야 하는지 말아야 하는지, 그 **여부**에 관한 문제로 잘못 구성되어 있다. 사실 이 문제는 혐오표현을 처벌해야 하는 **어떤** 상황이 있는지, 특히 **이미** 처벌 가능한 상황을 넘었을 때 처벌해야 하는지 여부다.

먼저, 헌법상 보호되는 혐오표현을 검열함으로써 우리는 무엇을 얻을 수 있을까? 검열에 의해 혐오표현이 기여할 것으로 우려되는 잠재적인 해악(차별, 폭력, 정신적 해악)을 줄일 수 있을까? 반면에 혐오표현을 검열함으로써 우리는 무엇을 잃게 되는가? 표현의 자유와 민주적 자치를 제한함으로써 얻을 수 있는 대가는 무엇인가? 차별, 폭력 및 정신적 해악을 줄이려는 목표에 부정적 영향이 있는가? 이러한 목표를 효과적으로 추구하기 위한 다른 대안은 있는가?

다음 장으로 넘어가기에 앞서 언급한 질문을 분석해 본다면, 혐오표현금지법의 비용이 이익보다 클 것이며 바람직한 이익은 비검열적 대안을 통해 효과적으로 촉진할 수 있다는 사실이 입증된다. 다음 장들은 이러한 결론에 도달하기 위한 몇 가지 독립적으로 충분한 근거를 뒷받침할 것이다.

1. 헌법상 보호되는 혐오표현(이미 처벌 가능한 혐오표현과는 구별됨)이, 혐오표현 규제를 정당화하는 해악에 실질적으로 기여한다는 증거는 불충분하다.

2. 헌법상 보호되는 혐오표현이 우려되는 해악에 실질적으로 기여한다는 충분한 증거가 있더라도, 혐오표현금지법은 우려되는 해악을 효과적으로 감소시키지 못할 것이다.

3. 헌법상 보호되는 혐오표현이 우려되는 해악에 실질적으로 기여했다는 충분한 증거가 있고, 혐오표현금지법이 이러한 우려되는 해악을 의미 있게 감소시킬 수 있다고 해도, 이 법이 평등과 사회적 화합뿐만 아니라 표현의 자유와 민주적 정당성에 미칠 피해 때문에, 혐오표현금지법은 여전히 거부되어야 한다.

계속되는 요점들은 다음 장들에서 더욱 완전하게 발전해 나아간다. 내 분석이 사고와 토론, 논쟁뿐만 아니라, 개인의 자유와 평등, 표현의 자유, 민주적 자치, 사회적 화합, 정신적 행복 등 쟁점이 되는 모든 중요한 문제를 진전시킬 수 있는 지지와 행동도 만들어 냈으면 한다.

HATE

2장

'혐오표현금지법'은
기본적 표현의 자유 원칙과
평등 원칙을 위반한다

이미 언급한 바와 같이, 모든 혐오표현금지법은 그 법안이 어떻게 작성되든, 본질적으로 긴급성 원칙과 관점 중립성 원칙에 위배된다. 이 장에서는 이러한 원칙이 특히 소수의 견해와 목소리를 위해 중요한 이유를 설명하고, 혐오표현금지법이 자유와 평등 모두에 끼칠 피해를 조명한다. 다음으로 미국연방대법원이 어떤 범주의 표현에 대해서는 정부의 제한을 허용한 이유를 살펴보고, 이렇게 판결한 근거가 헌법상 보호되는 혐오표현에는 적용되지 않는 이유를 설명하겠다. 마지막으로, 나는 왜 혐오표현금지법이 헌법상 허용되는 표현의 규제보다 더 문제가 많은지, 그리고 왜 정부가 혐오표현금지법을 제정할 수 있도록 허가하는 것이 탐탁지 않거나, 불온하거나, 두려움을 주는 메시지를 담은 모든 표현을 억압할 수 있는 정부의 권한을 자유롭게 하는지를 설명한다.

관점 중립성 원칙과 긴급성 원칙:
자유와 평등의 양대 기둥

수정헌법 제1조의 근간이 되는 원칙이 있다면, 그것은 사회가 어떤 사상 자체를 모욕적이거나 불쾌하게 여긴다는 이유만으로 정부가 그 사상의 표현을 금지할 수 없다는 것이다. 수정헌법 제1조는, 인종차별이 혐오스럽고 파괴적이라는 원칙처럼 우리 국가 전체가 사실상 신성시하는 개념이, 사상의 시장(marketplace of ideas)에서 아무런 문제 제기 없이 유효하도록 보장하지 않는다.

— 윌리엄 브레넌(William Brennan) 판사, '텍사스 대 존슨' 사건(1989)

염려되는 해악이 너무 급박하여 충분한 토론 기회가 있기 전에 발생하지 않는 한, 표현에서 흘러나오는 위험을 명백·현존하는 것으로 간주할 수 없다. 토론을 통해 거짓과 오류를 폭로할 시간이 있다면 그 해결 방법은 강요된 침묵이 아니라 더 많은 표현이다. 오직 긴급성만이 표현에 대한 억압을 정당화할 수 있다.

— 루이스 브랜다이스 판사, '휘트니 대 캘리포니아' 사건(1927)

관점 중립성 원칙과 긴급성 원칙의 핵심은 둘 다 표현의 메시지가 탐탁지 않거나, 불온하거나, 두려움을 준다는 이유만으로 정부가 표현을 규제하는 것을 금지하는 것이다. 대신, 아래의 보충 원칙들은 정부가 긴급사태를 피하기 위해 필요할 때만 표현을 규제할 수 있도록 허용한다. 1972년의 중요한 결정인 '시카고 대 모즐리

(Chicago v. Mosley)' 판결은 관점 중립성 원칙과 긴급성 원칙이 현실에 도전하고 평등을 옹호하는 표현에 얼마나 필수적인지를 보여준다. 미국연방대법원의 의견은 서굿 마셜(Thurgood Marshall) 대법관이 작성했다. 고등법원에서 근무한 최초의 아프리카계 미국인인 마셜은 학교에서 분리주의를 철폐한 기념비적인 판결인 '브라운 대 교육위원회(Brown v. Board of Education)' 사건에서 소송한 전미유색인종발전협회(NAACP) 변호사 중 한 명으로, 인종적 정의의 선구적 옹호자로 가장 잘 알려져 있다. 마셜은 수정헌법 제1조의 자유 옹호자로도 유명하다. 수정헌법 제1조가 보장하는 자유는 시민권운동에 필수였기 때문에, 마셜이 표현의 자유를 열렬히 지지한 것은 우연이 아니다.

표현의 자유에 대한 많은 주요 판결과 마찬가지로, 모즐리 판결은 시민권을 옹호하는 메시지와 소수인종 발화자들을 위하여 표현의 자유를 지지했다. 특히 모즐리 판결은 아프리카계 미국인 우체국 직원인 얼 모즐리(Earl Mosley)가 시카고의 존스상업고등학교 근처의 공공 보도에서 평화적으로 피켓시위를 계속할 권리를 보호했다. 그는 "존스고등학교는 흑인을 차별하고 있다, 존스고등학교에는 흑인 할당량이 있다"라고 쓰인 팻말을 들고 있었다.

표현의 자유가 시민권 투쟁의 한결같은 지원자였던 것처럼, 검열은 시민권 투쟁의 한결같은 적이었다. 다른 많은 사건과 마찬가지로 모즐리 사건에서도 정부는 시민권을 지지하는 메시지를 억누르려고 했다. 이 사건에서 시카고시는 피켓시위가 학교에 영향을 미치는 노동쟁의와 관련된 경우를 제외하고 공립학교 주변에서의 모든 피켓시위를 불법화하는 새로운 조례를 제정했다. 시카고 경찰국은 모즐리에게 계속 피켓을 든다면 체포할 것이라고 경고했다.

메시지 및 발화자들에 대한 차별을 이유로 새로운 법을 폐지하면서, 마셜 대법관은 평등과 자유의 상호 강화 원칙을 강조했다.

무엇보다도 수정헌법 제1조는 정부가 메시지, 사상, 주제 또는 내용 때문에 표현을 제한할 권한이 없다는 것을 의미한다. 정부는 수용 가능한 견해를 가진 사람들에게 포럼 사용을 허가할지 모르지만, 덜 선호되거나 더 논란이 많은 견해를 표현하려는 사람들에게는 그 사용을 거부할 수 있을 것이다. "사상의 시장에서의 지위 평등"이 있고, 정부는 모든 견해를 들을 수 있는 동등한 기회를 제공해야 한다.

우리가 정부에 혐오표현금지법을 집행하고 어렵게 얻은 관점 중립성 원칙과 긴급성 원칙을 제거할 힘을 실어 준다면, 정부는 해로운 경향이 우려되는 표현을 처벌했던 우리 역사의 초기로 시계를 되돌리게 될 것이다. 다음 장에서 나는 현재는 불신받는 나쁜 경향성 테스트가 어떻게 탐탁지 않거나, 불온하거나, 두려움을 주는 메시지가 담긴 표현을 억압하는 면허로 작동했는지 설명하고, 이 경향성 테스트를 원상회복한다면 특히 반대 의견에 악영향을 준다는 점을 강조할 것이다.

나쁜 경향성 테스트의 해로운 영향

20세기 후반까지 미국연방대법원은 미래의 어떤 시점에서 표현이 해악을 끼칠 수 있다고 주장할 때마다 정부의 표현 억압을 허용하는 척도로 "나쁜 경향성" 기준을 적용했다. 이 기준에 따라 예컨대 1919년의 일련의 판결에서 미국연방대법원은 미국의 제1차세계대전 개입에 반대하는 표현에 대한 형사 유죄판결을 지지했는데, 이는 이 표현이 일부 개인으로 하여금 군복무를 거부하도록 유도하여 결과적으로 국익을 해칠 수 있다는 게 근거였다. 정부가 표현과 잠재적인 해악 사이의 약화된 연관성, 추측에 근거한 연관성에 기초하여 표현을 처벌할 수 있도록 허가해 줌으로써 정부가 만연한 관점 차별에 관여할 수 있게 했고, 본질적으로 전쟁이나 징병 관련 정책에 반대하는 모든 의견을 잠잠해지게 했다.

예를 들어, '데브스 대 미합중국(Debs v. United States)' 사건에서는 전쟁 중에 징병제를 비판했다는 이유로, 1912년 미국 대선에서 전국 득표율 6퍼센트를 얻은 사회당 당수 유진 데브스(Eugene V. Debs)의 유죄판결을 지지하기 위해 나쁜 경향성 테스트가 적용되었다. 4장에서 살펴보겠지만, 다른 민주주의국가에서 나타나는 혐오표현금지법의 가장 참담한 영향 중 하나는 정부 정책을 비판하거나 그와 비슷한 종류의 발언을 하는 정치인들에게 그것이 정기적으로 집행된다는 것이다. 루이스 브랜다이스 대법관이 나중에 나쁜 경향성 테스트에 반대하면서 논평했듯이, "현행법에 대한 모든 비난은, 그 법을 위반할 확률을 어느 정도 증가시키는 경향이 있다".

실제로 피임 사용을 범죄로 규정하는 법을 비판한 마거릿 생어 및 다른 선구적 피임 옹호자들의 검열과 투옥을 촉발했던 것도 바로 이러한 근거였다.

1919년 '에이브럼스(Abrams)' 사건[6]에서, 브랜다이스 대법관과 함께 홈스 대법관은 강력한 반대의견을 내며 나쁜 경향성 테스트를 거부했으며, 수정헌법 제1조는 "우리가 혐오하는 의견"과 "죽음으로 가득 차 있다고 믿는 의견"이라 하더라도, 그것이 국익을 "해칠 수 있는 급박한 상황"이어서 "국가를 구하기 위해 즉각적인 방지가 필요한" 경우가 아니라면, 정부가 억압하는 것을 금지한다고 선언했다.

'혐오표현금지법'은 평등권 운동을 저해한다

표현의 자유와 반대할 권리가 없었다면, 시민권운동은 날개 없는 새였을 것이다.

— 존 루이스(John Lewis), 미국 하원의원

평등권 옹호자들은 관점 중립성 원칙 및 긴급성 원칙 등이 포함된 표현의 자유라는 강력한 개념에 항상 의존해 왔다. 왜냐하면 그

---

6 '에이브럼스 대 미합중국(Abrams v. United States, 250 U.S. 616, 1919)' 사건은 전쟁 진행을 방해할 의도로 독일과 전쟁을 벌이는 데 필요한 물자의 생산 축소를 촉구하는 것을 형사 범죄로 규정한 1917년 간첩법 개정안을 지지하는 미국연방대법원의 결정이었다.

들의 관점이 종종 탐탁지 않거나, 불온하거나, 두려움을 주는 것으로 간주되어 검열 대상이 되기 때문이다. 1장에서 나는 미국에서 이런 일이 반복되고 있음을 여러 사례를 들어 설명했고, 4장에서는 다른 나라의 사례도 제시할 것이다. 하지만 여기서 나는 미국에서 특히 중요한 역사적 사건 중 하나인 20세기 시민권운동에 주목하고 싶다. 역사가 새뮤얼 워커(Samuel Walker)는 자신의 저서 『혐오표현: 미국 논쟁사(Hate Speech: The History of an American Controversy)』에서 전미유색인종발전협회, 미국유대인의회, 미국유대인위원회를 비롯한 주요 시민권 단체들이 혐오표현금지법에 반대했다는 점을 기록하고 있다.

처음 두 단체의 반대는 특히 주목할 만한데, 처음에는 두 단체 모두 혐오표현금지법을 지지했기 때문이다. 그들이 입장을 180도 바꾼 것에는 그들의 반차별 옹호 활동을 억누르기 위하여 광범위한 표현 규제를 사용한 적대적인 정부 관료들을 상대했던 경험이 반영되었다. 이 시민권 단체들은 경험을 바탕으로 혐오표현금지법 등을 포함하여 관점 중립성 원칙과 긴급성 원칙에 부합하지 않는 모든 표현 규제가 그들에게 불리하게 작용할 수 있음을 인식했다. 결국 20세기 후반까지도 시민권 옹호자들은 전통적인 사회제도와 법과 질서를 무너뜨릴 수 있다고 널리 우려되었다. 이 운동의 지도자들이 아마도 그 당시 가장 미움을 받고 두려운 집단인 공산주의자로 악마화되었던 것은 우연이 아니다. 해리 케일븐(Harry Kalven) 시카고대학교 법학 교수는 "전미유색인종발전협회는 궁지에 몰린 남부의 입장에서 혁명을 노리는 두 번째 국내 음모"라고 말했다.

헌법상 보호되는 '혐오표현'은
미국연방대법원이 수정헌법 제1조의 보호를
받지 못한다고 판시한 표현의 범주에 포함되지 않는다

　　미국연방대법원은 메시지를 통해 정의해 봤을 때 그 표현들이 갖는 "낮은 가치"로 인해 수정헌법 제1조의 핵심을 벗어난 것으로 간주되고, 따라서 수정헌법 제1조의 핵심 목표를 달성하지 않는 것으로 간주되는, "소수의" "좁게 제한된" 그리고 축소된 "역사적이고 전통적인 범주"의 표현들을 인정했다. 과거에는 이러한 범주에 명예훼손, 상업광고, 외설 및 싸움 거는 말(fighting words)[7] 등이 포함되었다. 1960년대 이후, 법원은 보호받지 못하는 표현 범주의 목록과 그 표현의 개념 정의 모두를 상당히 좁혀 왔다. 더 나아가 2010년의 기념비적인 결정에서 법원은 보호받지 못하는 새로운 추가적인 표현의 범주를 "수정헌법 제1조에서 분리"하지 않을 것이라고 선언했다.

　　항상 논란이 되어 온 이 "낮은 가치" 원칙의 장점이 무엇이든 간에, 혐오표현에는 적용되지 않았다. 반대로, 혐오표현은 미국연방대법원이 항상 고유하게 높은 가치를 지닌 것으로 간주한 정치적 표현에 해당되었고, 따라서 대중이 그 메시지를 "경멸"할지라도 수정헌법 제1조의 완전한 보호를 받을 자격이 있었다. 법원은 수정헌

7　'싸움 거는 말'은 그 말을 들은 사람으로 하여금 폭력을 행사하게 하거나 보복을 하게 만드는 말을 뜻한다.

법 제1조가 "경멸적인" "논쟁적인" "동의하기 힘든" "혐오스러운" "상처를 주는" "부적절한" "음란한" "모욕적인" "잘못된" "불쾌한" "상스러운" "폭력적인" "명백하게 불쾌한" "도발적인" "소란스러운" "충격적인" "불안한" "화나게 하는" 그리고 "저속한" 등 다양한 부정적 또는 비판적 형용사로 특징지어지는 정치적 표현들을 보호한다고 일관되게 주장해 왔다.

헌법상 보호되는 혐오표현이 낮은 가치로 간주될 수 없는 또 다른 근본적인 이유가 있다. 즉, 혐오표현은 공공정책 문제를 다룰 뿐만 아니라, 그 문제에 대한 구체적인 관점도 전달한다는 것이다. 미국연방대법원은 "일반적 관심사가 되는 논쟁적인 문제에 대하여, 그에 대한 특정 관점의 표현을 제한하는 규정은, 수정헌법 제1조를 위반하는 법의 가장 순수한 예시다"라고 거듭 강조해 왔다.

중요하고 매우 적절한 2017년 '마탈 대 탐(Matal v. Tam)' 판결[8]에서 법원은 관점 중립성 원칙이 구체적으로 "발화자가 선택하는 특정 방식으로 특정 입장의 주장을 제시할 권리를 보호한다"라고 설명하면서 "모욕감을 주는 것도 하나의 관점"이라고 명시했고, 따라서 억제될 수 없다고 했다. 마탈 판결에서 미국연방대법원은 사실상 혐오표현금지법이었던 연방법을 파기하기 위해 이러한 지침을 만장일치로 결정했다. 이 연방법은 많은 혐오표현금지법에 포

---

8 '마탈 대 탐[582 U.S. 218, 2017(이전에는 Lee v. Tam으로 알려짐)]' 판결은 미국 특허청에 개인, 기관, 신념 또는 국가 상징을 '비방'할 수 있는 상표의 등록을 금지하는 랜험법(Lanham Act, 미국 연방상표법) 조항이 수정헌법 제1조를 위반했다는 미국 연방순회항소법원의 판결을 만장일치로 확정한 미국연방대법원 판례다.

함된 핵심 용어를 사용하여 누군가를 "비방하거나" "경멸 또는 평판을 떨어뜨리는" 상표를 금지했다. 또한 정부는 이 법의 목적이 혐오표현금지법의 목적이기도 한 "비하 메시지"의 대상이 되는 소수 집단 구성원을 보호하는 것이라고 주장했다. 이 법에 따라 정부는 전통적으로 아시아 민족의 별칭으로 사용되어 온 용어인 "슬랜츠(slants)"[9]를 상표로 등록하는 것을 거부했다. 아시아계 미국 록그룹 "더 슬랜츠(The Slants)"의 리드 싱어인 사이먼 탐(Simon Tam)은 그 용어를 "재주장(reclaim)"하고 "그 용어를 폄하하는 힘에서 벗어나기" 위해 그 이름을 선택했다. 위헌결정을 내리면서 미국연방대법원은 올리버 웬들 홈스 대법관의 유명한 관점 중립성 원칙의 공식을 인용하여 혐오표현금지법이 수정헌법 제1조의 검열을 통과할 수 없는 이유를 설명했다. "인종, 민족, 성별, 종교, 나이, 장애 또는 다른 유사한 이유로 상대를 비하하는 표현은 혐오스러운 것이다. 그러나 표현의 자유 법제에서 가장 자랑스러운 것은 우리는 '우리가 미워하는 생각'을 표현할 자유를 보호한다는 것이다."

정부는 집단의 평판이나 존엄성을 보호한다는 이유로 '혐오표현'을 처벌해서는 안 된다

일부 혐오표현금지법 지지자는 헌법상 보호되는 혐오표현

---

9   'slants' 또는 'slant-eyed'는 눈꼬리가 올라간 눈을 뜻하여 동양인을 비하할 때 사용된다.

이 명예훼손과 마찬가지로 허위 사실이자 폄하된 집단에 속한 개인의 명예와 존엄성을 해친다는 이론에 따라, 집단 명예훼손(group defamation) 개념을 주장한다. 그 명칭이 나타내는 것처럼 집단 명예훼손은 특정 개인이 아니라 광범위한 집단의 명예를 훼손하는 표현을 말한다.

1952년 '보아르네 대 일리노이주(Beauharnais v. Illinois)' 판결[10]에서 미국연방대법원은 5 대 4로 일리노이주 집단명예훼손법에 대한 수정헌법 제1조 위헌법률심판 신청을 가까스로 기각했다. 일리노이주 집단명예훼손법은 인종 통합에 반대하고, 아프리카계 미국인에게 경멸적인 발언을 하며, 시카고 시장과 시의회에 보내는 탄원서를 유포한 사람에게 집행되었다. 일리노이주 대법원은 이 법이 "폭력과 무질서를 야기하는 경향이 강한 진술"에만 제한적으로 적용된다고 해석했다. 일리노이주 대법원은 당시 만연한 나쁜 경향성 테스트에 따라 정부가 이러한 진술들을 처벌할 수 있다고 판시했다.

보아르네 판결 이후 미국연방대법원은 집단 명예훼손 문제를 명시적으로 다시 거론한 적이 없지만, 연방 판사를 비롯한 다른 전문가들은 미국연방대법원이 보아르네 판결의 논거를 거부한 일련의 후속 판결에서는 보아르네 판결을 은연중에 뒤집었다는 데 동의한

10 '보아르네 대 일리노이주(343 U.S 250, 1952)' 판결은 1952년 미국연방대법원에 회부된 사건으로, '인종, 피부색, 신념 또는 종교에 관계없이 시민계급의 타락, 범죄, 부정 또는 미덕의 부족'을 묘사하는 글이나 그림을 출판하거나 전시하는 것을 금지한 일리노이주 집단명예훼손법이 헌법에 위배되지 않는다고 판시했다. 이 판결은 혐오표현이 미국 명예훼손법을 위반하는 것으로 볼 수 있다면, 수정헌법 제1조에 의해 보호되지 않으며 법으로 금지할 수 있다는 근거를 제시했다.

다. 그중 하나가 미국연방대법원이 내린 기념비적인 판결인 1964년 '뉴욕타임스 대 설리번(New York Times v. Sullivan)' 사건[11]인데, 이 판결에서 미국연방대법원은 수정헌법 제1조가 개인이 제기한 명예 훼손 소송도 엄격히 제한한다는 것을 명확히 했다. 설리번 이후 사건에서 미국연방대법원은 문제의 표현이 의견보다는 허위 사실 진술에 해당해야 하며, 해당 표현이 공공의 관심사를 다룰 경우 명예 훼손 원고가 무거운 입증 책임을 지게 된다고 판결해 왔다. 게다가 미국연방대법원은 보아르네 판결을 잠재적인 폭력을 방지하는 것에 대한 판결로 취급하여, 보아르네 판결이 긴급성 원칙 기준과 상충됨을 강조했다.

만약 정부 관료들이 평판과 존엄을 훼손하는 해악으로부터 폄하된 개인과 집단을 보호하는 전통적인 명예훼손 근거로 혐오표현금지법을 정당화하려고 한다면, 혐오표현금지법은 또한 수정헌법 제1조의 오랜 원칙들에 위배될 것이다. 집단에 대한 진술은 집단의 일반화를 포함하므로 명예훼손 청구의 전제 조건이 되는 허위 사실이라기보다는 의견을 표명한 것에 더 가깝다. 미국연방대법원은 "허위의 생각이란 없다"라고 판시했다. 더욱이 허위 사실 진술도

---

11 '뉴욕타임스 대 설리번(376 U.S. 254, 1964)' 사건은 미국 수정헌법 제1조의 표현의 자유 보호 조항이 미국 공무원들이 명예훼손으로 고소할 수 있는 능력을 제한한다고 판결한 획기적인 미국연방대법원 판결이다. 이 판결은 명예훼손 소송의 원고가 공직자 또는 공직 후보자인 경우, 명예훼손의 일반적인 요소인 제3자에 대한 명예훼손적 허위 사실의 유포뿐만 아니라, 피고가 해당 진술이 허위임을 알았거나 허위일 수 있다는 사실을 부주의하게 무시한 채 '실제 악의'를 갖고 진술했다는 사실도 입증해야 한다고 판시했다. 뉴욕타임스 대 설리번 판결은 현대에 가장 위대한 연방대법원 판결 중 하나로 꼽히기도 한다.

특정인의 명예를 훼손하거나 사취하는 등 구체적인 중대한 피해를 직접적으로 입힌 극히 제한된 경우를 제외하고는 처벌할 수 없다. 로버트 잭슨(Robert Jackson) 대법관은 다음과 같이 말했다. "수정헌법 제1조의 목적은 공권력이 대중의 생각의 보호자가 되는 것을 막는 것이다. 모든 사람이 진리의 파수꾼이 되어야 한다. 선조들은 우리를 위하여 사실과 허위를 구분하는 어떤 정부도 신뢰하지 않았기 때문이다."

기본적인 표현의 자유 원칙을 위반하는 것 외에도, 집단 명예 훼손 소송은 평등을 위한 운동을 지지하는 표현 또한 위험에 빠뜨릴 수 있다. 확고한 시민권운동 지지자인 윌리엄 더글러스(William O. Douglas) 대법관은 보아르네 판결의 반대의견에서 다음과 같이 썼다.

오늘 한 백인 남성이 인종을 제한하는 계약을 무효화하는 우리의 결정에 대해 부적절한 언어로 항의한 혐의로 유죄를 선고받고 서 있다. 내일은 한 흑인이 사적 제재(lynch law)를 격한 말로 비난했다는 혐의로 법정에 출두할 것이다. 멕시코에서 떠밀려 오는 농장 노동자들과 경쟁하는 서부의 농장 노동자, 지배적인 종교 집단 구성원에게 일자리를 얻는 소수자, 이 모든 이들이 오늘 결정의 그물에 얽혀 있다. 이는 모든 소수자에 대한 경고다.

정부는 '혐오표현'을 포함한 정치적 사상의 표현이 정서적 또는 정신적 해악을 야기할 수 있다는 이유로 처벌하지 않아야 한다

제출된 시위가 적어도 일부의, 어쩌면 많은 스코키 주민에게 감정적으로나 정신적으로 심각한 혼란을 줄 것이라는 사실을 부인하는 것은 매우 무신경한 행동일 것이다. 수정헌법 제1조 예외 조항을 이러한 상황에 접목하는 것의 문제점은 이 시위가 '분란을 일으키고, 불안을 유발하고, 현재의 상황에 불만을 만들어 내며, 심지어 사람들을 분노하게 만드는' 표현들과 원칙적으로 구별할 수 없다는 것이다. 그러나 이것들은 수정헌법 제1조의 '숭고한 목적' 중 하나다.

— 미국 제7순회 항소법원, 일리노이주 스코키에서 신나치가 시위할 권리를 지지하며(미국 연방대법원을 인용하며)

혐오표현금지법의 일부 지지자는 혐오표현이 초래할 수 있는 정신적 또는 정서적 해악을 강조한다. 내가 이 책 6장에서 언급하듯이, 사회과학자들은 헌법상 보호되는 혐오표현을 포함해서 어떤 표현이 이러한 종류의 해악에 기여하는 역할을 정확히 집어내기는 어렵다는 데 동의한다. 그러나 수정헌법 제1조는 헌법상 보호되는 혐오표현을 포함한 어떠한 정치적 표현도 감정적 또는 정신적 피해를 줄 수 있다는 이유로 정부가 처벌하는 것을 원칙적으로 금지하고 있다. 대신, 우리는 그러한 표현이 잠재적으로 부정적인 감정적 또는 정신적 영향을 미치는 것에 대해 비검열적 조치로 대응해야 한다. 다행히 이 책 8장에서 보여 주듯이, 이런 종류의 비검열적 대책이 효과적이라는 쪽에 힘을 실어 주는 증거가 있다. 사실, 어떤 심리학자들은, 적어도 어떤 경우에는 헌법상 보호되는 혐오표현에 노출되는 것이 정신 건강에 도움이 될 수 있지만, 검열은 정신 건강을 실제로 약화할 수도 있다는 의견을 갖고 있다.

정서적 또는 정신적 해악을 초래할 수 있다는 이유로 헌법상 보호되는 혐오표현을 처벌하는 것을 막는 것은 주요한 관점 중립성 원칙에서 나왔다. 어떤 표현이 청중에게 미칠 수 있는 부정적인 감정적·정신적 영향은 미국연방대법원이 모즐리 판결에서 만장일치로 설명했듯이 검열을 정당화할 수 없는 요소인 "그 메시지, 사상, 주제 또는 내용"에서 직접 비롯된다. 따라서 미국연방대법원은 "고의적으로 정신적 고통을 주는" 불법행위에 대한 손해배상을 청구하는 민사소송은 대중의 관심사에 대한 표현에 근거할 수 없다고 밝혔다. 여기에는 특별히 헌법상 보호되는 혐오표현도 포함된다.

헌법상 보호되는 '혐오표현'에
표현 보호 원칙의 예외가 적용되어야 하나?

만약 어떤 철학이 문명사회에서 완전히 용납될 수 없는 것으로 간주되어야 한다면, 야만과 만행에 대한 기록이 현대사에서 타의 추종을 불허했던 어떤 체제와 스스로를 의도적으로 동일시한 원고(미국 신나치)의 철학이

좋은 출발점이 될 것이다. 그러나 그러한 길에 정당한 출발점은 있을 수 없다.

— 스코키 사건에서 미국 제7순회 항소법원

관점 중립성 원칙과 긴급성 원칙이 논란의 여지가 있는 표현, 특히 반대 의견을 보호하는 데 필수라는 점을 내가 설득했기를 바란다. 그렇다면 남아 있는 유일한 문제는 헌법상 보호되는 혐오표현에 특별한 예외를 두어야 하는지 또는 둘 수 있는지 여부다.

혐오표현금지법에 의해 기본적인 표현의 자유 원칙이 훼손된다면, 원칙과 실용성이라는 두 가지 측면에서, 표현의 자유 원칙은 다른 논란이 되는 표현을 보호할 수 없게 될 것이다. 미국연방대법원은 1971년 '코언 대 캘리포니아(Cohen v. California)' 판결[12]에서 이 두 가지 우려를 모두 강조했다. 이 판결은 특별히 불쾌한 표현이라는 이유로 국가가 그 표현을 억압하는 것을 금지했다. 미국연방대법원은 "경쟁하는 원칙은 본질적으로 무궁무진한 것 같다. 이 단어를 다른 모욕적인 단어와 어떻게 구별하는가? …… 공적 토론을 우리 모두의 입맛에 맞게 하는, 쉽게 확인 가능한 일반 원칙은 없

---

12 '코언 대 캘리포니아(403 U.S. 15, 1971)' 판결은 미국연방대법원이 캘리포니아 법원의 공공 복도에서 "징병제 X까(Fuck the Draft)"라고 적힌 재킷을 입은 폴 로버트 코언(Paul Robert Cohen)에 대한 치안방해죄 기소를 수정헌법 제1조에 따라 막은 획기적인 판결이다. 연방대법원은 궁극적으로 단순히 네 글자로 된 단어를 표시하는 것만으로는 국가가 표현의 자유를 제한할 수 있는 충분한 근거가 될 수 없으며, 불쾌감을 넘어서는 심각한 상황에서만 표현의 자유를 제한할 수 있다고 판단했다. 이 판결은 공공 예절을 유지하기 위해 표현의 자유를 규제할 수 있는 국가의 권한에 관한 향후 사건에서 선례가 되었다.

다"라고 했다. 미국연방대법원이 코언 판결에서 인정한 바와 같이, 혐오표현에 대한 우리의 강력한 자유의 "즉각적 결과"는 종종 "소란, 불화, 심지어 모욕적인 발언일 뿐인 것처럼 보일 수 있다". 그러고 나서 미국연방대법원은 탐탁지 않거나, 불온하거나, 두려움을 주는 메시지를 포함한 이 활기찬 담론으로부터 개인으로서의 우리 모두를 위해, 그리고 우리 사회 전반을 위해 얻을 수 있는 순수한 이익을 설명하는 것으로 나아갔다.

표현의 자유라는 헌법적 권리는 우리들처럼 다양한 사회에서 강력한 치료제다. 그것은 공적 토론의 장에서 정부의 제약을 제거하고, 어떤 관점을 우리 각자가 받아들일지 결정을 내리게 하기 위해 고안되었다. 그러한 자유가 궁극적으로 더 유능한 시민과 더 완벽한 정치를 만들어 낼 것이라는 희망에서, 그리고 다른 어떤 접근 방식도 우리 정치체제가 기반으로 하는 개인의 존엄성과 선택의 전제와는 부합하지 않을 것이라는 믿음에서 말이다.

세상이 때때로 언어적 불협화음으로 가득 차 있는 것처럼 보이는 것은 이런 의미에서 나약함의 표시가 아니라 강함의 표시다. 개인이 특권을 혐오스럽게 남용하는 것처럼 보일 수 있지만 이러한 근본적인 사회적 가치가 실제로 관련되어 있다는 사실을 우리는 간과해서는 안 된다.

많은 미국인은 깃발을 태우거나 테러를 옹호하는 것과 같은 다른 메시지들을 혐오표현보다 훨씬 더 탐탁지 않고, 불온하고, 두려운 것으로 여길 수 있다. 결국 국기를 불태우는 것에 대한 반대가 워낙 강해서 수정헌법 제1조에 처벌을 허용하는 예외를 두자는 개헌안을 추진하게 되었고, 이 수정헌법안은 상하원 모두에서 과반수 표를 얻었다. 헌법상 보호되는 혐오표현에 관해서는 이와 유사한 노력이 없었다. 마찬가지로 9·11 테러 공격 이후 테러 방지를 목적으로 하는 법률이 의회와 주 의회를 통과했다. 만약 우리의 법체계가 관점 중립성 원칙과 긴급성 원칙의 예외로 혐오표현금지법을 허용한다면, 우리는 애국심이 없거나 국가 안보를 위태롭게 하는 것으로 간주되는 표현을 포함하여 다른 인기 없는 표현을 금지하는 "예외적" 법률이 추가로 제정될 거라고 예상할 수 있다.

1977~1978년, 미국시민자유연맹(ACLU)이 신나치주의자들이 홀로코스트 생존자들을 포함한 많은 유대인이 살고 있는 일리노이주 스코키시에서 시위를 열 수 있는 표현의 자유권을 옹호했을 때, 많은 미국시민자유연맹 회원이 항의의 표시로 조직에서 탈퇴했다. 그들은 대체로 충실한 표현의 자유 지지자들이었지만, 이 특정한 표현에는 선을 그었다고 주장했다. 하지만, 검열반대전국연합(National Coalition Against Censorship)의 전(前) 이사가 말했듯이, "모든 사람은 그의 스코키를 가지고 있다". 우리 모두는 특별히 혐오스럽거나, 불온하거나, 두려움을 주는 관점을 일부 가지고 있지만, 그것이 정확히 무엇인지에 대한 생각은 가지각색이다. 특별히 비난당하는 그런 생각은 우리 모두가 가지고 있는 관점과 가치관만큼이나 넓고 다양하다. 순전히 가정적으로 우리의 법체계가 헌법상 보호되는 혐오표현에 대한 관점 중립성 원칙과 긴급성 원칙

에 대해 "딱 하나만" 예외를 둘 수 있다고 가정하면, 계속해서 "딱 하나만 더" 예외를 두라는 압도적인 정치적 압력이 계속될 것이다.

법원이 점점 더 엄격하게 집행하는 관점 중립성 원칙(과 이 원칙을 보충하는 긴급성 테스트)은 원칙적으로뿐만 아니라 실제로 **모든** 논란의 여지가 있는 표현을 보호하는 가장 효과적인 수단이다. 관료나 시민이 특정 관점을 격렬히 반대하거나, 그 반대가 광범위한 성질을 가지고 있어도, 이 중대한 원칙의 어떠한 예외도 정당화될 수 없다. 미국연방대법원이 말했듯이, "사회가 어떤 표현이 모욕적이라는 점을 확인했다는 사실은 그 표현을 억압해야 하는 충분한 이유가 될 수 없다. 실제로 발화자의 의견이 모욕적이라면, 그것이 헌법상 보호를 해 주어야 하는 이유가 된다".

헌법상 보호되는 혐오표현 또는 혐오표현의 일부 하위집합에 대해서만 관점 중립성 원칙과 긴급성 원칙에 대한 예외를 수용하는 것의 어려움(사실상 불가능함)은 혐오표현금지법이 있는 다른 국가의 경험을 통해 알 수 있다. 4장에서 자세히 설명하듯이, 혐오표현금지법은 시간이 지남에 따라 예측 가능한 정치적 압력에 대응하여 그 범위가 확대되었으며, 입법자들이 다른 불미스러운 관점을 피력하는 표현을 처벌하는 데 대담성을 부여했다.

HATE

3장

**'혐오표현'은
언제 보호되고
언제 처벌 가능한가?**

지금까지 관점 중립성 원칙 및 긴급성 원칙을 따르는 미국 법에 의거하여 헌법상 보호되는 혐오표현의 윤곽을 설명했다. 이 장에서는 혐오표현이 헌법상 보호받지 **않는**, 따라서 처벌받을 수 있는 상황을 설명한다. 표현의 자유 법이론의 두 측면을 모두 이해해야만 혐오표현금지법을 도입함으로써 발생할 수 있는 잠재적 비용과 이익을 정확하게 평가할 수 있다.

이미 언급한 바와 같이, 어떤 표현이 구체적이고 긴급하고 심각한 해악을 끼치는 경우, 정부는 긴급성 테스트에 따라 혐오표현을 헌법에 따라 처벌할 수 있다. 혐오표현 이외의 다른 메시지를 담은 표현도 그런 경우에 처벌할 수 있는 것처럼 말이다. 그 테스트는 엄격하며, 어떤 표현이 혐오표현 이외의 다른 메시지를 전달할 때와 마찬가지로 대상 표현이 혐오표현일 때도 엄격하게 집행되어야 한다. 그럼에도 혐오표현금지법 지지자들이 그 법의 필요성을 표면적으로 설명할 때 인용하는 많은 사례를 포함하여, 혐오표현의 중요한 사례들은 긴급성 테스트를 충족했다. 확실히 이러한 옹호자들은 이미 혐오표현을 억제할 수 있는 상황을 넘어 혐오표현을 억누를 수 있는 정부의 권한을 확장하려고 한다. 이러한 확대된 검열 권력의 장단점을 평가하려면 혐오표현이 규제될 수 있는 상황을 미리 인식하는 것이 중요하다.

'혐오표현'은 여러 상황에서 처벌될 수 있다

혐오표현금지법 지지자들은 미국 법이 특정 상황에서 이미 혐오표현의 규제를 허용하는 정도를 자주 과소평가한다. 최근의 예는 유타대학교 법학과 교수인 아모스 귀오라(Amos Guiora)가 쓴 '인터넷 혐오의 시대, 표현의 자유의 한계를 다시 살펴볼 때(In This Age of Internet Hate, It's Time to Revisit Limits on Free Speech)'라는 제목의 2016년 기고문이다. 그의 기고문은 그가 혐오표현이라고 부르는 여섯 가지 최신 사례를 인용하는 것으로 시작한다. 하지만 그의 사례 중 수정헌법 제1조에 의해 실제로 보호되고 있는 것은 단지 한 개뿐이다. 귀오라의 글에서는 다음의 예가 제시되어 있다.

콜로라도초등학교의 정문과 여러 대학에 스프레이 페인트로 칠한

갈고리 십자가(swastika). "하일 히틀러" 경례를 선보인 미국 대통령 당선자를 위한 집회. 무슬림 등록부 ······.

오벌린대학(Oberlin College)의 교수인 벤저민 쿠퍼먼(Benjamin Kuperman)은 그의 집을 두드리는 소리에 잠에서 깨어나 그의 메주자(mezuzah: 유대인이 문틀에 흔히 놓는 토라의 구절이 담긴 작은 상자) 뒤에 있는 메모를 발견했다. "가스로 유대인들을 죽이자." 하버드대학교에서도 비슷한 시나리오가 전개되었는데, 한 교수는 최근에 "Juden raus!"라고 적힌 엽서를 받았다. 나치가 도입했던 "유대인 아웃!"이라는 뜻의 문구다.

그러고 나서 귀오라는 다음과 같이 주장한다. "어떤 사람들에게, 이러한 사건들은 혐오표현의 분명한 예시다. 반면 다른 사람들에게는, 소위 백인 민족주의 운동의 관점을 표현하는 것은 검열 없는 표현의 자유로서 허용되어야 하고 심지어 환영받아야 할 수정헌법 제1조의 권리다."

수정헌법 제1조에 따르면, 백인 민족주의처럼 혐오스러운 관점을 포함하여 정부가 탐탁지 않거나, 불온하거나, 두려움을 주는 관점 때문에 표현을 검열하는 것은 금지되어야 한다는 귀오라의 말은 참으로 옳다. 그런 이유로 그가 인용한 하나의 예—그러나 단 하나의 예—는 현재 미국 법에 따라 보호될 것이다. 바로 트럼프 집회에서 나치 경례를 상징적으로 표현한 것이다. 내가 설명했듯이 수정헌법 제1조의 원칙은 정부가 그러한 정치적 표현을 검열하는 것을 올바르게 막는다. 수정헌법 제1조의 원칙은, 블랙 파워 설루트

(Black Power salute)¹³와 같은 인종적 연대와 우월성에 대한 다른 사상을 포함하여, 논란의 여지가 있는 사상을 전달하는 다른 모든 상징적 표현도 보호한다. 후자는 최근에 반복적으로 논란을 야기 했는데, 여기에는 BLM 지지자들이 그런 표현을 사용한 경우, 슈퍼 스타 비욘세가 2016년 슈퍼볼 하프타임 쇼에서, 그리고 미국 육군 사관학교(West Point)의 아프리카계 미국인 여성 사관생도 집단이 사용한 경우 등도 포함된다. 그러나 이러한 모든 경우에서 그 표현 은 헌법상 보호되었으며, 귀오라가 인용한 헌법상 보호되는 혐오표 현의 단 하나의 사례 역시도 마찬가지로 정부 검열로부터 보호되 었다.

이와는 대조적으로, 귀오라의 다른 예들은 현행법상 금지될 수 있는 표현을 포함한다. 초등학교와 대학 시설에 스프레이로 나치의 상징인 갈고리 십자가를 그린 행위는 전달되는 메시지와는 별개의 범죄, 즉 기물파손죄(vandalism)에 해당하기 때문에 처벌받을 수 있다. 게다가, 유대인 교수들의 집에 부착되거나 우편으로 발송된 협박 메모 두 개는 불법적인 협박(illegal threat)에 해당하기 때문에 헌법상 처벌될 수 있다. 마지막으로, 수정헌법 제1조에 의해 보호

---

13 '블랙 파워 설루트'는 1960년대 흑인 저항운동인 '블랙 파워'에 지지를 표시한 퍼포 먼스를 말한다. 1968년 10월 16일 멕시코시티 올림픽 스타디움에서 열린 메달 시 상식에서 아프리카계 미국인 운동선수 두 명이 미국 국가가 연주되는 동안 검은 장 갑을 낀 주먹을 들어 올린 것에서 시작되었다. 200미터 달리기 종목에서 각각 금메 달과 동메달을 딴 토미 스미스와 존 카를로스는 맨발로 시상대에 올라 국가 연주 가 끝날 때까지 고개를 숙이고 검은 장갑을 낀 손을 들었다. 국제올림픽위원회 (IOC)는 금지되는 정치적 행위를 했다는 이유로 두 선수를 추방했다.

되는 것과는 거리가 먼 선출직 공직자들의 무슬림 등록부는 무슬림들로 하여금 헌법에 따른 표현의 자유권과 종교의 자유를 행사하지 못하게 함으로써 사실상 수정헌법 제1조를 위반하는 것이다.

요약하자면, 귀오라가 "표현의 자유의 한계를 재검토"해야 할 필요성을 표면적으로 옹호하기 위해 인용한 상황 중 하나를 제외하고는 모두 그의 주장과 반대되는 입장을 입증한다. 즉, 현존하는 표현의 자유 원칙은 그가 (당연히) 반대하는 행동을 불법화하고 처벌하는 것을 허용한다는 것이다. 그리고 그러한 마지막 상황인 나치 경례(Nazi Salute)는 정부로 하여금 탐탁지 않거나, 불온하거나, 두려움을 주는 메시지를 담은 상징적 표현을 처벌할 수 있는 권한을 허용하지 않고서는 처벌할 수 없었다.

'혐오표현'이 헌법상 제한될 수 있는 일부 상황

민간 부문

많은 사람은 수정헌법 제1조가 거의 모든 헌법상의 보장과 마찬가지로 **정부의** 행동만을 제한한다는 것을 알고 놀란다. 수정헌법 제1조는 이례적인 경우를 제외하고는 민간 부문인 개인이나 법인에 제한을 부과하지 않는다. 따라서 민간단체들은 일반적으로 헌법에 따라 그들이 원할 때마다 혐오표현을 제한할 수 있다. 예를 들어, 사적 고용주는 일반적으로 직장 내에서 고용주가 승인하지 않는 발언을 한 직원을 해고할 법적 자유가 있다. 그러나 1장에서 설명했듯이,

나는 민간 부문을 포함하여 수정헌법 제1조가 표현의 자유 원칙을 의무화하지 않는 경우에도 표현의 자유 원칙이 존중되어야 한다고 주장한다.

그러나 동시에, 나는 일부 민간 부문에서 최대한 좁고 정교하게 혐오표현을 제한한다면 이를 지지한다. 예를 들어, 고용주는 근무 중인 직원이 대중에게 말을 할 때 혐오표현을 사용하는 것을 금지할 수 있다. 이러한 정책은 평등과 차별 금지의 가치를 높이고 고용주의 정당한 사업 이익 창출에도 도움이 될 것이다. 게다가 이러한 맥락에서, 특히 혐오표현이 반복되거나 차별행위와 결합될 경우, 일반 대중에게 개방된 사업을 하는 기업들의 차별행위를 금지하는 민권법에 저촉될 수 있다. 전문직 협회는 실현 가능하도록 명확하고 좁게 정의된 특정 혐오표현 금지가 허용될 수 있는 또 다른 민간 영역이다. 예를 들어, 변호사가 법정 절차에서 참여자들에게 인종 모욕적인 말을 한다면, 이는 전문가 책임의 기준을 위반하고 우리의 사법 체계를 파괴할 것이다.

이 책에서 나의 주된 관심사는 **정부가** 어떤 경우에 수정헌법 제1조에 따라 혐오표현을 규제할 수 있는가 하는 점이다. 다음은 그 몇 가지 예다.

관점 중립적 규제

정부는 때때로 언제, 어디서, 어떻게 표현이 전달되는지에 대해 합리적인 제한을 두는, 관점 중립적 "시간, 장소 및 방식에 대한 규제"를 시행함으로써 사람들을 혐오표현으로부터 보호할 수 있다.

예를 들어, "가정의 불가침성"을 그 "평온과 사생활"을 침해하는 통신으로부터 보호해야 하는 "고난으로부터의 도피처"로 인식함으로써, 정부는 관점 중립적 방식으로 주택가에서 한밤중의 확성기 사용을 금지할 수 있다. 수정헌법 제1조의 목적에 부합하기 위해서는 관점 중립적 규제가 발화자가 그들의 메시지를 전달할 수 있도록 "대체할 수 있는 다른 의사소통 수단을 충분히" 남겨 두어야 하며, 정부는 그 규제가 "중요한 정부 이익에 부합하도록 좁게 조정"되었으며, 그 규제에 특정 관점을 갖는 표현을 선호하지 않는다는 의도가 없다는 점을 보여 주어야 한다. 이러한 조건에서 정부는 다른 메시지를 담은 표현과 동일한 방식으로 혐오표현을 규제할 수 있다. 예를 들어, 기숙사에 게시된 일부 표지판이 몇몇 거주자의 주거 "평온"을 방해할 수 있다고 우려되는 경우, 공립대학은 기숙사의 공유 주거 공간에 있는 모든 표지판을 금지할 수 있다.

특수 목적 시설

미국연방대법원은 특수한 목적을 수행하도록 설계된 특정 정부 시설에서, 일반 대중 영역에 대해서라면 그 규제가 위헌적인 경우에도, 정부가 해당 목적을 촉진하기 위해서라면 합리적인 표현 규제를 할 수 있다고 판결해 왔다. 이러한 특수 목적의 정부 시설에는 관공서, 교도소 및 구치소, 군사시설, 공립학교 등이 포함된다. 이런 상황에서 어떤 표현이 정부의 기능을 직접 방해한다면, 정부는 혐오표현 등 표현을 제한할 수 있는 어느 정도의 재량을 갖는다. 예를 들어, 공직자는 모든 국민 구성원을 동등하게 대우해야 한다는 헌법적 의무를 수행해야 하며, 따라서 공직자는 공적 자격으로 국민 구성원과 교류할 때 혐오표현을 하면 징계를 받을 수 있다.

　미국연방대법원은 활발한 표현의 자유가 학교의 교육적 사명을 발전시키는 국공립학교의 경우에, 학생이나 교사의 일부 표현을 제한할 수 있지만, 이는 "실질적으로 또는 물리적으로 교육과정을 방해하는" 경우에만 가능하다고 판결했다. 미국연방대법원은 국공립학교가 혐오표현을 금지한 사례를 검토한 바 없지만, 다수의 하급심 법원은 혐오표현 금지를 지지했다. 예를 들어, 학교 내 인종적 폭력과 긴장을 경험한 곳에서 하급심 법원들은 남부 연합 깃발과 "백인의 힘" 또는 "BLM"을 지지하는 슬로건을 포함하여 일부 사람이 혐오표현으로 간주하는 단어나 상징을 표시하는 학생 의복에 대한 규칙을 지지했다. 법원들은 학교가 교사나 교육 당국이 선호하지 않는 생각을 억압하기 위한 구실로 이러한 규제가 사용되지 않도록 교육과정 방해를 판단하는 실질적인 기준을 엄격하게 집행해야 한다. 1969년 미국연방대법원은 기념비적인 '팅커 대 디모인 교육구(Tinker v. Des Moines School District)' 판결[14]에서 학생들이 베트남전쟁에 항의하기 위해 검은색 완장을 착용할 권리를 지지하며, 엄격한 기준의 중요성을 강조했다. 전쟁에 반대하는 학생들의 입장은 당시에 많은 논란을 불러일으켰고, 따라서 베트남에서 싸

---

14 '팅커 대 디모인 교육구(393 U.S. 503, 1969)' 판결은 미국 공립학교 학생의 수정헌법 제1조 권리를 정의한 미국연방대법원의 획기적인 판결이다. '실질적 혼란' 테스트라고도 하는 팅커 테스트는 혼란을 방지하려는 학교의 이익이 학생의 수정헌법 제1조 권리를 침해하는지 여부를 판단하는 데 오늘날에도 법원이 사용하고 있다.

우거나 심지어 사망한 가까운 친척이 있는 사람들을 포함하여 일부 학교 공동체 구성원의 분노와 상처를 자극할 것으로 예상되었다. 그럼에도 미국연방대법원은 "특별하지 않은 공포나 소란에 대한 우려만으로는 표현의 자유를 무력화하기에 충분하지 않다"라고 판시했다.

정부의 표현

"정부의 표현(government speech)" 원칙에 따라, 정부는 어떤 메시지를 전달하고 어떤 메시지를 기피할지를 선택할 특권이 있다. 그러한 선택에 반대하는 시민들을 위한 해결책은 투표함에 있다. 한마디로, 관점 중립성 원칙은 정부가 좋든 싫든 간에 시민들이 온갖 경쟁적인 메시지를 표현할 수 있도록 허용할 것을 요구하지만, 정부 스스로는 수정헌법 제1조를 위반하지 않고 자신의 목소리를 내는 선택을 할 수 있다. 이러한 이유로 수정헌법 제1조에 따르면, 남부 연합 깃발이나 남부 연합 지도자들의 동상과 같은 정부 스스로가 지지하기를 원치 않는 메시지를 담은 상징적 표시를 포함하여, 어떤 공식적 표현을 정부가 배제하는 것을 금지하지 않는다.

긴급성 테스트에 따른 '혐오표현' 제한

긴급성 원칙에 따라, 정부는 비검열적 조치(특히 법 집행 및 대항표현)로는 막을 수 없는 심각한 해악을 방지하기 위해 필요한 경우에는 어떤 표현을 처벌할 수 있다. 따라서 정부는 혐오표현(또는 혐오표현 이외의 다른 메시지를 전달하는 표현)이 문맥상 객관적으로 확인할 수 있는 특정 심각한 해악을 직접적이고, 명백하고, 즉각적으로 야기하는 경우에는 이를 처벌할 수 있다. 미국연방대법원은 표현이 이 일반적인 긴급성 기준을 충족하는 여러 종류의 상황을 규정하고 각각에 대한 특정한 기준을 명시했다. 이러한 기준은 적절하게 엄격하여, 단지 메시지가 탐탁지 않거나, 불온하거나, 두려움을 준다는 이유만으로 공직자들이 표현을 억압하기 위한 구실로 잠재적인 해악을 주장할 수 있는 기회를 제한한다. 혐오표현 등 어떤 표현이 이러한 기준에 충족된다면, 그 표현은 제한될 수 있다.

진정한 협박

미국연방대법원은 정부가 "진정한 협박(true threats)"이라고 명명한 것을 처벌하는 것은 헌법상 허용된다고 판결해 왔다. 진정한 협박은 "발화자가 특정한 개인이나 집단에 불법적인 폭력을 행할 의도로 진지한 표현을 전달하는 진술"에 한정되며, 결과적으로 이러한 협박의 대상이 된 개인은 폭력을 당연히 두려워하게 된다. 이 기준은 발화자가 "이런 의사소통이 그러한 위협을 전달하는 것으로 간주될 것임을 알고 있는" 경우 충족된다. 발화자가 협박한 그 행동을 실제로 행할 의도가 있어야 하는 것은 아니다. 이 기준에 따르면, 행위에 대한 당연한 두려움이 그 자체로 심각한 해악에 해당하고, 이는 협박을 받는 사람의 이동의 자유와 표현의 자유를 저해하는 것과 같은 부정적인 결과를 초래할 수 있다는 것을 인정한다.

진정한 협박 개념은 표현의 전체 맥락을 고려한다. 따라서, 십자가 소각(burning cross)과 같은 일반적으로 위협적인 상징도, 쿠 클럭스 클랜(KKK)[15]의 인종차별 테러와 불가분의 관계에 있다고 해서, 반드시 진정한 협박으로 처벌할 수 있는 것은 아니다. 가령 대법원은 KKK단 회원들이 다른 사람들이 볼 수 없는 회원 전용 집회에서 십자가를 소각한 경우에는 진정한 협박 기준이 충족되지 않는다는 입장을 고수해 왔다. 그러나 아프리카계 미국인 가족의 사유지에서 십자가를 소각하는 것을 포함하여, 다른 환경에서의 그러한 표현은 분명히 처벌 가능한 진정한 협박이 될 수 있다.

마찬가지로, 직장이나 대학을 포함한 다양한 상황에서 올가미(noose)[16]를 전시하는 것은 처벌 가능한 진정한 협박이 될 수 있다. 예를 들어, 2017년 5월 1일, 워싱턴 DC의 아메리칸대학교에 그날 최초의 흑인 학생회장이 된 테일러 덤프슨(Taylor Dumpson)을 위협할 목적으로 올가미에 매달린 바나나 여섯 쌍이 전시되었다. 이 전시물이 덤프슨을 해칠 수 있다는 협박을 전달하기 위한 것이라는 결론은, 덤프슨이 회원으로 있던 아프리카계 미국인 여학생 클럽인

---

15 흔히 KKK 또는 Klan으로 약칭되는 '쿠 클럭스 클랜(Ku Klux Klan)'은 미국 백인우월주의, 우익 테러리스트 및 혐오 집단으로, 주로 아프리카계 미국인, 유대인, 라틴계, 아시아계 미국인, 아메리카 원주민, 가톨릭, 이민자, 좌파, 동성애자, 무슬림, 무신론자 및 낙태 시술자 등이 이들의 주된 표적이다.

16 미국에서 '올가미'는 흑인에 대한 사적 제재(lyinching)에 흔히 쓰였던 도구로서 인종차별적 위협을 상징하는 것으로 사용된다. 올가미 외에도 나치의 상징인 갈고리 십자가, KKK단의 흰 가운, 남부 연합 깃발(Confederate Flag) 등이 그런 용도로 사용된다.

Alpha Kappa Alpha를 언급한 "AKA FREE(일명 공짜)" 및 2016년에 우리에 떨어진 아이를 죽인 신시내티시(市) 동물원 고릴라의 이름인 "HARAMBE BAIT(하람비 먹이)" 등의 메시지를 통해 명백해졌다.

이에 반해 미국연방대법원은 노골적으로 위협적인 말이라도 사실관계를 충분히 고려할 때 처벌할 수 있는 진정한 협박 수준까지는 올라가지 않는 경우가 있을 수 있다고 인정했다. 예를 들어, '와츠 대 미국(Watts v. United States)' 사건[17]에서 미국연방대법원은 공개 토론에서의 위협적 언어는 실제 공격에 대한 합당한 두려움을 주지 않는 과장된 수사에 불과하다고 판결했다. 경찰의 만행에 항의하는 워싱턴 DC 집회에서 18세인 아프리카계 미국인 로버트 와츠(Robert Watts)는 당시 대통령이었던 린든 베인스 존슨(Lyndon Baines Johnson)을 언급하며 다음과 같은 성명을 발표했다. "나는 이미 군복무 대상 등급 I-A로 분류되었다.[18] 만약 그들이 나에게 총을 소지하게 한다면, 내가 가장 먼저 조준하고 싶은 사람은 존슨이

---

17 '진정한 협박' 원칙은 1969년 미국연방대법원 판례인 '와츠 대 미국' 사건에서 확립되었다. 이 사건에서 18세 남성은 미국 대통령을 해치거나 살해하겠다는 고의적인 협박을 금지하는 법령을 위반한 혐의로 워싱턴 DC 지방법원에서 유죄판결을 받았다. 이 유죄판결은 "만약 그들이 나에게 소총을 소지하게 한다면 내가 가장 먼저 조준하고 싶은 사람은 L. B. J.다"라는 와츠의 진술에 근거한 것이었다. 와츠는 항소했고, 미국연방대법원은 그 법령이 표면적으로는 합헌이지만 와츠의 진술을 정치적 과장으로 규정하며, 유죄판결을 뒤집었다.

18 '미국선별징병청(Selective Service System)'에서는 등록된 징병 대상자를 분류하는데 I-A 등급으로 분류된 사람은 군복무 대상이며, 그 분류에 따라 의회와 대통령이 '징병(draft)' 명령을 내리면 징병이 진행된다.

다. 그들이 나에게 나의 흑인 형제들을 죽이게 하지는 않을 것이다."
와츠는 대통령을 협박한 혐의로 유죄판결을 받았다. 하지만 미국연
방대법원은 와츠의 진술을 "정치적 과장"으로 규정하면서 "정치판
에서 사용되는 언어는 종종 독설적이고 욕설적이며 부정확하다"라
고 설명하며 유죄판결을 뒤집었다. 미국연방대법원의 판결 덕분에,
와츠의 전철을 밟고 있고 또한 때때로 매우 심한 말로 경찰의 학대
와 인종차별을 비난하고 있는 오늘날의 젊은이들이 보호받고 있다.

처벌 가능한 선동

**우리의 역사는, 매우 좁게 제한되지 않는 한, 폭력 옹호를 제한할 수 있는
권한은 정치적 반대 의견을 처벌하는 유인이라는 것을 보여 준다. 미첼
파머(A. Mitchell Palmer), 에드거 후버(J. Edgar Hoover), 조지프 매카시
(Joseph McCarthy), 이들 모두는 공산주의자, 사회주의자, 또는 민권 단
체와 연관된 사람들에 대한 처벌을 정당화하기 위해 폭력 옹호라는 논거
를 사용했다.**

— 데이비드 콜, 미국시민자유연맹(ACLU) 법무 이사

일상언어에서, 우리는 "선동(incitement)"이라는 용어를 사람들
이 폭력적이거나 불법적인 행위를 하도록 유도하는 표현을 설명
하기 위해 느슨하게 사용한다. 기념비적인 1969년 '브랜던버그
대 오하이오(Brandenburg v. Ohio)' 사건[19]에서 미국연방대법원
은, 발화자가 즉시 발생할 가능성이 높은 긴급한 폭력 행위 또는 기
타 불법행위를 의도적으로 선동하는 표현인 경우에만 헌법상 처

벌 가능한 선동에 해당한다고 만장일치로 판결했다. 따라서 대법원은 KKK단 지도자가 그의 추종자들의 집회에서 한 다음과 같은 진술이 수정헌법 제1조에 의해 보호된다고 주장했다. "개인적으로 나는 N○○(N-word)은[20] 아프리카로, 유대인은 이스라엘로 돌아가야 한다고 생각한다. 우리는 보복하는 조직은 아니지만, 대통령·국회·대법원이 백인·코카서스 인종을 계속 억압한다면, 보복해야 할 수도 있다."

처벌 가능한 선동이라는 좁은 개념을 시행하면서, 13년 후 미국연방대법원은 '전미유색인종발전협회 대 클레이번 하드웨어(NAACP v. Claiborne Hardware)' 사건[21]에서 인종차별에 연루된 것으로 의심되는 백인 상인을 상대로 전미유색인종발전협회가 조직한 불매운동(boycott)을 위반하는 사람들을 향해 협회 간부들이 폭력적인 보복을 하겠다고 위협하는 것이 수정헌법 제1조에 의해

---

19 '브랜던버그 대 오하이오(395 U.S. 444. 1969)' 사건은 미국 수정헌법 제1조를 해석한 미국연방대법원의 획기적인 판결이다. 미국연방대법원은 선동적인 표현이 "임박한 불법 행동을 선동하거나 생산하기 위한 것이며 그러한 행동을 선동하거나 생산할 가능성이 있는" 경우가 아니라면 정부가 선동적인 표현을 처벌할 수 없다고 판시했다.

20 흑인을 비하하는 표현인 N○○을 언급할 때 "N-word"라고 표시하는 관행에 따라 원문에서도 그런 방식으로 일관되게 표시하고 있다. 이 책에서는 "N○○"으로 표시했다.

21 '전미유색인종발전협회 대 클레이번 하드웨어(National Association for the Advancement of Colored People v. Claiborne Hardware Co., 458 U.S. 886, 1982)' 사건은 1982년 미국연방대법원 판결로, 국가가 경제활동을 규제할 광범위한 권한을 가지고 있지만, 정치적인 동기가 있는 보이콧을 평화적으로 옹호하는 것을 금지할 권한은 없다는 것을 확인한 기념비적인 결정이다.

보호받는 권리라고 판결했다. 전미유색인종발전협회의 현장 조직자인 찰스 에버스(Charles Evers)는 불매운동 위반자들에게 "만약 우리가 너희 중 어느 한 명이 인종차별을 하는 가게에 들어가는 것을 발견한다면, 우리는 너희들의 목을 부러뜨릴 것이다"라고 경고했다. 그 후에 백인 상점을 애용한 아프리카계 미국인들에 대해 몇몇 폭력 행위가 발생하였음에도, 미국연방대법원은 에버스의 말이 처벌 가능한 선동에 해당하지 않는다고 판결했다. 법원은 "강력하고 효과적인 즉흥 수사는 순전히 감미로운 말로 좋게 전달될 수 없기 때문에, 우리는 그러한 표현을 용인해야 한다. 옹호자는 감정적인 호소로 청중을 자극할 자유가 있어야 한다"라고 설명했다.

정부가 엄격한 선동 기준에 따라 혐오표현을 처벌할 수 있는 상황이 없다는 말은 아니다. 예를 들어, 1960년대 시민권운동에 관한 영화 〈미시시피 버닝(Mississippi Burning)〉의 한 장면에 관해 논의하던 한 무리의 젊은 아프리카계 미국인 남성들과 관련된 1993년 미국연방대법원 판결이 있었다. 이 영화에는 한 백인 남성이 기도하고 있던 어린 흑인 소년을 때리는 장면이 담겨 있었다. 이 장면에 분노한 아프리카계 미국인 남성 중 한 명인 토드 미첼(Todd Mitchell)은 다른 친구들에게 물었다. "너희들 모두 백인들한테 맛 좀 보여 주고 싶어서 흥분되지 않아?" 얼마 뒤에 한 백인 소년이 그들이 서 있는 길 반대편 쪽에서 다가왔다. 그 소년이 지나갈 때, 미첼은 친구들에게 말했다. "너희들 모두 누구 손 좀 봐 주고 싶지? 저기 백인 애가 지나간다. 가서 붙잡아." 미첼은 셋까지 세고 소년의 방향을 가리켰다. 일행은 소년을 향해 달려가 심하게 구타했다. 미국연방대법원은 다른 근거로 유죄를 확정하기는 했지만, 미첼의 표현은 처벌 가능한 선동의 기준을 분명히 충족시켰다.

싸움 거는 말

"싸움 거는 말"은 일종의 처벌 가능한 선동이다. 즉, 발화자가 (제3자에 대해서가 아니라) 자신에 대한 즉각적인 폭력을 의도적으로 선동하여, 폭력이 즉시 발생할 가능성이 높은 경우를 말한다. 이 상황에서 발화자는 다른 사람에게 모욕적인 말을 퍼붓고, 발화자 자신에 대한 즉각적인 폭력적 반응을 부추기려고 의도하며, 폭력은 즉시 발생할 가능성이 높다. 미국연방대법원은 1942년 '채플린스키 대 뉴햄프셔(Chaplinsky v. New Hampshire)' 사건[22]에서 싸움 거는 말에 대하여 유죄를 인정했다. 이는 미국연방대법원이 관점 중립성 원칙과 긴급성 원칙을 엄격하게 시행함으로써 표현의 자유를 의미 있게 보호하기 수십 년 전의 일이다. 그것은 또한 미국연방대법원이 일반적인 처벌 가능한 선동 개념과 일치하도록 싸움 거는 말 원칙(fighting words doctrine)의 적용 범위를 좁히기 전이기도 했다. 채플린스키 판결 이후 법원은 모든 싸움 거는 말에 대한 유죄판결을 뒤집었다. 그럼에도 특정한 혐오표현의 경우에는 현재의 엄격한 기준마저 만족시킨다. 예를 들어, KKK단의 한 회원이 BLM 활동가를 인종차별적 욕설로 개인적으로 모욕하거나 그 반대의 경우를 상상해 보라. 이렇게 개인을 의도적으로 도발하는 혐오표현은 아마도 싸움 거는 말 원칙에 따라 처벌될 것이다.

괴롭힘

수정헌법 제1조에 따라 정부는 제재 가능한 괴롭힘(harassment) 상황에 해당하는 특정 혐오표현을 처벌할 수 있다. 예를 들어, 정부는 모든 사실과 상황에서 개인이나 소규모 집단을 직접 겨냥하여 개인의 자유나 사생활을 과도하게 침해하는 표현을 처벌할 수 있다. 전형적인 예는 한밤중에 반복적으로 원치 않는 전화를 걸어 개인의 사생활과 휴식을 방해하는 것이다. 새로운 혐오표현금지법의 필요성을 입증하는 것으로 알려진 많은 혐오표현 사건들은 이미 표적이 있는 괴롭힘(targeted harassment)으로 처벌될 수 있을 것이다. 한 가지 중요한 예는 대학 혐오표현 학칙을 옹호하는 찰스 로런스

---

22 '채플린스키 대 뉴햄프셔(315 U.S. 568, 1942)' 사건 판결은 미국연방대법원이 수정헌법 제1조의 표현의 자유 보장에 대한 한계로 싸움 거는 말 원칙(fighting words doctrine)을 명시한 획기적인 판결이다.

1940년 4월 6일, 여호와의 증인인 월터 채플린스키는 로체스터 시내에서 공공 보도를 강단 삼아 팸플릿을 나눠 주며 조직화된 종교를 "등쳐 먹는 X들"이라고 불렀다. 많은 군중이 도로를 막고 소란을 피우기 시작하자, 한 경찰관이 채플린스키를 연행하여 경찰 본부로 데려갔다. 채플린스키에게 소란을 피우지 말라고 경고한 후 현장에 돌아온 보안관을 본 채플린스키는 그에게 폭언을 퍼부었다. 그 후 채플린스키는 체포되었다. 고소장에는 채플린스키가 보안관에게 "저주받은 공갈꾼", "빌어먹을 파시스트"라고 외쳤다고 적혀 있었다. 채플린스키는 '신'을 제외하고는 고소장에 적시된 단어를 모두 말했다고 인정했다.

이로 인해 그는 공공장소에서 타인을 향한 의도적인 모욕적 표현을 금지하는 뉴햄프셔주 법령에 따라 기소되어 유죄판결을 받았다. 뉴햄프셔주의 모욕행위법(뉴햄프셔주 공법 378장 2절)에 따르면 누구든지 "거리나 공공장소에 합법적으로 있는 사람에게 모욕적이거나 조롱하거나 짜증 나게 하는 말을 하거나, 모욕적이거나 조롱하는 이름으로 그들을 부르는 것"은 불법이다.

채플린스키는 이 법이 "모호하다"라며 수정헌법 제1조와 수정헌법 제14조에 명시된 표현의 자유를 침해한다고 주장하며 벌금 부과에 항소했다.

(Charles Lawrence) 교수의 영향력 있는 법학 논문에서 강조된 바 있는데, 스탠퍼드대학교의 백인 남학생들이 한 아프리카계 미국인 여학생을 따라 대학을 가로지르며 "나는 한 번도 N○○과 해 본 적이 없다"라고 외친 사례였다.

이 주제의 또 다른 변형은 일반적으로 직장에서 발생하는 "적대적 환경(hostile environment)" 괴롭힘이다. 미국연방대법원은 지속적인 괴롭힘이 "피해자의 고용 조건을 변경하고 학대하는 근무 환경을 조성할 정도로 심각하거나 만연한" 경우 처벌할 수 있다고 판결했다. 이러한 적대적 환경 괴롭힘 개념은 교육적 맥락에도 적용되었다. 표적 괴롭힘과는 대조적으로, 적대적 환경 괴롭힘은 개인 또는 소규모 집단을 향할 필요가 없으며, 강의에서와 같이 대규모 집단에 일반적으로 전달된 표현이 포함될 수 있다. 또한 표적 괴롭힘과는 대조적으로, 여기서 우려되는 것은 특히 혐오적이고 차별적인 메시지다. 이러한 이유로 적대적 환경 괴롭힘은 특히 표현의 자유에 대한 심각한 우려를 불러일으킨다. 이에 미국연방대법원은 모욕적 표현만으로는 적대적 환경 괴롭힘에 해당한다는 주장을 할 수 없으며, 표현이 "매우 심각하고 만연하며, 객관적으로 모욕적이어서, 피해자가 자신의 근무지 또는 교육 기회나 혜택에 접근하는 것을 효과적으로 막는 경우에만" 적대적 환경 괴롭힘에 해당한다고 주장할 수 있다고 강조했다. 만약 혐오표현(또는 기타 다른 표현)이 이러한 까다로운 기준을 충족한다면, 그것은 제한될 수 있다. 미국연방고용기회평등위원회(EEOC)는 최근 어떤 회사의 아프리카계 미국인 노동자들이 다수의 혐오표현 사건 때문에 인종적으로 적대적인 근무 환경에 의한 피해를 당했다고 고발한 사건을 처리했다. 이 회사에서는 올가미가 작업 현장에 전시되었고, 직원들의 직속상관과 관리자들이 KKK단에 대한 언급을 포함하여 경멸적인 인종주의적 말을 사용했으며, 직원들은 인종적 모욕의 표적이 되었다.

범죄 행위 조장

불법행위를 하는 데 필수적인 정보를 의도적으로 제공하는 표현의 경우에는, 이 표현이 독자적인 해악을 가한다는 이유로 정부의 처벌이 허용되며, 이는 정부가 인기 없는 사상을 억압하려 한다는 우려를 감소시킨다. 이러한 이유로 처벌된 가장 악명 높은 혐오표현의 사례는 1994년 후투(Hutus)족의 투치(Tutsis)족 학살 당시 르완다의 라디오 방송국 RTLM[23]이 방송한 악의적인 반(反)투치족 선동이다. 이러한 표현 중 일부는 처벌 가능한 선동에 해당되었으며, 일부는 선동을 넘어 대량 학살을 조장하는 정보를 제공하기도 했다. 국제적인 표현의 자유 옹호 단체인 아티클 19(Article 19)[24]는 RTLM 방송국의 역할이 "특히 잠재적 희생자들이 숨어 있는 목표물과 피난처를 밝히는 것"으로, 이로써 대량 학살을 실제로 "조직하

---

23 'RTLM(Radio Télévision Libre des Mille Collines)'은 1993년 7월 8일부터 1994년 7월 31일까지 방송한 르완다 라디오 방송국이다. 이 방송국은 1994년 4월부터 7월까지 발생한 르완다 대량 학살을 선동하는 데 중요한 역할을 했으며, 일부 학자들은 후투족 정부의 사실상의 무장 세력으로 설명하고 있다.

24 '아티클 19'는 전 세계적으로 표현의 자유와 정보의 자유를 옹호하고 증진하기 위해 활동하는 국제 인권 단체다. 1987년에 설립되었다. 이 기구는 세계인권선언 제19조에서 이름을 따왔다.

는 것"이었다고 설명했다.

편견범죄

일부 혐오표현은 편견범죄의 증거가 될 때 간접적으로 처벌될 수 있다. 예를 들어, 위에서 설명한 '미시시피 버닝' 사건에서, 법원은 정부가 백인 소년에 대한 아프리카계 미국인 청소년들의 폭행을 편견범죄로 취급할 수 있다고 판결하면서, 피고가 폭행 직전에 했던 혐오적이고 차별적이며 선동적인 말을 그 근거로 제시했다.

헌법상 보호되는 '혐오표현'

혐오표현이 제한될 수 있는 다양한 상황을 종합해 보면, 정부가 일반적인 공공영역에서 그러한 표현을 규제할 수 있는 경우와 없는 경우를 구분하기 위한 다음과 같은 범위가 제공된다. **즉, 정부는 단지 그 메시지가 탐탁지 않거나, 불온하거나, 두려움을 준다는 이유만으로 혐오표현을 규제해서는 안 된다. 그러나 정부는 혐오표현이 직접적이고, 명백하게, 그리고 즉각적으로 어떤 구체적이고 객관적으로 확인할 수 있는 심각한 해악을 입힐 때, 혐오표현을 제한할 수 있다.**

독자들은 이렇게 물을 수 있다. "헌법상 보호되는 혐오표현도 모든 혐오표현의 일부일 뿐이므로, 이미 처벌 가능한 혐오표현과 함께 헌법상 보호되는 혐오표현을 검열하는 것도 큰 문제가 없지 않겠는가?"라고. 답은 단호하게 **"아니요!"**다. 두 가지 이유에서다.

첫째, 비록 정부가 다양한 맥락에서 혐오표현 사례를 규제할 수 있지만, 헌법상 보호되는 혐오표현의 영역은 사실상 무한하다. 즉, 그것은 무한한 주제에 대해 토론하는 표현 및 오늘날 가장 시급한 공공정책 문제에 대한 관점을 포함해서 수많은 관점을 전달하는 표현을 아우른다. 둘째로, 혐오표현금지법은 현재 미국 법이 혐오표현 규제를 허용하는 상황에 적용되는 관점 중립성 원칙과 긴급성 원칙 테스트에서 이탈하여 적용될 것이며 표현의 자유에 수많은 악영향을 끼칠 것이다.

독일 교수인 빈프리트 브루거(Winfried Brugger)는 정부가 관점 중립성 원칙과 긴급성 원칙이 구분 짓는 경계를 넘어 혐오표현을 억누를 수 있는 권한을 갖게 될 때 발생하는 역효과를 잘 설명했다. 그는 독일의 혐오표현금지법에 대해 논의하면서 다음과 같이 썼다. "공공의 평화와 존엄성에 대한 멀리 떨어진 일반적인 위협은, 그러한 위험이 실제로 나타날지 그리고 언제 나타날지와 무관하게 법적 제재를 하기에 충분하다는 것이다. 이 영역에서 정부는 정치 환경을 '통제하는(Klimakontrolle)' 일을 맡는다." 미국에서 우리는 막연한 위험이 우려되는 사상을 정부가 통제하는 것을 반대해 왔는데, 그 이유는 그러한 통제가 활기찬 담론을 심각하게 위축시키는 정치 환경을 만들어 낼 것이기 때문이다.

정치 환경의 통제라는 목표로 독일 혐오표현금지법의 공식적인 제재를 받은 두 가지 사례를 들어 보겠다. 한 은퇴한 여성이 정치 집회에서 무슬림과 튀르키예인이 현재 유럽에 가하고 있는 위협을

17세기 오스만제국의 유럽 침공과 비교하는 팻말을 들었다가 처벌받았다. 독일 법원은 한 역사학자가 다른 역사학자에게 보낸 사적인 편지에서 나치 역사를 진술한 행위에 대해 징역 3개월을 선고했다. 우리가 문제의 발언에 동의하든 동의하지 않든, 미국인 대부분은 반대편과의 토론을 억압하기 위해 과거에 권력을 휘둘렀던 "빅브라더(big brother)"가 다시 그런 발언을 처벌할 힘을 갖기를 원하지 않을 것이다.

4장

'혐오표현금지법'은
난감한 모호함과 광범위함 때문에
표현의 자유와 평등을 저해한다

내가 보면 압니다.

— 포터 스튜어트(Potter Stewart), 대법관

모호한 법은 자의적이고 차별적으로 적용될 위험과 함께, 해결을 위한 기본적인 정책 문제를 임시적이고 주관적인 기준으로 경찰, 판사 및 배심원에게 용인될 수 없게 위임한다.

— '그레이네드 대 록퍼드시(Grayned v. City of Rockford)' 사건(1972)에서 미국연방대법원

미국연방대법원은 "상식적인 지성을 가진 사람들이 의미를 추측해야만 하는" 모든 법은 "지나치게 모호하므로 위헌"이라고 판결해왔다. 이러한 법은 본질적으로 임의적이고 차별적으로 집행되기 쉽기 때문에, 평등 원칙뿐만 아니라 "적법절차" 원칙 또는 공정성 원

칙을 위반한다. 게다가 지나치게 모호한 법이 특히 표현을 규제할 때, 이러한 법은 불가피하게도, 사람들이 법에 저촉될 것을 우려하여 헌법상 보호되는 표현에 참여하는 것을 막기 때문에 수정헌법 제1조를 위반한다. 따라서 미국연방대법원은 표현을 규제하는 법률의 맥락에서 "모호한 경우에는 무효(void for vagueness)" 원칙을 특별히 엄격하게 시행하고 있다.

이미 설명했듯이, 혐오표현금지법은 표현을 처벌할 수 있는 공적인 재량권을 제한하기 위해 고안된, 특히 정부 관료들이 탐탁지 않거나, 불온하거나, 막연하게 위험한 것으로 간주하는 특정 사상의 표현을 제한하는 것을 막기 위해 고안된 관점 중립성 원칙과 긴급성 원칙에 위배된다. 혐오표현금지법은 이러한 중요한 제한에서 벗어나 "혐오"를 포함한 본질적으로 주관적이고 탄력적인 단어와 개념에 항상 좌우된다. 따라서 혐오표현금지법은 수사와 처벌을 위해 특정 사상과 발화자를 선별할 수 있는, 대체로 제한되지 않은 재량권을 집행 당국에 부여한다. 불가피하게도 집행 당국은 자신의 이익에 따라 또는 어떤 말이 보호받을 가치가 있는지에 대한 개인적인 판단에 따라 이러한 재량권을 행사한다.

이러한 재량적 집행은 두 가지 이유에서 표현의 자유와 평등 모두에 해롭다. 첫째, 그 재량권은 예상대로 권한이 없는 사람들과 인기 없는 사상들에 불리하게 행사될 것이다. 둘째, 혐오표현금지법은 사람들이 수사나 처벌의 대상이 될 수 있는 의견을 표현하는 것을 저지함으로써 상당한 위축 효과(chilling effect)를 가져올 것이다. 혐오표현금지법은 특히 아주 냉랭한 분위기를 유발할 가능성이 높다. 왜냐하면 사람들 대부분은 문제의 그 사상이 아무리 중요하게 생각되더라도 그 사상의 표현에 관여했다는 비난을 받는 것조차 원하지 않기 때문이다.

혐오표현금지법과 밀접하게 관련된 또 다른 문제가 있는데, 법률가들은 이를 "과도한 광범위함(substantial overbreadth)"이라는 용어로 지칭한다. 즉, 혐오표현금지법은 너무 광범위한 언어로 쓰여 있어 이 법의 지지자들조차 처벌하려고 하지 않는 표현에까지 그 적용 범위가 확장되는 경향이 있다. 물론 혐오표현금지법의 적용 범위가 상대적으로 제한될 수 있고, 따라서 과도한 광범위함의 문제를 줄일 수는 있지만, 지나친 모호함(undue vagueness)의 문제는 피할 수 없는 것으로 보인다.

관점 중립성 원칙과 긴급성 원칙을 제쳐 둔다고 해도(제쳐 두어서는 **안** 되겠지만), 혐오표현금지법은 여전히 본질적인 모호함과 광범위함 때문에 표현의 자유와 평등을 침해할 것이다. 이러한 문제점 때문에 이 장에서 설명하는 것처럼 혐오표현금지법은 그 목적에 부합하지 않고 심지어 그 목적을 훼손하는 방식으로 한결같이 집행되어 왔다.

'혐오표현금지법'에 내재된 모호성이라는 특별한 문제

언어의 한계를 고려할 때, 어떤 실정법의 문구에서 모호함을 모두 제거할 수는 없다. 그러므로 수정헌법 제1조 원칙이 "지나치게(unduly)" 모호하거나 "과도하게(substantially)" 광범위한 법적 언어만을 금지한다는 사실에서 알 수 있듯이, 수정헌법 제1조는 어느 정도의 모호함과 광범위함이 불가피하다는 것을 인정한다. 그러나 정부가 혐오표현과 같은 정치적 표현을 규제할 때 미국연방대법원은 이러한 요구 사항을 더욱 엄격하게 적용한다. 그 같은 가치 있는 표현들이 "살아남는 데" 필요한 "숨 쉴 공간"을 제공하기 위해, "정부는 오로지 범위가 한정된 특수한 경우에만 규제해야 한다"라는 것이다.

논란의 여지가 있는 다른 형태의 정치적 표현과 관련된 사건에서 미국연방대법원은 혐오표현금지법에 자주 포함되는 법적 용어[예컨대 "경멸하는(contemptuous)" "모욕적인(insulting)" "모멸감을 주는(abusive)" 및 "폭력적인(outrageous)"]를 일관되게 삭제해 왔다. 예를 들어, 1988년 미국연방대법원은 외국대사관 직원의 "존엄성(dignity)"을 훼손하는 특정 표현을 불법으로 규정한 법 규정을 무효화했다. 혐오표현금지법의 일부 지지자는 혐오표현의 피해를 입은 사람의 "존엄성"을 보호하는 것으로 그 법을 정당화하려고 한다. 그러나 이 사건에서 미국연방대법원은 문제가 된 검열법이 혐오표현금지법과 마찬가지로 "고전적인 정치적 표현을 금지함으로써 수정헌법 제1조의 핵심을 위배"한다는 점을 분명히 했다. 그러고 나서 다음과 같이 설명했다.

공적 토론에서 우리 시민들은 수정헌법 제1조에 의해 보호되는 자유에 적절한 "숨 쉴 공간"을 제공하기 위해 모욕적이고 심지어 폭력적인 표현도 용인해야 한다. 앞선 사례에서 우리가 거부했던 "폭력성(outrageousness)" 기준과 같은 "존엄성" 기준은, 본질적으로 너무 주관적이어서 "청중에게 부정적인 감정적 영향을 미칠 수 있다는 이유만으로 표현을 처벌하기를 오랫동안 거부해 온 것"과 모순될 것이다.

유사하게, 일반적으로 혐오표현금지법에서 발견되는 "본질적으로 주관적인" 기준은, 정부가 탐탁지 않게 여기는 사상들이 청중에게 불안감을 주거나 "정서적으로 부정적인 영향을 미친다"라고 생각한다는 이유만으로 표현을 처벌할 수 있는 권한을 정부에 사실상 허가해 준다.

피할 수 없는 사실은, 탐탁지 않고, 불온하고, 두려움을 준다는 혐오표현금지법의 대상 자체가 정확하게 정의되지 않는다는 것이다. 부분적으로 이러한 이유로 법원이 검토한 모든 대학의 혐오표현 학칙은 모호하거나 광범위하다는 이유로 폐지되었다. 이렇게 폐지된 것에는, 아마도 수정헌법 제1조 전문 교수진에 의해 또는 그들의 도움을 받아 정교하고 개념 폭이 좁은 최적의 언어를 선별하여 규정했을 학칙도 포함되어 있다. 더욱이 5장에서 보여 주듯이 전 세계적으로 혐오표현금지법을 위해 제안되거나 채택된 여러 표현 선택지는 극복할 수 없는 모호함과 광범위함의 문제를 명백하게 드러낸다.

비교적 좁거나 정확한 '혐오표현금지법'은
또 다른 수정헌법 제1조 문제를 일으킬 것이다

오로지 논증을 위해 이렇게 가정해 보자. 헌법상 보호되는 혐오표현의 비교적 좁은 하위집합을 규정한 법률 초안을 작성하여 광범위함의 문제를 줄일 수 있게 되었다. 그런 법을 만들었다고 해도 여전히 모호성 문제를 해결하지는 못할 것이다. 예를 들어, 법학 교수인 마리 마쓰다가 내놓은, "박해하는, 혐오적이며, 굴욕적"인 "역사적으로 억압받는 집단을 인종적으로 격하하는 메시지"만을 불법화하자는 영향력 있는 제안을 생각해 보자. 이렇게 제안된 혐오표현금지법은 그 적용 범위가 비교적 좁으며, 메시지와 대상 모두에서 불법적인 표현의 범위를 제한하는 요소들을 몇 가지 포함하고 있다. 그러나 최소한 제한하는 요소들 자체 중 일부는 그 모호함을 줄이기 어렵다.

보호되는 혐오표현과 처벌 가능한 혐오표현을 구분하기 위해 마쓰다가 제공하는 다음 예시를 생각해 보자. 즉, "인종 간 지적 차이에 대한 믿음은 증오(hatred)나 박해(persecution)의 요소와 결합하지 않는 한 제재 대상이 아니다"라는 표현이다. 이제 찰스 머리 (Charles Murray) 교수가 이 주제에 대해 쓴 논란의 여지가 있는 글들이 마쓰다의 기준을 충족하는지 생각해 보자. 최근 대학 내에서 찰스 머리에 대한 항의가 보여 주었듯이, 그의 글에 대해 많은 비평가는 그것이 "증오나 박해"를 반영한다고 주장하지만, 다른 비평가들은 그의 글을 그렇게 특징짓는 것을 거부할 것이다. 실제로, 마쓰다는 자신의 기준과 관련된 모호성 문제들을 인정하고, 그의 정의를 충족하거나 충족하지 못할 수 있는 여러 표현의 사례를 논의한다. 간단히 말해서, "보통의 지능을 가진 사람들은" 그가 제안한 법의 "의미를 추측해야" 하며, 이 때문에 그가 제안한 법은 받아들이기 힘들 정도로 모호해진다.

모호성 문제를 해결하지 못하는 것 외에도 혐오표현금지법의 범위를 좁히면 역설적으로 수정헌법 제1조의 다른 문제가 확대된다. 첫째, 어떤 법이 헌법상 보호되는 혐오표현을 덜 규제할수록, 그리고 그 혐오표현이 보호받게 내버려 둘수록, 그 법은 법에 정당성을 부여하는 혐오표현의 해악을 줄이는 효과가 줄어든다. 표현을 억제하는 법이 정당한지 여부를 가늠할 때, 법원은 일반적인 논리에 따라 그 법이 얼마나 효과적으로 목표를 증진하는지를 평가한다. 따라서 표적이 된 표현이 야기한다고 알려진 문제를 유의미하게 시정하지 못한 채 표현의 자유를 축소하는 법이라면, 법원은 이를 무효화할 것이다. 또한 그러한 상황에서 그 법의 표현의 자유 비용은 주장하는 이익으로 충분히 상쇄되지 않는다.

더 협소한 법은 관점 차별이라는 특별한 위험도 야기한다. 미국 연방대법원이 설명했듯이, 어떤 법이 "주장된 정당화에 반하는 판단을 할 때 충분히 포괄적이지 못하다면", 이는 "정부가 특정 발화자나 특정 관점을 싫어하는지 여부보다는, 정부가 그 법이 끌어내는 이익을 실제로 추구하고 있는지 여부에 대한 의심을 제기하는 것"이다. 예를 들어, 1991년 사건에서 미국연방대법원은 집단 간 화합을 촉진하기 위해 미네소타주 세인트폴(Saint Paul)시에서 제정된 혐오표현금지법을 무효화했는데, 이는 그 법이 "인종, 피부색, 신념, 종교 또는 성별"에 근거한 "모욕적 욕설(abusive invective)"만을 선별적으로 금지했기 때문이다. 미국연방대법원은 세인트폴시가 발화자들로 하여금 "정당 소속, 노조 가입, 동성애"를 포함해서 어떤 다른 근거에 기반한 "적대감을 표현하고자" 모욕적 욕설을 사용하는 것은, 아무리 악랄하거나 심각한 경우라 하더라도 허용했다고 밝혔고, 세인트폴시가 싫어하는 주제에 관한 관점을 표현하는 발화자들에게 특별히 금지를 부과하는 것은 수정헌법 제1조에 의해 허용되지 않는다는 결론을 내렸다. 이런 상황에서 이 법은 지나치게 광범위해서 위헌적인 것이 아니라, 선별적이거나 지나치게 포괄적이지 않아서 위헌적인 것이다. 사실상, 그러한 법은 관점 중립성 원칙에 위배되는 관점의 차별을 구현한다.

지나치게 모호한 혐오표현금지법이 공직자들에게 부여하는 자유로운 재량권을 제한하는 유일한 방법은 개방적이고 유연한 기준을 구체적이고 융통성 없는 기준으로 대체하는 것이다. 내가 아는한, 혐오표현금지법 지지자는 그러한 접근법을 지지하지 않는다. 부분적으로 그것이 해결하는 것보다 더 많은 문제를 야기하기 때문이다. 미국에서 혐오표현금지법의 주요 옹호자들은 혐오표현은 맥락에 따라 평가해야 하며, 그 언어에만 근거해서 융통성 없이 처벌해서는 안 된다고 주장한다. 그들은 심지어 보편적으로 비난받는 인종차별적 비방인 N○○에 대해 동일한 결론을 내리면서, 그것이 발언된 모든 사실과 상황에 비추어 판단해야 한다고 제안한다. 그로 인해 발생하는 과도한 모호성 문제는 심지어 비교적 적용 범위가 좁은 혐오표현금지법에도 영향을 줄 것이다.

독자들은 이제 내가 방금 요약한 수정헌법 제1조의 모든 문제를 정부가 피할 방법이 있을까라고 물을 것이다. 법이 지나친 모호함과 지나친 경직성이라는 진퇴양난 모두를 어떻게 피할 수 있을까? 어떻게 하면 과도한 광범위함이라는 프라이팬과 지나친 협소함이라는 불길, 이 둘을 모두 피할 수 있을까? 해답은 표현을 보호하는 긴급성 기준에 있다. 내가 이전 장에서 설명했듯이, 홈스 대법관과 브랜다이스 대법관은 20세기 초에 미국연방대법원의 다수의견이 자유, 평등, 민주주의에 큰 해악을 끼치는 데 사용되었던 지나치게 모호하고 지나치게 광범위한 나쁜 경향성 테스트의 대안으로 이 긴급성 테스트를 만들었다. 긴급성 테스트는 또한 단어에만 초점을 맞추지 않고 모든 관련 사실과 상황을 고려하는 맥락적인 것이기 때문에, 지나친 경직성을 피한다. 마지막으로 긴급성 테스트는 임박한 특정의 심각한 해악을 직접적으로 유발하는 모든 표현을 대상으로 하므로 그러한 해악을 확인하는 데 효과적이다. 실제로 긴급성 테스트는 "관점 기반이 아닌 효과 기반"이라고 적절하게 설명되었다.

난감한 법조문 만들기 문제의 예시

혐오표현금지법을 시행한 당국은 처벌 가능한 표현과 보호되는 표현을 구분하기 위해 애써 왔다. 예를 들어, 캐나다 대법원의 "증오"라는 용어에 대한 설명을 생각해 보자. 캐나다의 법률은 "증오 또는 멸시", 즉 "싫어함, 중상 및 비방을 유별나게 강하게 마음속 깊이 하고 싶은 감정" 및 "단순한 경멸이나 싫어함을 넘어선 적개심과 극도의 악의"에 사람들을 "노출시킬 가능성이 있는" 표현을 처벌한다. 당신이 배심원이라면 처벌 대상이 아닌 "경멸"을 전달하는 표현과 처벌 대상인 "싫어함을 넘어선 적개심" 또는 "비방"을 전달하는 표현을 구별할 수 있는가? 그리고 당신이 어떤 사람이나 집단에 대해 부정적인 의견을 강하게 표명한다면, 혐오표현금지법을 집행하는 공직자들이 당신의 말을, 처벌할 수 있는 "적개심"이나 "극도의 악의"가 아니라, 보호되는 "경멸"을 전달하는 것으로 간주할 것이라고 얼마나 안심할 수 있는가?

모든 혐오표현금지법을 괴롭히는 고질적인 모호함과 광범위함의 문제들에 대한 최근의 역설적인 예를 들어 보겠다. 이는 유럽의 혐오표현금지법 집행을 모니터링하는 전문가 기구인 유럽인종차별위원회(ECRI)의 2015년 12월 보고서에서 발췌한 것이다. 유럽인종차별위원회는 다른 전문기관들과 마찬가지로 유럽의 혐오표현금지법이 "소수자들을 침묵시키고 비판, 정치적 반대, 종교적 신념을 억압하기 위해" 집행될 수 있다고 결론지었다. 따라서 유럽인종차별위원회 보고서는 유럽 정부들이 불법적인 혐오표현에 대한 법률의 정의를 "명확하고 정확하게 표현되도록" 수정해야 한다고 권고했다. 하지만 아이러니하게도 보고서 자체는 "명확하고 정확하게 표현된" 정의를 제시하지 못했고, 따라서 그러한 목적을 달성하기가 어렵다는 점을 강조했다. 보고서에서 제안한 불법적인 혐오표현의 정의는 다음과 같다.

혐오표현은 단순히 기분을 상하게 하거나 상처를 주거나 고통을 주는 모든 형태의 표현을 제외한다. 그럼에도 금지된 증오 선동(incitement to hatred)은 특정 집단을 모욕하거나 조롱하는 것인데, 이러한 형태의 표현을 무책임한 방식으로 사용하는 경우 발생할 수 있다. 이는 불필요하게 모욕적이거나 짜증 나게 하거나 굴욕적인 언어 사용을 수반할 수 있다.

명확하다고 자처하는 이 정의는 보호되는 "단순히 기분을 상하게 하는" 표현과 처벌을 받을 수 있는 "불필요하게 모욕적인" 표현 사이에 경계를 어떻게 긋는지를 포함하여 답보다는 오히려 더 많은 의문을 제기한다.

충분히 명확하고 협소한 혐오표현금지법을 작성하는 것이 불가능하다는 것은 주요 국제 인권 단체인 국제앰네스티(Amnesty International)와 휴먼라이츠워치(Human Rights Watch)의 보고서에서도 드러난다. 한 평론가가 지적했듯이, 다양한 국가의 혐오표현금지법에 대한 이 단체들의 보고서는 "법률의 부정확하고 불분명하고 광범위하고 모호한 성격을 비판하고 더 많은 '확실성'을 요구하지만, 해결책을 제공하지 못하며, 따라서 허용되는 언어가 무엇인지 명확하게 권고하지 못하는 조직의 무능력을 드러낸다".

이제 미국의 이러한 풀리지 않는 법조문 만들기 문제의 예를 들어 보겠다. 내가 지적했듯이, 1980년대 후반부터 채택된 대학의 혐오표현 학칙은 그 언어가 지나치게 모호하고 광범위하기 때문에 법정에서 다뤄지면 일관되게 폐지 결정이 내려졌다. 대표적인 것이 미시간대학교의 혐오표현 학칙인데, 이는 최초로 채택된 것 중 하나이며, 피할 수 없는 수정헌법 제1조 하자에 대한 첫 번째 사법적 판결로 이어졌다. 애번 콘(Avern Cohn) 연방 판사는 처벌 가능한 표현을 설명하는 "낙인을 찍다" "피해자화하다" "위협하다" 또는 "개인의 학업을 방해하다"와 같은 핵심 용어들이 지나치게 모호하다고 판결했다.

구두 변론 도중 콘 판사가 대학 측 변호사에게 금지된 표현과 변호사가 보호된다고 인정한 다른 모욕적인 표현을 어떻게 구분할 것인지 묻자, 변호사는 "매우 조심스럽게" 구분해야 한다고 답했다. 솔직하고 유머러스한 답변이라는 점에서는 좋은데, 문제가 되는 점은 웃을 일이 아니다. 대학의 변호사조차도 보호되는 표현과 처벌 가능한 표현의 차이를 설명할 수 없을 때, 대학 공동체의 구성원들은 예측 불가능하고 일관성 없는 학칙의 집행에 직면할 것이며, 최악의 경우 자의적이고 변덕스럽고 차별적인 집행에 직면하게 된다.

위에서 언급했듯이, 캐나다 대법원은 주요 법적 용어인 "증오 또는 경멸"을 정의하여 캐나다 혐오표현금지법을 집행하는 공직자들의 재량권을 억제하려고 했다. 그럼에도 판사를 포함한 캐나다 공직자들은 특정 표현이 이러한 개념 정의를 충족하는지 여부에 대해 계속해서 의견이 분분하다. 예를 들어, 한 남성이 기독교 신앙을 바탕으로 동성애에 반대하는 내용의 전단을 네 장 배포한 혐의로 캐나다 혐오표현금지법에 따라 기소된 경우를 생각해 보자. 사건을 처음 심리한 행정법원은 전단이 모두 법을 위반했다고 판결했다. 이 결정을 재검토한 1심 법원은 이를 확정했지만, 항소심 법원은 전단 네

장 모두가 불법적인 혐오표현에 해당하지 않는다고 판단했다. 마침내 캐나다 대법원은 전단 중 두 장은 불법적인 혐오표현에 해당하지만, 두 장은 해당하지 않는다고 판결했다. 요약하자면, 동일한 일련의 의사소통 중 어떤 것이 처벌 가능한 혐오표현에 해당하는지에 대해, 전문 사법기관 네 곳이 총 세 가지 다른 결론에 도달했다.

다양한 말로 표현된 혐오표현금지법을 집행하는 전 세계 각국의 많은 행정 및 사법 판결문을 읽고 나는 이 캐나다 사례가 얼마나 전형적인 사례인지 감탄을 금치 못했다. 같은 국가라 해도 의사 결정권자에 따라 특정 표현이 관련 혐오표현금지법에 위배되는지 여부에 대해 계속해서 의견이 다르다.

무엇을 혐오표현으로 간주해야 하는가를 결정하는 혼란스러운 문제는 하버드대학교에서 일부 학생이 기숙사 창문에 남부 연합기를 내걸었던 상황에서도 잘 나타난다. 남부 연합기에 자극받은 다른 학생들이 기숙사 창문에 나치의 갈고리 십자가를 걸어 항의했다. 물론 나치 십자가는 제노사이드는 말할 것도 없고, 히틀러의 반유대주의 및 기타 극도로 혐오스러운 사상과도 완전히 동일시된다. 다만 나치 십자가를 내걸었던 하버드 학생들은 남부 연합기가 나치 십자가와 마찬가지라는 점을 통해, 남부 연합기가 내포하는 인종차별을 규탄하려고 했던 것이다. 즉, 그 학생들의 행동은 나치 십자가가 상징하는 것과는 정반대의 메시지를 전달하려 했던 것이다. 그렇다면 이 나치 십자가를 내건 행위는 혐오표현으로 간주해야 하는가, 아니면 **반(反)**혐오표현(anti-hate speech)으로 간주해야 하는가?

그러고 나서, 남부 연합기가 전달한 차별적 메시지에 대한 별도의 항의로, 하버드의 다른 학생들은 다른 형태의 대항표현에 참여했다. 공개적으로 남부 연합기를 불태운 것이다. 남부 유산의 상징이자 남북전쟁에서 희생된 조상들에게 바치는 헌사로서 남부 연합기에 경의를 표하는 많은 미국인에게, 이 소중한 상징물을 태우는 것은 혐오표현에 해당한다. 그러나 불을 질렀던 학생들은 자신들이 반(反)혐오표현을 했다고 진심으로 믿었다.

깃발 게양과 관련하여 어떤 사람에게는 혐오표현인 것이 다른 사람에게는 반(反)혐오표현이라는 사실을 보여 주는 또 다른 실례가 있다. 2015년, 캘리포니아대학교 어바인(The University of California, Irvine)의 학생회 지도부는 성조기가 "식민주의와 제국주의의 경우에 게양되었고, 혐오표현으로 해석될 수 있다"라고 말하면서 표결로 성조기의 게양을 금지했다. 아주 대조적으로 많은 미국인은 성조기를 아주 신성하게 여기기 때문에 그것을 소각하거나 모독하는 것이 혐오표현에 해당한다고 생각한다.

누군가의 '혐오표현'은
다른 누군가에게는 소중한 표현이다:
혐오와 종교의 문제

누군가에게 저속한 것이 다른 누군가에게는 노래 가사가 된다.

— 존 마셜 할란(John Marshall Harlan), 대법관

특정 표현이 혐오표현금지법의 피할 수 없는 애매한 기준을 충족하는지 여부를 평가하는 데 주관성이 줄어들 수는 없다. 이를 감안하면, 그가 혐오스럽다고 여기는 사상을 전달하는 누군가의 혐오표현이, 또 다른 그가 가치 있다고 생각하고 심지어 어떤 경우에는 사랑하는 다른 누군가의 소중한 표현이라는 것은 놀라운 일이 아니다. 여기서 나는 특정한 종교적 견해가 성소수자 개인에 대한 혐오표현으로 공격받는 한편, 그러한 종교적 견해에 대한 비판은 반종교적 혐오표현으로 공격받는 일이 반복되는 상황에서, 특별히 도출된 이러한 난제에 대한 몇 가지 예시를 더 인용하겠다.

복음주의 기독교 신자인 캘리포니아의 한 고교생 타일러 하퍼(Tyler Harper)는 자신의 종교적 신념 중 하나를 반영한 성경 구절인 "동성애는 수치스러운 것이다, 로마서 1장 27절"이 인용된 티셔츠를 입고 학교에 갔다. 많은 기독교인은 이 교리를 포함한 기독교 교리를 받아들여야만 동료가 영원한 구원을 얻고 영원한 저주를 피할 수 있다고 믿는다. 그런 믿음으로 개종시키는 것은 동정심과 배려심, 실은 애정으로 볼 수 있지 않을까? 많은 기독교인이 말하듯이, 그들은 "죄는 미워하되 죄인은 사랑"한다.

2015년, "불법 온라인 혐오표현"에 대한 유럽연합(EU)의 새로운 규제에 앞장섰던 EU 집행위원은 하퍼가 표현한 종교적 신념이 유럽연합법에 따라 혐오표현으로 비난받아야 한다고 지적했다. 베라 요우로바(Vera Jourova) 위원은 다음과 같이 말했다. "성소수자(LGBTI: 레즈비언, 게이, 바이섹슈얼, 트랜스젠더, 그리고/또는 인터섹스) 권리를 훼손하는 내러티브가 종종 종교적 원칙으로 위장하여 조용히 퍼지고 있다. 이건 용납할 수 없다. 우리는 모든 혐오표현과 싸워야 한다." 따라서 요우로바 위원은 동성애를 반대하는 종교적 근거를 인용하는 사람들이 사실 거짓말을 하고 있으며, 오히려 "혐오"에 의해 움직이고 있음을 암시했다. 아이러니하게도 이러한 비난을 종교 신자에 대한 혐오표현으로 간주하는 것도 그럴듯할 수 있다. 요우로바는 이러한 비난을 가한 바로 그 선언문에서 "종교를 통해 정의된 사람을 향한 증오를 조장하는" 표현을 포함한 EU의 광범위한 혐오표현 개념을 지지했다.

소수 관점과 소수자 발화자를 위험에 빠뜨리다

평등이라는 명목으로 국가가 표현을 탄압해야 한다는 주장에는 궁극적인 모순이 있다. 이는 소외된 소수자의 이익을 보호하기 위한 것이지만 민주주의에서 국가는 소수자가 아닌 다수자의 이름으로 행동한다. 누구의 표현을 검열해야 할지 결정할 때 왜 소외된 소수자가 다수의 대표자들을 신뢰해야 하는가?

— 데이비드 콜, 미국시민자유연맹(ACLU) 법무 이사

표현의 자유가 평등권을 포함한 개혁운동을 진척시키는 가장 강력한 무기였던 것처럼, 검열은 항상 개혁운동을 저지하는 가장 강력한 무기였다. 이러한 일반적인 양상은 평등을 촉진하기 위해 채택된 혐오표현금지법에도 적용된다. 이 같은 양상에 대한 설명은

혐오표현금지법을 옹호하는 사람들에 대한 분석에서 찾을 수 있다. 그들은 소수인종, 여성 및 기타 집단이 계속해서 차별받고 있다고 주장한다. 나는 바로 이 우려를 공유하기 때문에 그들이 처방한 검열 해결책에 동의하지 않는다. 개인적 편견 및 제도적 편견이 만연해 있음을 감안할 때, 정부는 다른 법률과 마찬가지로 혐오표현금지법을 권한이 없고 소외된 집단에 불리하게 집행할 가능성이 높다.

사실, 혐오표현을 검열하는 법은 예상대로 정부 비판자들과 이 법들이 보호하고자 하는 소수자집단의 구성원을 포함하여, 정치적 힘이 부족한 사람들에게 집행되어 왔다. 이러한 우려는 국제 인권 기구들이 반복적으로 제기해 왔다. 예를 들어, 유럽인종차별위원회의 가장 최근 보고서는 "특정 형태의 혐오표현을 범죄화해야 하는 국제법상의 의무는 비록 취약 집단의 구성원들을 보호하기 위해 확립되긴 했지만" 이러한 취약 집단의 구성원들이 "균형에 맞지 않게도 유럽의 혐오표현금지법에 따라 기소 대상이 되었을 수 있다"라고 말했다. 마찬가지로 국제인권위원회(UN Human Rights Committee)는 혐오표현금지법이 "지나치게 광범위한 방식으로 해석되고 시행될 수 있으며, 그 때문에 인종차별 철폐를 추진하는 인권옹호자들이 혐오표현금지법의 표적이 될 수 있다"라고 우려를 표명했다.

이 문제는 인종차별철폐협약(CERD)을 시행하는 인종차별철폐위원회도 지적했다. 인종차별철폐위원회가 혐오표현금지법을 강력하게 지지하고 가입국에 이 법을 제정하도록 요구하고 있기 때문에 이는 주목할 만하다. 따라서 혐오표현금지법에 따른 실제 경험에 비추어 볼 때, 2013년 인종차별철폐위원회 집행위원회가 "혐오 표현에 대한 광범위하거나 모호한 규제가 인종차별철폐위원회의 보호를 받는 집단에 피해를 입히는 데 사용되었다는 우려"를 표명했으며, "인종차별적 발언에 맞서기 위한 조치가 불의에 대한 항의, 사회적 불만 또는 야당의 표현을 축소하기 위한 구실로 사용되어서는 안 된다"라고 강조했다는 점이 특히 인상적이다.

1990년대 초, 미국이 대학을 포함해서 평등을 촉진하기 위해 혐오표현금지법을 제정해야 한다는 당시 새로운 주장에 대한 응답으로 주요 국제 인권 기구 두 곳은 그러한 법이 다른 국가에서 어떻게 작동하는지에 대한 보고서를 발표했다. 그리고 두 기구 모두 혐오표현금지법이 소수 관점과 소수자 발화자를 너무 자주 억압한다고 결론지었다. 첫 번째 보고서는 1991년 세계인권선언의 표현의 자유 조항인 19조를 따서 이름을 지은 표현의 자유를 위한 국제조직 아티클19가 주최한 국제회의를 기반으로 작성되었다. 그 회의에서는 15개국의 인권운동가, 법률가, 학자 들이 모여 각 국가에서 혐오표현금지법이 미치는 실제 영향에 대한 기록을 비교했다. 당시 아티클19의 법 담당 이사였던 샌드라 콜리버(Sandra Coliver)는 다음과 같이 말했다.

혐오표현을 제한하는 법은 당국에 의해 노골적으로 남용되어 왔다. 따라서, 당시 아파르트헤이트 체제하에 있던 스리랑카 및 남아프리카공화국의 법은 거의 전적으로 억압받고 정치적으로 가장 약한 공동체에 대해 사용되어 왔다. 동유럽과 구소련에서 이 법들은 종종 국가가 용인하거나 후원하는 반(反)유대주의의 피해자이기도 한 비판자들을 박해하기 위한 수단이었다. 영국, 이스라엘, 구소련을 포함한 당국의 선별적 또는 느슨한 집행은 정부가 반대 의견을 가질 권리를 침해할 수 있게 허용하고, 불가피하게 소수집단의 소외감을 야기한다.

그와 유사하게, 1992년에 휴먼라이츠워치는 혐오표현을 처벌하는 법률이 "지배적인 인종 집단 또는 민족 집단에 의해 남용될 수 있다"라고 결론 내린 보고서를 발표했다. 실제로, "매우 엄격한 혐오표현금지법 중 일부는 남아프리카공화국에서 오랫동안 집행되어 왔으며, 아파르트헤이트 체제하에서 흑인 다수에게만 거의 전적으로 사용되었다". 25년 후 휴먼라이츠워치는 2016년 인도의 혐오표현금지법 집행에 관한 보고서에서 유사한 결론에 도달했으며, 이 법이 "정치적 반대를 억누르고, 언론인을 괴롭히고, 비정부기구의 활동을 제한하고, 인터넷 사이트를 차단하거나 콘텐츠 게시를 중단하고, 달리트(Dalit)와 같은 종교적인 소수자 및 소외된 공동체를 표적으로 삼는 데 사용된다"라고 언급했다.

반대 의견을 표적으로 하다

혐오표현금지법은 의견을 달리하는 정치적 견해를 억압하기 위해 종종 사용되어 왔다. 2015년, '컬럼비아대학교 글로벌 표현의 자유(Columbia Global Freedom of Expression)' 담당 이사인 아녜스 칼라마르(Agnès Callamard)는 유럽의 혐오표현금지법이 종종 "정치적 반대 의견을 범죄화하는 데 사용되었다"라고 말했다. 예를 들어, 글렌 그린월드 기자가 2017년에 썼듯이, "튀르키예에서는 시민들이 정부 관리나 군대를 비난한 이유로 혐오표현금지법에 따라 기소되는 경우가 흔하다". 그는 또한 "영국의 혐오표현에는 전쟁에서 싸우는 영국 군인에 대한 악의적 비판이 포함되었다"라고 주장하면서, 2012년 영국 군인들의 아프가니스탄 민간인 살해를 비난하는 페이스북 게시물로 체포된 무슬림 10대 아즈하르 아흐메드(Azhar Ahmed)의 사례를 인용했다.

혐오표현금지법이 의견을 달리하는, 인기 없는 정치적 견해를 억압하는 데 사용되는 현상을 더 자세히 설명하기 위해, 최근 몇 가지 사례를 추가로 인용하겠다.

2017년, 남아프리카공화국의 집권당 ANC는 예전 혐오표현금지법의 적용 범위를 대폭 확대하기 위해 초범에게 최고 3년의 징역형을 부과하는 것을 포함하는 새로운 혐오표현금지법을 지지했다. ANC는 새 법률에 따라 기소해야 할 표현의 예로 제1야당 대표이자 현재 웨스턴케이프(Western Cape)주 총리인 헬렌 질(Helen Zille)의 트윗을 들었다. 헬렌 질은 식민주의가 꼭 "부정적"인 것만은 아니라고 주장했으며, 그 긍정적인 효과로 "독립적인 사법부, 교통인프라 및 수도시설"을 인용했다. 한 평론가는 "그는 공식 야당의 정치인이고 여당은 그가 한 말을 이유로 그를 감옥에 넣자고 제안하고 있다. 발의된 법률은 정치적 박해에 이용될 수 있다"라고 지적했다.

2017년, 앙겔라 메르켈(Angela Merkel) 독일 총리의 집권 여당 연합 의원들은 소셜미디어(SNS)가 자신들의 플랫폼에서 혐오표현을 즉시 삭제하지 않을 경우 막대한 벌금(회사는 5000만 유로, 독일 지사 대표는 500만 유로)을 부과하는 법안을 요구했다. 한 뉴스 기사는 "독일 정치권에서는 소셜미디어의 인종차별적 콘텐츠가 올해 선거운동에서 여론에 영향을 미칠 수 있다는 우려가 있다"라고 관측했다. 한마디로 정부가 발의한 혐오표현금지법안이 야당을 약화하기 위해 집행될 가능성이 있는 것이다.

2017년, 키르기스스탄 지방법원은 인종 간 증오를 선동한 범죄에 무기징역형을 확정했다. 피고인 아짐잔 아스카로프(Azimjan Askarov)는 언론인이자 인권운동가다. 언론인보호위원회(Committee to Protect Journalists)의 조사 결과에 따르면, 아스카로프의 유죄판결은 법 집행의 부패와 인권유린을 수년간 보도한 것에 대한 보복이라는 것이었다.

2017년, 아제르바이잔 법원은 일간지《아자들리크(Azadliq)》의 재무 이사인 파이크 아말리(Faiq Amarli)에게 "종교적 증오를 선동"한 혐의로 3년 이상의 징역형을 선고했다. 이 혐의는 아말리가 미국으로 망명한 튀르키예의 종교 지도자 펫홀라흐 귈렌(Fetullah Gülen)의 가르침에 관한 책을 소유했기 때문에 비롯된 것으로 보인다.《아자들리크》는《월스트리트저널(The Wall Street Journal)》과 유사한 비즈니스 중심 신문이다. 유럽언론미디어자유센터(ECPMF)는 아제르바이잔과 튀르키예 간의 경제적 유대를 언급하면서 아말리의 투옥을 아제르바이잔에서 "언론을 침묵시키고 전체주의 체제를 수립하기 위한 또 하나의 단계"라고 비난했다.

2015년, 싱가포르 법원은 싱가포르 초대 총리 리콴유(Lee Kuan Yew)가 사망한 직후 16세 아모스 이(Amos Yee)가 리콴유를 비난하는 유튜브를 공개했을 때, "종교 감정에 상처를 입혔다"라는 이유로 그에게 징역 4주를 선고했다. 여기에는 "기독교에 대한 비난"도 포함되었다. 싱가포르의 인권운동가인 셸리 티오(Shelley Thio)는 혐오표현 혐의는 아모스 이가 존경받는 원로 정치인들을 비난한 것을 처벌하려는 "정치적 동기"가 있었다고 말했다.

케냐와 르완다의 혐오표현금지법에 대한 2015년 연구는, 양국에서 관료들이 "야당, 언론사 대표, 시민사회 활동가 및 일반 대중"의 "정당한 표현과 반대 의견을 억제하기 위해" 이 법을 발동하고 있다고 결론 내렸다. 특히 아이러니한 사실은 "르완다에서는 혐오표현금지법이 이 법 자체의 결함에 대한 논평조차 금지하는 것으로 해석되었다"는 것이다.

2012년, 인도네시아에서 알렉산더 아안(Alexander Aan)은 종교적 혐오표현으로 징역 2년 6개월과 벌금 1억 루피아(미화 1만 600달러)를 선고받았다. 일부 사람이 무신론자 페이스북 포럼에 올린 그의 게시물을 이슬람에 대한 모욕으로 해석했기 때문이다.

2001년, 영국에서는 논란이 되었던 영국 내 미군기지의 '스타워즈의 아들(Son of Star Wars)' 미사일 방어 시스템에 반대하는 시위를 하는 도중 미국 국기를 땅에 끌고 다녔다는 이유로 오랜 반핵 운동가가 기소되었다. 검찰은 이 행위가 미국 국민에 대한 "인종차별적 증오"에서 비롯된 것이라고 주장했다.

소수자집단을 표적으로 삼다

가장 아이러니한 것은 무력한 소수자집단을 보호하기 위해 고안된 혐오표현금지법이 균형에 맞지 않게도 바로 그 소수자집단의 또는 그들을 대신하는 표현을 억압하기 위해 사용되는 경우다. 이 소수자집단들은 정치적 힘이 부족하기 때문에 이러한 집행 양상은 예상할 수 있고 매우 흔하다. 예컨대, 2016년 휴먼라이츠위치 보고서는 인도의 혐오표현금지법에 대해 "당국이 소수자의 목소리를 침묵시키기 위해" 이 법을 "너무 자주 오용한다"라고 결론지었다. 2010년, 국제앰네스티와 국경없는기자회(Reporters Without Borders)는 키르기스스탄에서 우즈베크인과 대다수 키르기스인의 갈등을 보도했다는 이유로 우즈베키스탄 소수민족에 속하는 저명한 언론인과 그가 편집한 우즈베크 신문이 인종적 증오 선동 혐의로 근거 없이 기소됐다고 항의했다.

취약한 소수자집단에 집행되는 혐오표현금지법의 문제는 서유럽을 포함하여 보다 안정된 민주주의 정부에서도 발생한다. 위에서 언급한 바와 같이 2015년 유럽인종차별위원회 보고서는 유럽에서 "혐오표현 금지가 보호해야 할 사람들에 대해 균형에 맞지 않게 또는 부당하게 사용되었을 수 있다"라는 결론을 냈다. 1965년, 영국의 혐오표현금지법은 소수자집단에 대해 증가하는 인종차별주의를 잠재우기 위해 통과되었지만, 이 법에 따라 유죄판결을 받은 첫 번째 사람은 백인 경찰관을 저주한 흑인 남성이었다. 1960년대와 1970년대 내내, 영국의 흑인 해방운동 지도자들이 이 법에 따라 정기적으로 기소되었다. 예를 들어, 1968년에 그러한 지도자 중 한 명은 백인들을 "사악하고 추한 사람들"이라고 묘사하며 그에게 가한 차별을 비난하는 표현으로 징역 1년을 선고받았다. 아마도 궁극적인 아이러니는 신나치민족전선(neo-Nazi National Front)을 억제하기 위한 이 법이 반(反)나치연맹(Anti-Nazi League)의 표현을 금지했다는 점일 것이다.

캐나다의 혐오표현금지법 역시 소수자 발화자와 소수 관점의 표현을 억제하기 위해 집행되었다. 이 법에 따른 첫 번째 집행 조치 중 하나로, 캐나다 세관은 여러 캐나다 대학이 미국에서 수입하려고 했던 책 1500부를 압수했다. 이 위험한 인종차별적, 성차별적 책은 무엇이었을까? 다름 아닌 당시 오벌린대학의 교수였던 흑인 페미니스트 학자 벨 훅스(bell hooks)가 쓴 『블랙 룩스: 인종과 재현(Black Looks: Race and Representation)』이었다. 이 사건은 일탈도 아니었다. 캐나다 혐오표현금지법이 미국 수정헌법 제1조에 상응하는 캐나다 표현의 자유 원칙과 상충하는지 여부가 대법원에서 다뤄졌는데, 근소한 표차로 가까스로 유효하다는 판결을 받았다. 이 판결의 반대의견에서 캐나다 혐오표현금지법의 다른 왜곡된(그러나 예측 가능한) 적용이 인용되었다. 반대의견은 다음과 같이 지적했다.

이 법은 비교적 최근에 만들어진 것이지만, 집행 당국의 많은 의문스러운 행동이 촉발되었다. 식별 가능한 집단에 대한 부적절한 발언, 특히 그것들이 대중적이지 않은 관점을 대변하는 경우, 국가의 개입이나 경찰의 조치를 요구할 수 있다. 리언 유리스(Leon Uris)의 친유대주의(pro-Zionist) 소설 『메카 순례(The Haj)』와 같은 소설들은 금지를 요구받고 있다. 살만 루슈디(Salman Rushdie)의 『악마의 시(Satanic Verses)』 같은 다른 작품들은 국경을 넘는 것이 금지되었다. 영화의 경우 〈넬슨 만델라(Nelson Mandela)〉라는 제목의 영화처럼 상영이 일시적으로 중단될 수도 있다. "양키 고 홈"이라는 문구가 적힌 팸플릿을 배포했다는 이유로 체포되기도 한다.

캐나다시민자유협회(Canadian Civil Liberties Association)의 앨런 보로보이(Alan Borovoy)[25] 법률고문은 "캐나다에서 당초 상상했던 혐오선동가들(hatemongers)과는 전혀 유사하지 않은 다양한 발화자들을 향해" 혐오표현금지법이 집행된 더 많은 사례들을 열거했다. 그 대상은 "프랑스계 캐나다 민족주의자, 유대인 공동체 지도자, 친이스라엘 발화자" 등이었다.

대학의 '혐오표현' 학칙

소수자의 관점을 표적으로 삼는 데 사용되는 이러한 혐오표현금지법의 양상은 대학의 혐오표현 학칙이 집행될 때도 분명

---

25 앨프리드 앨런 보로보이(1932~2015)는 캐나다시민자유협회(CCLA)의 오랜 법률고문으로 잘 알려진 캐나다 변호사이자 인권운동가였다.

히 나타났다. 1974년, 국민전선(The National Front, NF)[26]을 겨냥한 조치로 영국학생연합(NUS)은 "공공연한 인종차별주의자와 파시스트 조직"의 대표가 대학 내에서 연설하는 것을 금지하는 결의안을 채택했다. 이 규정은 대부분 대학 내 반(反)유대주의의 증가를 막기 위해 고안되었다. 그러나 UN의 방침에 따라 일부 영국 학생은 시온주의(Zionism)를 인종차별의 한 형태로 간주했으며, 1975년에는 영국 주재 이스라엘 대사를 비롯한 이스라엘인의 연설을 방해하기 위해 NUS 결의안을 발동했다. NUS 결의안이 의도한 목표인 우익 국민전선은 이 결과에 박수를 보냈다. NUS 자체는 이 결의안과 기타 의도하지 않은 결의 결과에 환멸을 느끼게 되었고 1977년에 결의안을 폐지했다.

영국의 경험은 미국의 대학 혐오표현 학칙과 몇 가지 유사점을 가지고 있다. 미시간대학교의 학칙은 1988년 4월부터 미국시민자유연맹(ACLU)이 제기한 소송에서 위헌판결이 내려진 1989년 10월까지 유효했다. 이 소송 때문에 대학에서는 학칙이 어떻게 집행되었는지에 관한 정보를 공개하지 않을 수 없었다. 이 정보는 위헌판결이 아니었다면 대중에게 공개되지 않았을 것이다. 미시간대학교 학칙이 시행된 짧은 기간에도, 백인들이 인종차별적 표현으로

---

26 '국민전선'은 영국의 극우 파시스트 정당이다. 현재 토니 마틴(Tony Martin)이 이끌고 있다. 군소 정당으로서 영국 의회나 유럽 의회에 대표를 선출한 적은 없지만, 탈당을 통해 소수의 지방의원을 확보하고 몇몇 대표를 지역 의회에 선출한 적이 있다. 1967년에 창당된 국민전선은 1970년대 중반 잠시 영국에서 네 번째로 큰 정당이었던 시기에 선거 지지율이 절정에 달했다.

흑인들을 고발한 사례가 20건 이상 있었다. 인종차별 이외의 다른 사유로 차별이라고 주장되었던 경우와는 대조적으로, 인종차별이라는 이유로 표현을 처벌한 사례는 겨우 두 건에 불과했다. 그리고 이 두 사례 모두 처벌받은 표현은 흑인 학생들에 의해 또는 흑인 학생들을 대신하여 전달된 경우였다. 한 사례에서 한 흑인 학생은 백인 학생과 대화하면서 "백인 쓰레기"라는 용어를 사용했다는 이유로 처벌받았다. 두 번째 사례는 "학생들의 우려를 파악하기 위한" 치의학 예과 과정 초반에 교수 주도의 소모임 토론에서 비롯되었다. 한 학생은 소수자 룸메이트로부터 소수자 학생들이 교과과정에서 어려움을 겪고 공정한 대우를 받지 못했다는 이야기를 들었다고 말했다. 그 흑인 교수는 그 학생이 자신을 인종차별주의자라고 비난했다는 이유로 신고한 것이었다.

좀 더 비공식적인 분쟁 해결 절차가 아닌, 미시간주 규정에 따라 본격적인 공식 징계 절차의 부담과 낙인을 받은 유일한 학생은 동성애 혐오 및 성차별 표현으로 기소된 아프리카계 미국인 사회복지 대학원생뿐이었다. 이 학생의 혐의는 한 연구 수업에서 비롯되었다. 그는 수업에서 동성애가 질병이라는 자신의 믿음과 동성애 고객을 이성애자로 전환하기 위한 상담 계획 개발 의도를 전달했던 것이다. 이는 동료 학생들과의 뜨거운 논쟁을 촉발했다. 심문 절차 이후 그는 자신에게 내려진 처벌에 대해 관대한 처분을 요구했다. 그 과정에서, 그는 혐의가 "구실"이며 자신의 인종과 정치적 견해 때문에 지목된 것이라고 주장했다. 그는 자신을 고발한 학생들이 "흑인 학생은 그러한 혐의에 대해 유리한 판결을 받을 가능성이 없다는 것을 알고 있었다. 이 혐의들은 평생 나를 괴롭힐 것이다. 그것들은 내가 공인 사회복지사가 되는 것을 막는 데 사용될 것이다"라고 진술했다.

사실, 혐오표현을 금지하는 규정의 탁월한 지지자 중 한 명인 법학 교수 찰스 로런스조차도 그러한 규정들이 아프리카계 미국인들과 전통적으로 억압된 다른 집단의 구성원들에게 부적절하게 적용될 위험이 있음을 인식했다. 그는 다른 대학 규정들이 인종차별적 표현이 아닌 반(反)인종차별적 표현을 침묵시키는 데 사용되고 있다고 명시적으로 비판했다. 따라서, 이 예측 가능한 문제를 피하기 위해, 로런스는 "지배적인 다수자집단에 속해 있다는 이유로 비방을 받는 사람들"을 보호하지 않는 방식으로 혐오표현금지법을 제정할 것을 주장했다. 다음 장에서 논의하듯이, 미국의 다른 저명한 혐오표현금지법 지지자들도 지지해 온 이 전략은, 해결할 수 있는 문제보다 더 많은 문제를 야기할 것이다.

여성혐오적 포르노그래피를 '혐오표현'의 한 형태로 취급하는 캐나다

관료들이 소수 관점과 소수자 발화자를 억압하기 위해 혐오표현금지법을 집행할 때 예상할 수 있는 문제는 우리의 이웃인 캐나다가 집행한 특정 유형의 혐오표현금지법에서도 비롯되었다. 이 법은 몇몇 페미니스트들이 여성에 대해 "비하적(degrading)"이

150   혐오

거나 "비인간적인(dehumanizing)" 성적 표현으로 규정한 "포르노그래피"를 대상으로 했다. 다시 말해 이 페미니스트들이 옹호한 포르노그래피 금지법은 특정 유형의 혐오표현, 즉 성적인 말과 이미지를 통해 여성혐오적인(misogynistic) 견해를 전달하는 표현을 대상으로 한다.

1992년에 캐나다의 몇몇 페미니스트들은 '버틀러 대 퀸(Butler v. The Queen)' 사건[27]에서 캐나다 대법원을 설득하여 이 개념을 캐나다 외설금지법(anti-obscenity law)에 통합했다. 검열에 반대하는 페미니스트들은 그러한 법적 개념이 예상대로 여성의 평등이나 안전을 증진하는 것이 아니라 여성과 성소수자를 포함하여 권한이 없는 집단을 대리하는 표현을 억압하는 데 사용될 것이라고 오랫동안 경고해 왔다. 애석하게도 그 예언이 실현되었다. 모든 혐오표현 금지법의 핵심에 있는 주관적인 개념(이 경우 "비하적" 및 "비인간적") 덕분에 경찰관, 판사 및 기타 공직자가 자신들의 가치와 일치하지 않는 작품을 규제 대상으로 삼을 권한을 갖게 되었다. 일부 캐나다 법집행자와 법관은 동성 간의 친밀감을 묘사하는 것이 혐오표현의 기준을 원래부터 충족하는 것이라 간주했다고 밝혔다.

따라서, 버틀러 판결을 옹호했던 캐나다의 검열 찬성 페미니스트 단체조차도 버틀러 판결이 평등이라는 목표에 유해한 영향을 끼

---

27 '버틀러 대 퀸(R v Butler, 1 S.C.R. 452, 1992)' 사건은 포르노그래피 및 주정부 검열에 관한 캐나다 대법원의 판결이다. 이 사건에서 캐나다 대법원은 표현의 자유와 여성 인권 사이에서 균형을 지키려고 했고, 결과는 포르노그래피를 반대하는 페미니즘과 여성법률교육행동기금(LEAF)의 승리였다.

친다는 점을 인정해야 했다. 여성법률교육행동기금(Women's Legal Education and Action Fund, LEAF)이라는 단체는 1993년 검열 반대 페미니스트들과 함께 "레즈비언과 게이를 괴롭히고 위협하기 위한 법의 차별적 사용을 정당화하는 버틀러 판결을 규탄하는" 공동 보도 자료를 냈다. 여성법률교육행동기금의 서명자들은 "버틀러 판결 이후 캐나다 세관, 일부 경찰 및 정부 후원자가 외설금지법을 악용해 서점, 예술가, 에이즈 단체, 성매매 종사자, 세이프 섹스 성교육 강사 들을 괴롭혀 왔다"라고 인정했다.

소셜미디어의 '혐오표현' 금지

나는 나치를 검열하는 기업들은 그렇게 걱정하지는 않지만, 실리콘밸리의 선출되지 않은 친구들이 판사와 배심원이 되는 것은 걱정한다. 클라우드플레어사(社)의 CEO 매슈 프린스가 어느 날 아침 일어나서 《데일리스토머》는 더 이상 안 되겠다고 결정했듯이, 다른 CEO들도 일어나서 BLM이나 안티파(antifa)[28]에 똑같은 조치를 취하지 않을까 걱정된다.

— 질리언 요크(Jillian York), 전자개척자재단(Electronic Frontier Foundation)

온라인 중개사업자가 안전한 사회적 공간을 만드는 데 중요한 역할을 한다고 믿는 사람들은, 전통적으로 사적 또는 공적 검열로 가장 먼저 침묵

---

28 '안티파'는 반파시즘(anti-fascism)에서 따온 말로, 파시즘과 인종주의를 반대하는 미국의 좌파 정치운동이다.

당하는 목소리가 주변부의 반대 목소리라는 것을 인정해야 한다.

— 애리 월드먼(Ari Waldman), 뉴욕 로스쿨 교수, 사이버 괴롭힘 및 성소수자 청소년 전문가

소셜미디어 플랫폼의 혐오표현 금지 시행에 대한 연구에 따르면 불가피하게 모호한 기준이 일관성 없게 시행된 것으로 나타났다. 2016년, 전국공공라디오(National Public Radio)가 수행한 연구도 그중 하나다. 전국공공라디오의 연구는 "혐오표현으로 간주할 수 있는 페이스북 게시물, 특히 미국의 흑인과 백인에 대한 공격"에 초점을 맞췄는데, 페이스북의 혐오표현 기준이 균형을 잃은 채 시행되어 페이스북의 초기 결정이 높은 비율로 양방향으로 번복되고 있다고 결론지었다. 즉, 초기에 삭제되지 않은 일부 게시물을 삭제하고 있으며, 삭제된 다른 게시물들은 복원하고 있다는 것이다.

지금까지 페이스북은 무엇이 허용할 수 없는 혐오표현에 해당하는지를 결정하는 기준을 공개하지 않았다. 그러나 2017년 프로퍼블리카(ProPublica)[29]는 페이스북의 "검열 군대"가 혐오표현과 정당한 정치적 표현을 구별하는 데 사용하는 알고리즘과 수백 가지 규칙들, 그리고 정교한 구분들을 밝힌 "페이스북 내부 문서"를 찾아내 조사에 착수했다. 당연히 이러한 지침은 주관적인 판단을 필요로 하며, 그 결과 전국공공라디오가 지적한 일관성 없는 시행 조치로 이어진다. 예를 들어, 페이스북은 "이주민"에 대한 혐오표현이 "비인간적인" 일반화를 포함하는 것으로 정의하지만, "비하적인"

---

29 '프로퍼블리카'는 미국 뉴욕에 기반을 둔 비영리단체로, 공익을 위한 탐사보도 제작을 목표로 하는 인터넷 언론이다.

일반화는 포함하지 않는 것으로 정의하고 있다. 한 페이스북 문서에 따르면, 이주민들에게 "더럽다(filthy)"라고는 해도 되지만 그들을 "쓰레기(filth)"라고 불러서는 안 된다.

혐오표현의 개념 정의를 예측할 수 없고 일관성 없게 시행하는 것 외에도 소셜미디어는 그러한 개념 정의를 시행하여 소수자 발화자 및 반대 의견에 피해를 준다는 비난을 받아 왔다. 프로퍼블리카는 2017년 페이스북 내부 문서를 분석하면서 "적어도 경우에 따라 회사의 혐오표현 규칙은 풀뿌리 활동가와 소수인종보다 엘리트와 정부를 선호하는 경향이 있다"라고 지적했다. 프로퍼블리카는 페이스북이 "대시민 서비스를 차단하지 않는 정부에 의존하기 때문에", 페이스북의 이러한 편애가 그들의 상업적 이익에 도움이 된다고 언급했다.

2017년, 페이스북은 "퀴어 인권운동가"를 검열하는 혐오표현 정책을 시행했는데, 그들이 "다이크(dyke)" 및 "패그(fag)"와 같은 단어를 사용했다는 이유에서였다.[30] 보스턴의 시인이자 BLM 운동가인 디디 델가도(Didi Delgado)는 흑인 운동가들에 대한 페이스북 검열이 점점 더 보편화되고 있다고 개탄했다. 그들 중 일부는 "레이스북(Racebook)"이라는 별명을 사용했다.

테크(tech) 회사들의 혐오표현 및 기타 탐탁지 않은 메시지의 규

---

30 '다이크(dyke)'와 '패그(fag 또는 faggot)'는 각각 여성동성애자와 남성동성애자를 경멸하는 대표적인 용어다. 하지만 성소수자 공동체 내에서는 스스로를 지칭하는 말로 중립적 또는 긍정적인 뉘앙스로 사용되기도 한다. 이 사례에서는 퀴어 인권운동가들이 이 말을 경멸적인 뉘앙스로 사용한 것이 아닐 텐데, 역설적으로 그들이 성소수자들을 모욕하는 말을 사용했다는 이유로 검열을 당한 것이다.

제 시행을 연구해 온 예일대학교 로스쿨 박사 후보생인 케이트 클로닉(Kate Klonick)은, 페이스북이 "유명인들, 전 세계 리더들 및 기타 중요한 사람들"의 특정 게시물이 페이스북 규칙을 위반하더라도 게시될 수 있도록 페이스북을 설득할 수 있는 "균형을 잃은 힘"을 가진 곳으로 진화하고 있다고 우려했다.

2017년, 시민권을 옹호하는 77개 단체와 개인으로 구성된 연합은 페이스북에 서신을 보내 그들 중 일부가 최소한 2014년부터 제기해 온 불만을 다시 제기했다. 그들은 페이스북이 "유색인종 사용자가 인종차별을 고발할 때 지속적이고 불균형적인 검열을 하고 있다"라고 주장했다. 이 연합은 페이스북이 BLM, 아메리카 원주민 및 기타 인종 정의 운동가들이 정치적 표현과 경찰을 포함한 정부 기관에 비판적인 이미지를 게시했다는 이유로 검열을 하는 "이중 기준"을 사용하고 있으며, 페이스북은 플랫폼에서 "백인우월주의 증오 집단의 폭력적인 위협과 괴롭힘을 막는 데 실패했다"라고 비난했다.

이에 대해 페이스북은 "우리가 잘못 알고 있는 경우가 너무 많다"라고 인정하며 혐오표현을 지정하는 데 사용하는 소프트웨어를 개선하는 것을 포함하여 혐오표현 처리를 개선하겠다는 약속을 표명했다. 이 답변에 대해 그동안 페이스북에 문제를 제기해 왔던 사람들은 재차 항의했고, 페이스북이 "간소화된 항의 제기 절차와 향상된 투명성 등 인종적으로 편향된 검열에 대하여 우리가 제시했던 적절한 해결책을 다루지 못했다"라고 강조했다.

유사한 민주주의국가에서
탐탁지 않은 견해에 대한 현재의 표적

　　나는 혐오표현금지법이 정치적 반대 의견과 소수의 발화자를 억압하기 위해 집행되었던 여러 국가의 사례를 제시했다. 우리는 권위주의적인 정치구조나 전통을 가진 국가에서 이러한 양상을 예상하지만, 특히 정신이 번쩍 드는 것은 혐오표현금지법이 성숙한 민주주의국가에서도 반대 의견을 가진 사람들과 소외된 개인 및 집단을 처벌하고 위축시키기 위해 사용된 빈도다. 예상되는 바대로, 각각의 사회에서 공직자는 당시 해당 사회에서 인기 없는 견해와 발화자에 대해 이러한 법률을 적용하는 경향이 있다.

　유럽에서 최근 표적이 된 사상에는 상당한 대중적 지지를 받고 있지만 지배적인 정치적 정통에는 역행하는 것들이 포함되어 있다. 대표적인 예로, 이슬람 국가로부터의 이민을 비판하는 표현을 들 수 있는데, 이 표현이 집중하는 것은 여성 인권 등 일반적인 민주주의 가치와 상충하는 것으로 보이는 이슬람의 관점이다. 최근 유럽의 혐오표현금지법의 또 다른 빈번한 표적은 전통적인 종교적 견해, 특히 동성애를 죄악시하는 견해를 전달하는 표현이다. 비록 이러한 견해들이 정치적 스펙트럼의 오른쪽 끝에서 나온 것이지만, 글렌 그린월드 기자가 2017년에 강조했듯이, "혐오표현금지법은 그것이 존재하는 거의 모든 국가에서 좌파 다수가 전적으로 받아들여야 한다고 생각하지는 않더라도 허용되어야 한다고 믿는 광범위한 견해들을 처벌하기 위해 사용되고 있다".

이제 유럽의 혐오표현금지법이 공적 사안에 대한 표현을 최소한 고소, 체포, 수사까지(경우에 따라 기소 및 유죄판결까지) 끌고 간 최근 상황의 몇 가지 예를 더 설명하겠다. 이러한 상황은 이 법이 공직자 및 공적 인물에게 집행될 때 발생하는 위험을 부각한다. 유럽 인권재판소(European Court of Human Rights)가 다음과 같이 언급한 것처럼 이러한 집행은 민주주의에서 특히 위험하다. "표현의 자유는 정당과 그 구성원에게 특히 중요하다. 따라서 정치인의 표현의 자유를 침해하는 것은 특히 문제가 된다."

프랑스: 밥 딜런(Bob Dylan), 잡지 인터뷰 발언으로 형사 기소

2016년 노벨문학상을 받은 음악가이자 시인인 밥 딜런은 프랑스의 가장 권위 있는 국가 훈장인 "레지옹도뇌르(Légion d'Honneur)"를 받기 위해 2013년에 프랑스에 갔을 때 "인종 증오 선동" 혐의로 기소되었다. 최대 1년의 징역형을 받는 이 혐의는 딜런이 2012년 잡지《롤링스톤(Rolling Stone)》과의 인터뷰에서 크로아티아인에 대해 짧게 언급한 것에서 비롯됐다. 범죄로 의심되는 혐오표현은 인터뷰 진행자의 인종차별 질문에 대한 딜런의 대답 끝부분에 있었다. "만약 당신의 혈통에 노예 관리자나 KKK단이 있다면, 흑인들은 그것을 감지할 수 있다. 유대인이 나치의 피를, 세르비아인이 크로아티아의 피를 느낄 수 있는 것처럼 말이다." 판사는 최종적으로 딜런에 대한 기소를 각하했지만, 딜런의 진술이 범죄적이지 않았기 때문은 아니었다. 오히려 판사는 딜런이 프랑스에서 그의 진술을 출판하는 것에 동의하지 않았기 때문에, 그의 개인적인 책임은 면제되었지만 출판사는 면제되지 않는다고 결론지었다. 이에 따라 프랑스 검찰은《롤링스톤》을 혐오표현 혐의로 기소했다.

영국: 유럽의회 후보,
윈스턴 처칠(Winston Churchill) 인용 연설 중 체포

영국 정당 리버티 GB의 대표인 폴 웨스턴(Paul Weston)은 2014년 유럽 선거에서 후보로 출마했을 때 선거운동 연설을 하다가 체포되었다. 그는 윈스턴 처칠의 1899년 저서 『강에서의 전쟁(The River War)』의 한 구절을 인용하여 그가 "무함마드주의(Mohammedanism)"라고 부른 것에 대한 처칠의 부정적인 견해를 전달했다. 이 비판에는 부분적으로 여성의 권리에 대한 처칠의 우려가 반영되었다. 웨스턴이 인용한 구절에서 처칠은 다음과 같이 썼다. "무함마드 법에 따르면, 모든 여성은 어린 시절, 아내 또는 첩으로서 어떤 남자의 절대적인 재산으로 속해 있어야 한다는 사실은 이슬람 신앙이 사람들 사이에서 더 이상 큰 힘이 되지 않게 될 때까지 노예제도의 마지막 소멸을 지연시키는 것이 틀림없다."

보고된 "범죄"를 조사하기 위해 연설 중에 경찰관이 최소 여섯 명(일부 언론보도에 따르면 더 많다)이 도착했다. 그들은 웨스턴을 심문하고 수색하고 체포하여 경찰차에 태워 지역 경찰서로 데려갔다. 그곳에서 그는 몇 시간 동안 감방에 수감된 후 징역 2년 선고가 가능한 "인종적 혐오범죄"[31]로 기소되었다. 약 2개월 후 경찰은 웨스턴에게 혐의를 더 이상 수사하지 않기로 결정했다고 밝혔지만, "나중에 중요한 증거가 추가로 확보되면 결정을 재고할 수 있다"라고 불길하게도 애매한 경고를 보냈다.

모든 사람 중에서, 웨스턴이 선거운동을 해 온 유럽의회 선거에서 그의 정적인 언론인이자 보수당 정치인인 대니얼 해넌(Daniel Hannan)이 웨스턴의 체포를 강력하게 비난했다. 해넌은 다음과 같이 썼다.

한 후보가 잠재적 유권자들에게 연설을 하다가 체포되었다. 그 기본적인 사실을 곰곰이 생각해 보라. **한 후보자가 선거운동 연설로 체포되었다.** "정치적 체포"가 강한 표현인 것은 알지만, 발언 내용을 반대한다는 이유로 공직 후보자가 경찰에 연행되는 것을 달리 표현할 방법이 생각나지 않는다.

네덜란드: 국회의원, 정치 집회에서 던진 질문으로 유죄판결

네덜란드 극우 자유당의 대표인 헤이르트 빌더르스(Geert Wilders) 하원의원은 네덜란드 혐오표현금지법에 따라 반복적으로 기소되고 재판을 받았지만 2016년 12월에야 유죄판결을 받았다. 일부 고소인의 변호사는 자유와 민주주의를 지지하는 많은 사람이 옹호하지 않을 이 판결의 독특한 특징을 극찬했다. 그것은 금지된 관점이라는 측면에서 "정치인도 할 수 있는 말에 한계가 있다"라

---

31 원문에서는 'racially aggravated crime'이라고 표현한 것을 이 책에서는 '인종적 혐오범죄'로 옮겼다. 영국의 범죄및질서위반법(Crime and Disorder Act 1998)에 따르면, 인종적 또는 종교적 이유로 혐오, 폭행, 재물 손괴, 협박, 괴롭힘 등의 범죄를 저지른 경우에는 가중처벌한다.

는 네덜란드 "최초의" 사법 판결이었다. 이 유죄판결은 2014년 정치 집회에서 빌더르스가 군중에게 다음과 같은 질문을 던지면서 비롯되었다. "이 도시와 네덜란드에 모로코인이 더 많기를 원하십니까?" 이에 군중은 "더 적게, 더 적게"를 외쳤다.

덴마크: 국회의원 등 유명 인사 3인, 이슬람 비판으로 유죄판결

최근 네 건의 경우에서, 덴마크의 혐오표현금지법은 이슬람의 양상을 비판한 공직자와 유명 인사 세 명에게 집행되었다. 가장 최근에 연루된 예술가인 피루세 바스라프칸(Firoozeh Bazrafkan)은 덴마크 시민으로, 이란에서 이슬람교도로 태어나 지금도 이란에서 친척들과 함께 살고 있다. 바스라프칸은 "이슬람 정권"에 대한 그의 직접적인 지식을 인용하며 "이슬람 율법에 따르면, 남성들은 여성들과 아이들에게 원하는 것은 무엇이든 할 수 있는 권리를 갖는다"라고 말했다. 2013년, 항소심 재판부는 "사람들이 가진 신념을 이유로 그들을 조롱하고 모욕하는 진술"을 했다는 이유로 유죄를 선고하고 5000크로네(900달러)의 벌금 또는 징역 5일을 선고했다. 이 추론의 무서운 의미를 생각해 보자. 모든 신념은 사람들이 보유한다. 그러므로 법원의 논리에 따르면, 최소한 해당 집단이 혐오표현금지법이 보호하는 종교, 인종, 성별과 같은 특징에 의해 정의되는 경우, "사람들의 집단"이 보유하는 신념을 비판하는 것이 허용되어서는 안 된다. 왜냐하면 그것은 그 집단 자체를 "조롱하고 모욕하는 것"과 같기 때문이다.

최근 각기 다른 세 사건에서 덴마크의 유명 인사들은 이슬람의 양상, 특히 여성과 아동에 대한 이슬람의 처우를 비판한 혐의로 유죄판결을 받았다. 2011년에 역사가이자 저널리스트인 라르스 헤데고르(Lars Hedegaard)는 사적인 장소에서 그러한 진술을 하여 유죄판결을 받았다. 덴마크 대법원은 나중에 그가 진술을 할 권리가 있었기 때문이 아니라 그가 진술을 발표할 의도가 없었기 때문에 그의 유죄판결을 뒤집었다. 루터교 목사이자 하원의원인 예스퍼 랑발레(Jesper Langballe)는 신문 사설에서 헤데고르를 옹호하는 발언을 하여 유죄판결을 받았다. 정치활동가인 라르스 크라그 안데르센(Lars Kragh Andersen)은 "무슬림 남성들은 그들의 딸을 학대하고 살해한다"라는 기사를 작성한 혐의로 유죄판결을 받았다.

이 모든 사례는 중요한 공공정책 논쟁에 대한 의미 있는 공적 토론을 금지하기 위해 시행되는 혐오표현금지법의 문제적인 양상을 보여 준다.

오스트리아: 공직자를 비판하는 시민의 페이스북 게시물을 페이스북은 전 세계적으로 삭제해야 할 '혐오표현'으로 간주

앞의 경우처럼 혐오표현금지법이 정치인 및 기타 공인의 공적인 사안에 대한 발언을 억압하는 것은 충분히 골치 아픈 일이다. 더 나쁜 것은 공직자들이 자신들이 책임져야 할 시민들로부터 자신들과 자신들의 행동에 대해 비판적인 발언을 받는 것에서 보호받는 경우다. 그런데 그것은 바로 최근 오스트리아에서 일어난 일이다. 2017년, 오스트리아 항소법원은 오스트리아 녹색당 대표 에바 글라비슈니크(Eva Glawischnig)를 비판하는 익명의 페이스북 게시물들이 불법적인 혐오표현에 해당한다는 하급심 판결을 확정했다. 이 게시물들은 그를 "miese Volksverräterin"과 "korruptes Trampel"이라고 불렀는데, 대략 "비열한 배신자"와 "부패한 시골뜨기"로 번역되는 말이다. 양 법원은 페이스북이 이러한 "혐오 게시물"들을 삭제해야 하며, 전 세계적으로 이 게시물들이 그대로 재게시되는 경우에도 모두 삭제해야 한다는 점에서 의견을 같이했다.

항소심 법원은 혐오표현금지법 집행이 주관적인 것은 불가피하다는 예를 들며, 이러한 게시물들은 보호받는 표현의 자유에 해당하는 "정치적 논평"과 "정당한 비판"을 넘어, 녹색당 대표를 개인적으로 모욕하고 비방하기 위한 것이었다고 밝혔다. 그 "기준"이 미국 정치인의 발언과 정치인에 대한 발언에 어떻게 적용될지 생각해 보라.

위축 효과

혐오표현금지법에 따른 모든 노골적인 탄압이 충분히 문제가 되지 않은 것처럼, 혐오표현금지법은 또한 지나치게 모호하고 광범위한 법에서 예상할 수 있는 위축 효과[32]도 가져왔다. 버지니아대학교 정치학 교수인 제러드 알렉산더(Gerard Alexander)는 유럽의 혐오표현금지법 집행에서 "가장 심각한 문제는 비주류 인종주의자들을 위축시키는 것이 아니라 주류 온건파와 보수주의자들을 위

---

32 '위축 효과'는 표현을 표적으로 하는 듯 보이는 정부의 법률 또는 조치의 결과, 수정헌법 제1조가 보호하는 표현의 자유와 결사의 권리를 단념하게 된다는 개념이다.

축시키는 것"이라고 말했다. 그는 이러한 위축 효과는 이 법에 "저촉"되었을 때의 파괴적이고 아마도 돌이킬 수 없는 역효과에서 기인한다고 설명했다. "유럽의 지식인, 정치인, 언론인, 그리고 심지어 학자까지도 표현금지법에 저촉되었을 때 불편해지고 비싼 대가를 치르게 된다. 많은 경우 그들의 명성이 실추된다. 예를 들어, 이후 그들을 소개하는 위키백과 항목은 그들이 편견적 행동 때문에 공식 조사를 받았다는 사실을 언급하지 않고서는 결코 완성될 수 없다."

마찬가지로, 1990년 캐나다의 혐오표현금지법 입법이 자국의 표현의 자유 보장을 위반한다며 법 폐지 쪽으로 반대의견을 낸 캐나다 대법관들은, 혐오표현금지법이 주류 담론에 미치는 위험한 위축 효과를 경고했다. 그들은 혐오표현금지법이 "혐오표현에 따른 선전 효과를 기꺼이 받아들이는 확신에 찬 혐오 행위자들에게는 거의 억제력이 없는 반면, 오히려 평범한 개인은 단념시킬 수도 있다"라고 언급했다. 물론 자기검열에 의해 얼마나 많은 표현을 잃게 될지 우리는 결코 알 수 없다. 하지만, 반대의견을 낸 이 대법관들은 내가 이 책 전체에서 이야기한 캐나다를 비롯한 기타 민주주의국가에서의 혐오표현금지법의 실제 집행 기록에 비추어 볼 때 너무 그럴듯한 사례들을 다음과 같이 제시했다.

소설가들은 셰익스피어가 『베니스의 상인』에서 샤일록을 묘사한 것과 같이 인종적 특성에 대한 논란의 여지가 있는 묘사들을 피할지도 모른다. 과학자들은 인종 또는 인종 집단 간의 차이를 시사하는 연구 결과를 발표하기 전에 다시 한번 생각할지도 모른다. 심지

어 이민, 교육 언어에 대한 권리, 외국인 소유권 및 무역과 같은 중
요한 문제들에 대한 정치적 논쟁조차도 누그러질지도 모른다.

미끄러운 경사면

다른 선진 민주주의국가들에서 혐오표현금지법을 옹호하
는 사람들은 종종 이러한 국가들이 권위주의체제에서 볼 수 있는
종류의 검열로 격언인 "미끄러운 경사면"을 따라 완전히 미끄러지
지 않았다는 점을 지적한다. 그러나 내가 설명했듯이 그리고 다른
민주주의국가의 인권운동가들이 항의해 온 것처럼, 일부 상당한 미
끄러짐이 있었다. 나는 이 장에서 마지막으로 혐오표현금지법의 범
위가 어떻게 꾸준히 확대되었는지에 대해 네 가지 요점을 지적하고
싶다.

첫째, 우리가 보았듯이, 혐오표현금지법은 공공정책 문제에 대한
일반적인 의견 진술에도 종종 적용되었다. 미국에서 혐오표현금지
법의 가장 중요한 지지자들은 혐오표현금지법이 직접적인 개인적
모욕만을 대상으로 해야 한다고 주장하며 이러한 진술들을 처벌하
기 위해 이 법을 사용하는 것에 반대한다.

둘째, 불법적인 혐오·차별 표현을 하는 집단을 확대하고 처벌을
강화하는 등 전 세계적으로 혐오표현금지법의 적용 범위가 입법적
으로 확대됐다. 미국에서 혐오표현금지법을 옹호하는 선구적인 법
학 학술지 논문들은 모두 노예제도와 짐크로법(Jim Crow Laws)[33]

이 남긴 유산 때문에 혐오표현의 고유한 독성이 만들어진다고 주장하면서, 제안된 법률의 적용 범위를 인종차별적 표현으로 제한했다. 하지만 인종차별 외에도 여러 다른 형태의 차별이 유사하게 뿌리를 내리고 그 나름대로 독성이 있다는 강력한 주장에 어떻게 반대할 수 있을까! 다음 장에서 설명하는 것처럼, 다른 국가의 혐오표현금지법은 "연령"에서 "사회적 지위"(알파벳 순서)에 이르기까지 광범위한 집단 및 특성에 대한 표현을 불법화할 뿐만 아니라, 일부는 예를 들어 "다른 모든 집단"에 대한 혐오표현을 불법화하는 전면적인 포괄적 조항을 포함하고 있다.

셋째, 혐오표현금지법은 한 덴마크 비평가가 "범위 이동(scope-creep)"이라고 지칭한 것을 거쳤다. 즉, 공직자들이 혐오표현금지법을 신성모독처벌법(blasphemy laws)[34]으로 기능하도록 (잘못) 해석하는 것이다. 몇몇 혐오표현금지법은 종교적 신념을 이유로 사람을 표적으로 삼는 표현을 명시적으로 금지한다. "종교적 신념"을 보호하는 혐오표현금지법에 따라, 특정 이슬람 신앙에 대한 비판은 무슬림에 대한 혐오표현으로 취급되어 왔다. 많은 서구 민주주의국

---

33 '짐크로법'은 19세기 후반 미국 남부의 여러 주에서 제정되었으며, 공공건물, 화장실, 식당, 급수대, 대중교통, 학교 등에서의 인종 간 분리를 정당화하는 내용을 담고 있다. 1954년 공립학교에서의 인종 분리에 대해 미국연방대법원이 위헌판결(브라운 사건)을 내렸으며, 남은 짐크로법은 1964년 민권법(Civil Rights Act of 1964)과 1965년 투표권법(Voting Rights Act of 1965)에 의해 모두 폐지되었다.

34 '신성모독처벌법'은 신이나 신성한 것을 모욕하는 행위를 처벌하는 법이다. 아시아와 아프리카의 이슬람계 국가뿐만 아니라, 일부 기독교계 서구 국가에도 이 법이 제정되어 있다. 국가에 따라 소수 종교의 종교적 신념을 보호하는 역할을 하기도 하고, 다수 종교의 신념을 보호하는 경우도 있다.

가들과 인권 단체들은 이러한 조항들이 표현의 자유와 종교의 자유를 모두 침해하는 것으로 널리 거부되어 온 신성모독처벌법을 효과적으로 부활시키기 때문에 거부해 왔다. 예를 들어, "종교 명예훼손"을 국제 인권침해로 금지하려는 이슬람회의기구(Organization of the Islamic Conference)의 노력에 반대하면서, 인권 단체 연합은 다음과 같이 썼다. "인권은 개인을 해악으로부터 보호하지만, 비판적인 문제 제기로부터 신념을 보호하지는 않는다." 이 때문에 일부 집행 당국이 혐오표현금지법이 종교적 신념 보호 조항을 포함하지 **않는데도** 포함하는 것처럼 해석하는 것은 특히 문제가 된다. 예를 들어, 이 장의 앞부분에서 설명한 덴마크 사례를 회상해 보자.

넷째, 혐오표현금지법은 정부가 혐오적이고 차별적인 생각을 넘어, 다른 종류의 "모욕적(offensive)" 생각을 전달하는 표현을 처벌하는 추가 법률을 제정하도록 장려한다. 2012년, 영국 언론인 제롬 테일러(Jerome Taylor)는 "최근 몇 년 동안 우리는 모욕을 점점 더 범죄화하기 시작했다"라고 썼다.

예를 들어, 혐오표현금지법의 새로운 변형이 유럽과 다른 민주주의 국가에서 확산됐다. 즉, 특정 역사적 사건에 대한 진술을 범죄로 규정하는 법이 그것이다. 이것들은 홀로코스트 부정을 범죄화하는 법에서 시작하여 다른 대량 학살 및 인권유린에 대한 특정 진술을 금지하는 법으로 이어졌다.

1993년, 오스만제국에 관한 저명한 전문가인 프린스턴대학교 교수 버나드 루이스(Bernard Lewis)는 제1차세계대전 중 튀르키예에서 발생한 아르메니아인 대량 학살에 대해 프랑스의 《르몽드》 신문과 인터뷰를 했다. 물론 그는 이러한 살인이 자행되었다는 것을 인정했지만, 그것이 "제노사이드"의 법적 정의인 인종 집단을 말살하려는 사전에 결정된 계획에서 비롯된 것인지 의문을 제기했다. 이러한 의문을 제기한 루이스는 형사 고발은 물론 민사소송 세 건을 당했다. 민사소송 중 하나는 유죄였지만, 다른 소송에서는 무죄였다.

루이스에게 제기된 이러한 법적 소송절차는 이 장에서 논의한 모든 혐오표현금지법의 두 가지 주요 문제, 즉 피할 수 없는 광범위함과 모호함을 부각한다. 나는 대다수 혐오표현금지법 지지자들조차 루이스가 자신의 성실한 학문적 연구와 판단을 반영하여 표명한 의견에 대해 혐오표현금지법을 집행하는 것을 지지하지는 않을 것이라고 생각한다. 게다가 그에 대한 네 사건에서의 서로 다른 판결들은, 모두 동일한 표현에서 비롯된 것이어서 일관성 없고 자의적인 집행으로 이어지는 법의 불가피한 모호성의 또 다른 실례를 제공한다.

2004년, 프랑스는 형사적 혐오표현 개념을 "민족 등과 관련하여 ……을 이유로 개인 또는 집단"을 대상으로 하는 표현을 포함하도록 확장한 "를루슈법(Lellouche law)"[35]을 제정했다. 이 법의 명시적 목표는 증가하는 반(反)유대주의와 반(反)아랍 외국인 혐오를 억

---

35 '를루슈법'은 이 법 제정을 주도한 를루슈(Pierre Lellouch) 의원의 이름을 딴 법으로, 어떤 민족, 인종, 종교 등에 속해 있거나 속해 있지 않다는 이유로 한 혐오표현을 금지하는 내용을 담고 있다. 법 취지는 극우의 유대인 혐오 또는 이주자 혐오를 겨냥한 것이었지만, 이스라엘의 팔레스타인 정책에 반대하는 보이콧 행위에도 이 법이 적용되면서 논란이 되었다.

제하는 것이었다. 그럼에도 이 법은 이스라엘 제품 불매운동을 옹호하는 것을 포함하여 특정 이스라엘 정부 정책을 비판하는 표현을 처벌하기 위해 반복적으로 적용되었다. 이 법을 비판하는 사람들은 이 법이 당시 시행되었더라면 남아프리카공화국의 과거 아파르트헤이트 체제 보이콧을 옹호하는 것을 불법화했을 것이라고 지적했다. 동일한 법이 벨기에와 캐나다를 비롯한 다른 국가에서도 발의되었다.

＊＊＊

이 장에서 나는 혐오표현금지법을 괴롭히는 모호함과 지나친 광범위함이라는 난해한 문제를 설명했으며, 미국연방대법원이 공공문제에 관한 표현을 규제하는 모든 법률은 좁고 정확하게 제정되어야 한다고 주장한 이유를 강조했다. 언어와 범위의 다양함에도 혐오표현금지법은 집행 공직자들에게 막대한 재량권을 부여하고, 정치적 반대 의견 및 소수자 발화자를 포함하여 인기 없는 견해와 발화자를 억압하기 위해 일관되게 집행되어 왔다. 게다가 이러한 법들은 주류 정치적 견해를 포함하여 훨씬 더 많은 표현을 위축시켰다. 이러한 문제는 민주주의국가에서도 혐오표현금지법의 집행을 어렵게 한다. 마지막으로, 혐오표현금지법이 비교적 좁게 제정된다고 해도 "양쪽 세계 모두의 최악"이 될 것이다. 즉, 헌법이 보호하는 혐오표현이 야기할 해악을 유의미하게 줄이지 않으면서, 고유의 모호성으로 인해 집행 공직자에게는 여전히 큰 재량권을 위임할 것이기 때문이다.

다음 장에서는 많은 국가의 그러한 많은 법률에 포함된 언어에 근거해 혐오표현금지법의 입안자가 해결해야 할 여러 문제를 살펴본다. 내 목표는 혐오표현금지법의 독특한 특징인 모호함과 지나친 광범위함이라는 본질적인 문제를 구체적으로 보여 주는 것이다.

HATE

5장

지나치게
모호하거나 광범위하지 않은
'혐오표현금지법'을
만드는 것이 가능한가?

누구도 금지하려고 하지 않은 표현에 대해 오용될 수 없는 표현 금지 규정을 제정하는 것은 기술적으로 불가능하다. 시도하고 시도하고 시도해 봤다.

— 엘리너 홈스 노턴, 미국 하원의원

이전 장에서 나는 왜 혐오표현금지법이 모호함과 광범위함에 시달리는지, 그리고 왜 그것이 사실상 극복할 수 없는 문제를 야기하는지 설명했다. 하지만 지나치게 모호하거나 광범위하지 **않은** 혐오표현금지법을 제정하는 것이 가능할까? 추상적으로 혐오표현금지법을 옹호하는 것과, 수용 가능할 정도로 명확하고 합리적이며 좁은 기준을 포함하는 혐오표현금지법을 입안하는 것은 완전히 다르다. 이 장은 제정되거나 제안된 무수한 혐오표현금지법을 활용하여 그러한 법이 포함하는 다양한 요소들을 설명하고 그것들이 제기하는 질문과 문제를 검토한다. 이 분석은 정부의 규제 권한을 긴급성 테스트 이상으로 확장하되 그 권한이 일관성 있게 한정되고 제한된 혐오표현금지법을 입안하는 것이 불가능함을 보여 준다.

'혐오표현금지법'이 금지해야 하는, 헌법상 보호되는 '혐오표현'은 무엇인가?

기존의 혐오표현금지법들은 그 법들이 보호하는 개인적 속성(personal characteristics)이 각기 크게 다르다. 유럽연합의 불법적 혐오표현에 대한 정의는 "인종, 피부색, 종교, 혈통, 민족 또는 민족적 기원"이라는 전형적인 목록을 포함하고 있다. 다른 법들은 (알파벳순으로) 나이, 계급, 가족 출신, 가족 상황, 재정 상태, 성별, 신분, 장애, 이념, 질병, 지적장애, 종교적 신념의 결여, 언어, 정신장애, 국적, 직업, 임신, 재산 상태, 성적 지향, 그리고 사회적 지위를 포함한다. 일부 혐오표현금지법은 본질적으로 모든 것을 포괄하며, "모든 구별되는 속성" 또는 "개인적 상황"과 같은 포괄적인 조항을 포함하고 있다. 미국 뉴저지주 법원은 최근 채식주의자라고 비판하는 표현과 운동능력이 부족하다고 비판하는 표현을 처벌하기 위해 그러한 개방적인 표현이 담긴 주 법률을 집행했다. 이러한 속성의 "올바른" 목록은 무엇일까?

이러한 다양한 속성 중 어떤 것이 혐오표현금지법에 포함되어야 하고 포함되지 않아야 하는지에 대한 질문을 넘어, 4장에서 다루었던 보다 근본적인 질문이 있다. 보호받는 개인적 속성을 열거하는 방법으로는, 위헌적으로 충분히 포괄적이지 않아서 (underinclusive) 일부 집단에 대한 표현을 용납할 수 없을 정도로 처벌하지만 다른 집단에 대해서는 처벌하지 않는 것과, 위헌적으로 지나치게 포괄적(overinclusive)이어서 가치가 있거나 최소한 심각한 해악에 기여하는 현실적인 위험을 초래하지 않는 표현을 부당하게 금지하는 것이 있다. 어떻게 하면 이 문제 있는 두 대안 사이에서 성공적으로 방향을 잡을 수 있을까?

또 다른 문제는 혐오표현금지법이 속성뿐만 아니라 신념을 비판하는 표현을 처벌해야 하는지에 대한 의문에서 비롯된다. 일부 혐오표현금지법은 특정 신념을 폄하하는 표현을 그러한 믿음을 가진 개인을 폄하하는 표현과 명시적으로 동일하게 취급한다. 예를 들어, 그러한 법 중 일부는 "종교적 신념" "정치적 신념" 그리고 심지어는 보다 일반적으로 "의견"을 폄하하는 표현으로까지 확장된다. 이러한 법에서 발생하는 특별한 문제는 혐오표현금지법이 억제하려는 바로 그 신념, 즉 증오적이고 차별적인 신념에 대한 비판조차 금지하는 것으로 이해될 수 있다는 것이다. 1장에서 언급한 한 가지 예를 떠올려 보자. 즉, 프랑스는 동성결혼을 반대하는 단체의 지도자를 "동성애 혐오자"로 표기한 성소수자 인권운동가에게 혐오표현금지법에 따라 상당한 벌금을 부과했다.

또 다른 복잡한 고려 사항은 혐오표현금지법이 특정 역사적 사건에 대한 진술을 처벌해야 하는가다. 예를 들어, 많은 나라는 홀로코스트를 부정하거나 홀로코스트에 대한 다른 진술이 근본적으로 반(反)유대주의 혐오표현과 같다는 근거에 따라 이를 불법화했다. 그러나 노엄 촘스키(Noam Chomsky)가 논평했듯이, "홀로코스트 살인자의 핵심 교리를 채택하는 것은, 홀로코스트 희생자를 추모하는 데 도움이 되지 않는다". 일부 국가는 또한 다른 역사적 전쟁범죄와 인권침해에 대한 표현을 금지하고 있다. 예를 들어, 스페인은 "제노사이드, 반인륜적 범죄 또는 무력 충돌에서 보호되는 개인과 재산에 대한 범죄를 공개적으로 부인하거나, 대수롭지 않게 여기거나, 높이 평가하는" 경우 징역형 최고 4년을 선고한다. 유추해 본다면, 미국에서 혐오표현금지법을 아메리카 원주민과 노예가 된 아프리카인 및 그 후손을 포함하여, 우리의 역사를 손상하는 제노사이드 및 기타 심각한 인권유린에 대해 논란의 여지가 있는 견해를 전달하는 표현을 금지하는 것으로 확대 적용하라는 정치적 압력이 있을 것이라는 합리적 예상이 가능하다.

'혐오표현금지법'이 요구하는 해악의 외양은 어떤 것일까?

혐오표현금지법들은 각각 그것이 예방하고자 하는 해악의 유형이 다르다. 일부 법은 개인이나 집단을 "모욕"하여 그들의 존엄성과 명예를 해치는 표현을 처벌함으로써 개인 명예훼손 및 집단 명예훼손이라는 불법행위법(tort law) 개념을 확장한다. 몇몇 법들은 비하당하는 사람들을 괴롭게 하는 표현을 금지함으로써 고의적인 정서적 괴롭힘(intentionally inflicting emotional distress)이라는 불법행위법 개념을 확장한다. 여전히 몇몇 법들은 증오, 적대감, 차별을 조장하거나 폭력 또는 다른 불법행위를 야기할 수 있는 표현을 금지함으로써(긴급성 원칙을 따르지 않기는 하지만) 선동(incitement) 개념을 확장한다.

　일부 혐오표현금지법은 금지된 표현이 실제로 어떤 해악을 끼치거나 그렇게 할 가능성이 있다는 어떠한 증거도 요구하지 않는다. 그들은 실제적이거나, 가능성이 있거나, 심지어 가능한 해악을 보여 줄 필요 없이 금지된 메시지를 전달하는 표현을 절대적으로 금지한다. 예를 들어, 인종차별철폐협약(CERD) 제4조는 서명국이 "인종 우월성 또는 증오에 기초한 모든 사상의 전파"를 절대적으로 금지하는 전면적인 유형의 혐오표현금지법을 채택할 것을 요구한다. 어떤 특정한 상황에서 문제가 되는 표현이 부정적인 영향을 미칠 것이라는 어떠한 표시도 요구하지 않고서 말이다[인종차별철폐협약(CERD)을 비준한 많은 국가는 표현의 자유 침해를 우려하여 이 조항을 유보한 채 비준했다].

　현행 혐오표현금지법들은 위와 같은 문제들이 어디에나 있다. 이 법들은 여러 기준 중 다음 기준을 충족한 것으로 간주되는 표현을 처벌하는데, 그 사례로는 "증오 또는 어떤 형태의 불관용을 야기함에 해당함" "모욕하고 악의적으로 중상하거나 명예를 훼손하여 타인의 존엄성을 침해함" "증오나 편견의 분위기를 조성하여 혐오범죄를 조장할 수 있음" "비하" "폄하" "경멸적인 공적 담론을 형성함"

"증오, 적대, 차별 또는 폭력을 고무, 조장 또는 선동" "증오, 박해 또는 경멸에 노출" "증오심을 불러일으킬 가능성이 있음" "타인의 존엄성을 침해하는 효과가 있음" "공적 의견으로 다른 사람이나 집단의 평판을 떨어뜨릴 수 있는 행동 또는 속성을 다른 사람에게 전가하는 것" "증오와 불관용으로 격양되어 있음" "굴욕, 경멸 또는 평판을 떨어뜨려 존엄을 훼손하는 것" "상처" "모욕 또는 조롱" "조롱 또는 경멸" "사실에 근거하지 않은 모욕적인 표현, 경멸적인 용어 또는 욕설" "적대나 차별을 전파함" "악의와 적의를 조장함" "적대감이나 거부감을 유발" "조롱하거나 경멸함" "낙인을 찍음" "비방하거나 조롱함" 또는 "종교적 또는 인종적 감정에 상처를 입힘" 등이 있다.

개념 정의상 혐오표현금지법이 긴급성 테스트를 준수하는 해악을 요구하지 않는다는 점을 감안할 때, 긴급성 테스트보다 덜 까다로운 기준으로 어떤 것이 적절할까? 추정된 해악 중 일부는 객관적인 증거로 입증하기 너무 어려운가? 일부는 그 메시지의 사상에 대해 단순히 동의하지 않는 것과 마찬가지인가?

스코키 사건에서 연방 하급법원은 정부가 신나치의 표현으로 인해 우려된다고 주장한 두 가지 해악이 계획된 시위를 제한하는 데 정당성을 부여할 수 없다고 주장했다. 첫째, 법원은 집단의 명예를 훼손한다고 주장된 해악(어떤 집단의 명예를 훼손하는 표현)이 "정부와 공직자에 대한 경멸과 증오를 불러일으킬 수 있는 발언을 금지"하는 "선동적 명예훼손(seditious libel)"[36] 개념과 유사하다고 추론했다. 공직자를 비판하는 표현을 억압하는 데에는 특별한 민주주의적 위험이 있는 것처럼, 집단을 비판하는 표현을 억압하는 것도 동일한 문제가 있다. 왜냐하면 집단을 비판하는 표현도 중대한 공공정책적 함의를 가질 수 있기 때문이다.

둘째, 법원은 신나치의 표현이 잠재적인 관찰자들에게 "심리적 외상"을 초래할 수 있다는 이유로 신나치의 표현을 억압하도록 허용할 경우 발생할 수 있는 문제에 주목했다. "실제 정신적 외상을 겪는 사람과 기분이 상한 사람을 구별하기 어렵고, 단순히 표현이 기분을 상하게 한다고 해서 처벌할 수는 없"기 때문에, "(인종적 모욕이) 야기할 수 있는 심리적 외상"이 무엇인지 측정하는 것은 상당 부분 추측에 근거한 것이라고 설명했다.

같은 맥락에서 노스웨스턴대학교 커뮤니케이션학 교수 프랭클린 하이먼(Franklyn Haiman)은 "스코키 사건으로 인한 정서적 고통에 대한 소송에서, 나치가 행진하는 광경이 그의 부모의 처형에 대한 참을 수 없이 고통스러운 기억을 불러일으킬 것이라고 증언했던 홀로코스트 생존자는, 시카고 지역에서의 다른 신나치 집회에는 감시를 위해 기꺼이 갔던 것으로 밝혀졌다"라고 언급하며 스코키 행진에 대한 이 생존자의 반대가 "분명히 고통보다는 분노에 의해 동기가 부여된 것 같다"라고 결론지었다. 하이먼은 "분노를 폄하하지 않았다"라고 했지만, 이는 별개의 심리적 상태라고 강조했다. 그리고 덧붙이자면, 이는 미국연방대법원이 절대로 표현을 억압하는 것을 정당화할 수 없다고 명시적으로 판시한 심리적 상태다. 이

---

36 '선동적 명예훼손'은 1798년에 제정된 미국 선동법(Sedition Act, 1798)에 따라 미국 정부, 의회, 대통령을 비방하는 행위를 처벌하는 것을 뜻한다.

와는 대조적으로 미국연방대법원은 "표현의 자유는 사람들을 화나게 할 때 그 높은 목적에 가장 잘 부합할 수 있다"라고 선언한 것으로 유명하다. 이는 "우리 정부 체제에서 표현의 자유의 기능은 공적 문제에 대한 논쟁을 불러일으키는 것"이고 "표현이 어떤 사상의 수용을 촉구할 때 강도 높은 불안한 영향을 미칠 수 있기 때문"이다.

혐오표현금지법을 입안할 때 해악의 요소를 어떻게 작성할 것인지에 대한 추가 질문이 있는데, 해악이 얼마나 실현될 가능성이 높은지, 표현과 해악 사이의 연결이 얼마나 직접적이고 임박한 연관성이 있어야 하는지에 관한 것이다. 긴급성 원칙에 따르면, 표현이 임박한·심각한 해악을 직접적으로 야기하는 경우에만 처벌될 수 있다. 그러나 혐오표현금지법에 따르면, 어떤 표현에 해로운 경향이 있다는 이유만으로도 처벌된다. 오랫동안 불신을 받아 왔던 나쁜 경향성 테스트를 혐오표현의 영역에서 부활시키기 위해, 이를 설득력 있게 정당화할 수 있을까?

또 다른 중요한 질문은 발화자를 처벌하기 위해 어떤 심적 상태가 요구되어야 하는가다. 많은 혐오표현금지법은 특정한 심적 상태를 요구하지 않는다. 일부는 심적 상태 요소를 명시하지만, 그것들은 엄격 책임 기준에서부터 과실 기준, 부주의 기준, 인지 기준, 특별한 고의 기준 등에 이르기까지 다양한 스펙트럼에 걸쳐 있다. "적절한" 기준은 무엇인가?

엄격 책임(strict liability) 기준[37]에 따른 접근법은 대학에서 매우 빈번히 집행되거나 지지되는데, 이는 발화자의 심적 상태를 고려하지 않고 문제가 된 표현에 대한 고소인의 인식만을 고려하기 때문이다. 예를 들어, 대학교수들은 수업 시 토론 중에 인종적 또는 민족적 비하 발언을 했다는 이유만으로 처벌받았고, 해고까지 당해 왔다. 개별적으로 표적을 삼은 대상에게 모욕감을 전달하기 위해서가 아니라 교육적으로 적절한 핵심을 만들기 위한 것이었는데도, 심지어 소외된 사람들에 대한 차별을 비판하는 맥락에서 특별히 그렇게 표현했을 때에도 말이다.

한 가지 중요한 사례는 브랜다이스대학교의 도널드 힌들리(Donald Hindley) 교수의 경우다. 그는 자신의 라틴아메리카 정치 수업에서 "물에 젖은 등(wetbacks)"[38]이라는 용어가 의미하는 바와 그것이 모욕적인 이유를 설명했다는 이유로 인종적 괴롭힘 혐의로 유죄판결을 받았고 수업에 감독자를 배치해야 했다. 또 다른 사례는 케네스 하디(Kenneth Hardy)다. 그는 제퍼슨 커뮤니티 칼리지의 겸임 강사 자리를 잃었는데, "상호 의사소통 입문"이라는 수업에서 N○○과 "bitch"라는 말을 언급했다는 이유로 신고를 당한 것이다. 이 수업에서 "언어와 사회 구성주의"라는 항목을 다뤘는데, 여기서 학생들은 언어가 사회에서 소수자와 기타 억압받는 집단을 소외시키는 데 어떻게 사용되는지 조사했다. 수업 연습 과제로 하디는 "역사적으로 지배적인 문화의 이익에 기여한 단어"의 예시를 들

37 '엄격 책임 기준'은 형법과 민법에서 피고인이 과실이나 범죄 의도가 없는 경우에도 어떤 행위로 인해 발생하는 결과에 대해 법적으로 책임이 있는 경우에 대한 책임 기준이다.

38 '물에 젖은 등'이라는 표현은 합법적 절차 없이 미국 국경을 넘어 입국한 사람들을 모욕하는 말로, 멕시코 이주노동자를 지칭하는 경우가 많다. 멕시코 이주자들이 리오그란데강을 건너오는 과정에서 물에 젖기 때문에 붙인 말이다.

어 보라고 학생들에게 요청했고, 학생들은 문제의 두 용어를 포함하여 여러 제안을 내놓았다. 심지어 하디 자신이 그러한 용어를 말했는지 여부조차도 분명하지 않았다. 하디가 부당한 해고를 당했다는 이유로 대학을 상대로 소송을 제기했을 때, 연방항소법원은 대학이 수정헌법 제1조의 권리를 침해했다고 판결했다.

표현과 우려되는 해악 사이의 잠재적인 연관성 및 발화자의 심적 상태에 대해, 정부가 무엇을 보여 주어야 긴급성 기준에 부합하지 않더라도 발화자를 처벌하고 표현을 억압하는 것이 정당화될 수 있을까? 정부가 단순히 사상 자체에 반대한다는 이유로 표현을 처벌하지 않는다는 것을 확실히 하기 위해, 어떤 요구 사항이 충족되어야 할까?

청자의 규모와 성격이 중요한가?

혐오표현금지법은 특별히 한 개인이나 소수의 개인을 대상으로 한 표현만 금지해야 하는가, 아니면 강의, 언론 인터뷰, 웹사이트 또는 출판물을 포함하여 사상의 일반적인 표현도 처벌해야 하는가? 일부 혐오표현금지법은 공공장소에서 전달된 표현만 처벌해야 한다고 명시하지만, 다른 법은 사적인 장소에서의 표현에도 적용된다. 예를 들어, 오스트리아의 혐오표현금지법안은 "여러 사람 앞에서" 발언되는 표현으로 확장되며, 이는 누군가의 집에서, 심지어 가족구성원 사이에서도 발생할 수 있다. 키프로스의 혐오표현금지법은 "공공장소에서 누구든지 들을 수 있는" 경우 "사적 장소"에서의 표현에도 확대 적용된다. 아일랜드의 법은 "거주지 외부의 사람이 듣거나 볼 수 있는" 경우 "개인 주택 내부"에서 발생하는 표현조차 도 명시적으로 규제 대상에 포함되어 있다. 가장 광범위한 경우로, 프랑스의 혐오표현금지법은 명시적으로 "비공개적인" 소통으로까 지 확장된다. 독일 법원은 심지어 한 역사학자가 다른 역사학자에 게 보낸 사적인 편지에서 나치 역사에 관한 진술에 대해 3개월 형을 선고하기까지 했다.

미국 및 여러 국가에서 법관들은 통신상의 사생활이 표현의 자유를 위한 필수 조건임을 인식하고 있다. 조지 오웰(George Orwell)의 고전적인 디스토피아 소설 『1984』가 너무나 생생하게 보여 주었듯이, 만약 우리가 "빅브라더가 우리의 대화를 지켜보고 있다"는 것을 두려워한다면, 이는 자기검열을 촉발할 것이다. 전 대법관 서 굿 마셜은 미국연방대법원을 대신하여 만장일치로 다음과 같이 선 언하며 이 같은 우려를 정확히 담아냈다. "만약 수정헌법 제1조가 어떤 의미가 있다면, 그것은 국가가 자신의 집에 혼자 앉아 있는 사 람이 어떤 책을 읽어야 하거나 어떤 영화를 봐야 하는지 명할 권리 가 없다는 것을 의미한다." 확실히 그것은 또한 국가가, 집에 있는 누군가가 그와 함께 앉아 있는 사람에게, 말해도 되고 말하면 안 되 는 것을 명할 권리가 없다는 것을 의미한다. 제한된 상황, 이를테면 처벌 가능한 위협을 전달함으로써 그 표현이 긴급성 테스트를 충족 하는 상황을 제외하고서 말이다. 그러나 혐오표현금지법은 개념 정 의상 그렇게 제한되지 않는다.

발화자의 정체성이나 표현의 대상은 중요한가?

혐오표현금지법의 일부 저명한 지지자는 이 법이 모든 표현 대상에 중립적으로 적용되어서는 안 된다고 주장한다. 반대로, 이 옹호자들은 이 법이 상대적으로 권한이 없는 개인이나 집단만을 보호해야 하며 다른 사람들은 보호해서는 안 된다고 주장한다. 예를 들어, 법학 교수인 찰스 로런스의 대학 내 혐오표현 학칙을 옹호하는 영향력 있는 논문은 그러한 학칙이 "지배적인 다수자집단에 속해 있다는 이유로 비난을 받은 사람들"을 보호해서는 안 된다고 주장했다. 미국 전체를 생각해 본다면, 아마도 이는 성소수자를 대상으로 하는 혐오표현은 허용되지 않지만 이성애자를 대상으로 하는 혐오표현은 허용되고, 무슬림이나 유대인을 대상으로 하는 혐오표현은 허용되지 않지만 기독교인을 대상으로 하는 혐오표현은 허용된다는 것을 의미할 것이다. 성별에 대해 생각해 본다면, 여성이 미국 인구의 다수를 차지하고 있고, 또한 많은 대학의 학생 인구의 다수를 구성하고 있지만, 그럼에도 남성이 우리 사회의 많은 중요한 영역에서 "지배적"인 것으로 여겨진다. 따라서 나는, 확실하지는 않지만, 로런스 등 선별적 혐오표현금지법 지지자들은 남성을 대상으로 하는 혐오표현은 허용될 수 있지만 여성을 대상으로 하는 혐오표현은 허용될 수 없다고 주장할 것이라고 추측한다.

이러한 선별적 혐오표현금지법의 지지자들은 당연히 혐오표현의 가장 빈번한 표적이 되고 가능한 해악에 가장 취약한 사람들을 위한 구제책을 모색한다. 또한 이 선별적 법은 범위가 더 일반적인 혐오표현금지법에 관해 내가 논의했던 집행 문제(enforcement problems)를 줄일 수 있다. 즉, 혐오표현금지법은 그것이 보호하고자 기획했던 바로 그 소수집단의 구성원들에게 너무나 자주 적절하지 않게 균형을 잃고 집행된다는 문제 말이다.

혐오표현금지법을 적용할 수 있는 사람을 선별적으로 규정하는 이러한 설명에도, 이러한 접근법은 심각한 어려움을 야기한다. 가장 근본적으로 혐오표현금지법은 일부 발화자 및 메시지를 그 외의 다른 사람들보다 선호함으로써, 표현의 자유와 평등에 대한 배려 문제를 모두 위반한다. 미국연방대법원이 일부 집단에 대해서만 혐오표현을 선별적으로 금지한 시 조례(city law)를 폐지하는 결정을 하며 지적했듯이, "정부는 토론의 한쪽에게는 자유롭게 싸우는 것을 허가하고, 다른 한쪽에게는 퀸즈베리 후작의 규칙(Marquess of Queensberry Rules)[39]을 따를 것을 요구할 권한이 없다".

이러한 선별적 접근법은 실제로도 매우 문제가 많다. 다음과 같은 복잡성을 생각해 보자. 우리 모두는 여러 가지 개인적 특성을 가지고 있는데, 이러한 "교차성(intersectionality)"을 어떻게 설명할 것인가? 흑인 남성이 백인 여성을 비하한다면? 발화자가 젠더 정체성이나 장애와 같은 다른 개인적 특성 때문에 상대적으로 취약하다면? 그리고 개인적인 특성 말고, 권력 위계를 평가하는 데 관련될 수 있는 직업이나 교육과 같은 다른 요소들은 무시해야 하는가? 대학에 진학하

---

39 '퀸즈베리 후작의 규칙' 또는 '퀸즈베리 규칙'은 권투경기의 표준 규칙을 말한다. 1867년 이 규칙을 준비한 영국 퀸즈베리 후작의 이름을 따서 지었다. 비유적으로 어떤 행동에 대한 표준 규칙을 말할 때에도 사용된다.

지 못한 백인이 박사학위를 가진 흑인을 비하한다고 가정해 보자.

그리고 어떤 개인이나 집단이 상대적으로 강력하거나 소외되어 있는지 평가할 때, 이들이 속한 공동체는 무엇인가? 미국 전체를 고려할 것인가 아니면 지역사회를 고려할 것인가? 결국, "지배적 다수자집단"의 정체성이 각 지역사회에 따라 다른 경우가 종종 있다. 그러한 법은 미국 전체에서 소수집단이지만, 특정 지역사회에서는 주류 집단인 경우에는 혐오표현금지법을 어떻게 적용해야 하는가? 신(新)나치주의자들이 일리노이주 스코키에서 행진을 시도했을 때, 그 지역 공동체는 유대인이 주류 집단이었고, 사건의 사실관계에서 알 수 있듯이 유대인 주민들은 상당한 정치적 영향력을 행사하고 있었다. 그러므로 그들은 스코키에서 집행될 때 제안된 선별적 혐오표현금지법에 따른 보호 자격이 박탈되는 "지배적 다수자집단"으로 간주되어야 하는가? 그리고 만약 역사적으로 흑인이 주류인 대학에서 아프리카계 미국인 학생이 백인 학생을 비하한다면 어떻게 해야 하는가? 이러한 질문에 어떻게 대답하느냐에 따라, 우리는 어떤 특정한 시나리오에서 누가 실제로 권력을 행사하고 누가 실제로 취약한지에 대해 근본적으로 다른 결론을 내릴 것이다.

요약하자면, 선별적으로 적용되는 혐오표현금지법은 모든 혐오표현금지법에 내재된 문제를 확대한다. 즉, 선별적 혐오표현금지법은 관점과 정체성 모두에 근거하여 뻔뻔하게도 차별적인 집행을 명시적으로 승인함으로써, 자유와 평등의 핵심 개념과 정면으로 충돌한다. 마찬가지로, 이 선별적 법으로 인해 모호성 문제가 가중되고, 결과적으로 자의적 집행의 문제가 악화된다.

다른 맥락적 요인을 고려해야 하는가?

또 다른 복잡한 질문은 다양한 맥락적 요소를 고려해야 하는지 여부와, 만약 그렇다면 어떻게 고려해야 하는지다. 예를 들어, 잠재적으로 관련된 맥락적 요소에는 학문적 환경, 언론보도, 그리고 혐오표현에 대한 논평 등을 들 수 있다.

예를 들어, 학문적 환경에서 혐오표현 규정은 다른 곳보다 강의실에서 더 강하게 또는 덜 강력하게 적용되어야 하는가? 대학의 다양한 혐오표현 학칙은 이 문제에 대해 정반대 입장을 취하고 있으며, 일부는 강의실에서의 혐오표현에 대해 특히 엄격한 제한을 두고 있고, 다른 일부는 강의실을 이러한 제한에서 면제한다. 학문의 자유 문제는 이 문제에 어떤 영향을 미칠까?

언론보도에 대해 말하자면, 스웨덴의 혐오표현금지법에 따른 사건에서, 스웨덴 법원은 백인 민족주의자들을 인터뷰하고 그들의 인종차별적 견해를 내보낸 프로그램에 대한 책임을 TV 방송국에 물었다. 인터뷰 진행자가 그러한 견해를 지지하지 않았음에도, 스웨덴 법원은 방송국이 차별적인 메시지를 유포했기 때문에 법을 위반했다고 판결했다. 궁극적으로, 유럽인권재판소는 언론이 다른 사람들의 견해에 대한 통로 역할을 할 때, 책임으로부터 면제되어야 한다고 결론지으면서, 그 판결을 뒤집었다. 이 스웨덴 사례는 사법체제가 다음 중 하나를 선택할 수 있음을 보여 준다. 즉, 언론이 전달하는 모든 표현에 대해 책임을 지도록 함으로써 혐오표현을 제외하도록 유도하거나, 모든 표현이 전파되도록 사실상 "공동 전달자" 역

할을 하도록 유도하는 것. 우리가 1장에서 보았듯이, 소셜미디어를
비롯한 온라인 중개사업자의 맥락에서도 유사한 문제가 발생한다.
어떤 접근 방식이 더 바람직한가?

혐오표현에 대한 논평의 맥락에서도 유사한 문제가 발생한다. 만
약 혐오 메시지가 그것의 메시지를 전파하기 위한 것이 아니라 반
대로 그 메시지를 약화하기 위한 목적으로 전달된다면 어떻게 될
까? 예를 들면, 혐오표현을 비판하기 위해 인용하거나, 그것이 폄하
한 사람들에 대한 지지를 구하거나, 유머나 풍자를 통해 조롱하는
것이 포함된다. 7장에서 논의하듯이, 소셜미디어는 혐오표현에 의
해 폄하된 사람들이 건설적인 목적을 위해서 혐오 메시지를 공유하
는 것조차도 금지했다.

추가적인 문제들

일부 혐오표현금지법은 적극적 항변(affirmative defense)[40]
을 명시적으로 규정하고 있지만, 다른 법은 특정 적극적 항변을 명
시적으로 배제한다. 예를 들어, 아일랜드는 "진지한 문학적, 예술적,
정치적 또는 과학적 가치"가 있는 경우 처벌 가능한 혐오표현을 보

---

40 '적극적 항변'이란 어떤 사항에 대한 원고(또는 검사)의 주장을 피고(또는 피고인)
가 인정하지만 그럼에도 그 외의 사실관계와 근거로 원고의 주장을 무력화할 수 있
다고 항변하는 것을 말한다. 이 책의 맥락에서는, 표면적으로 혐오적인 표현을 했다
고 하더라도 어떤 정당화사유에 의해 혐오표현금지법의 적용이 배제되는 것을 뜻
한다.

호하는 반면, 독일 법은 "진리임이 증명되어도 처벌이 배제되지 않는다"라고 명시하고 있다. 어떤 법령이 특정 적극적 항변을 명시적으로 승인하거나 배제하지 않을 때, 법원을 포함한 집행 당국이 이를 인정할지 여부를 결정한다. 많은 법원은 제안된 다양한 적극적 항변들을 거부했다. 예를 들어, 우리가 1장과 4장에서 보았듯이, 기독교와 이슬람교 지도자들이 종교의 신성한 구절을 인용하는 것을 포함하여 자신의 종교적 신념을 전달한 혐의로 혐오표현금지법에 따라 기소되고 유죄판결을 받은 사례가 많다. 이러한 사례들에서 집행 당국은 진정으로 믿는 종교적 신념에 근거한 적극적 항변들을 거부했다.

그러나 또 다른 문제는 공직자와 정치 후보자의 표현과 관련된 것이다. 그들의 견해를 듣는 것이 중요하기 때문에 그들은 혐오표현금지법으로부터 면제되어야 하는가? 앞 장에서 논의된 사례에서 알 수 있듯이, 많은 민주주의국가에서 혐오표현금지법은 공직자와 후보자의 표현을 정기적으로 표적으로 삼아 왔다. 공직자들과 후보자들의 견해 전달을 막는 것은, 유권자들로부터 그들의 견해와 성격을 판단할 중요한 정보를 빼앗는 것이다. 반면 공직자와 후보자가 유권자들에게는 적용되는 혐오표현금지법에서 면제된다면, 권력 불균형이 발생하여 국민주권과 대립하게 된다. 유럽인권재판소는 이 문제에 대해 일관성 없는 입장을 취해 왔다. 어떤 경우에는 정치인의 표현이 민주주의에 갖는 고유한 중요성을 감안할 때 특별히 보호해야 한다고 주장한 반면, 다른 경우에는 정치인의 표현이 잠재적인 해악을 끼칠 가능성을 강화했다는 점에서 특별히 제한해야 한다고 주장했다.

그리고 처벌과 구제의 문제가 있다. 법은 금전적 벌금형이나 금고형과 같은 징벌적 제재를 부과해야 하는가, 아니면 비징벌적이고 교육적인 접근을 취해야 하는가? 많은 유럽 국가는 혐오표현에 상당히 높은 징역형을 부과한다. 예를 들어, 프랑스와 독일의 혐오표현금지법은 초범에게 최대 5년인 징역형을 부과한다. 대안적 구제 방법에는 "회복적 정의" 모델과 일치하는 발화자의 화해 단계가 포함될 수 있다. 일부 판사는 발화자에 의해 폄하된 사람들의 권리를 보호하는 단체에 재정 기부를 요구하는 등 법령에 명시되지 않은 구제 방법을 고안했다. 8장에서 논의하는 바와 같이 혐오표현으로 폄하를 당한 사람들은 형사처벌과 민사적 제재에 필수적인 장기간의 절차를 거치는 것보다는, 진정성 있는 사과를 포함한 신속하고 개인적인 구제책을 선호하는 경우가 많다.

이는 우리에게 무엇을 남기는가?

이 장에서 내가 논의한 요소를 고려할 때, 심각하고 임박한 해악을 직접적으로 일으키지 않지만 그럼에도 제한을 정당화하는, 현재 헌법으로 보호되고 있는 혐오적이고 차별적인 표현을 식별하고 설명할 수 있을까? 또한 우리는 공적인 재량권을 만족스럽게 제한하고 과도한 자기검열을 피하기 위해 충분히 명확하고 정확하게 그렇게 할 수 있을까? 정치인, 경찰, 검사, 교육자, 판사, 배심원 들이 관리할지 모르는 그러한 법에, 우리 자신의 표현을 기꺼이 복종시킬 것인가?

나의 분석은 혐오표현이라는 개념 자체가 모호함, 갈등, 혼란으로 가득 차 있다는 것을 보여 준다. 그러므로 우리가 근본적인 관점 중립성 원칙과 긴급성 원칙을 기꺼이 벗어나고자 하더라도, 모든 혐오표현금지법은 받아들일 수 없을 정도로 모호하거나 지나치게 광범위하기 때문에, 여전히 기본적인 표현의 자유 원칙에 위배될 것이다.

나는 제정되거나 입안된 모든 혐오표현금지법을 추적하고 해석하기 위해 최선을 다했지만, 내가 규정한 심각한 결함을 피하는 혐오표현금지법을 아직 만나지 못했다. 혐오표현금지법을 제정하거나 발견하기를 열망하는 사람에 대해서, 나는 불행한 결혼 생활 후 재혼하는 사람을 신랄하게 비판한 새뮤얼 존슨(Samuel Johnson)의 유명한 말이 떠오른다. "그것은 경험에 대한 희망의 승리를 반영한다."

이어지는 장에서는 다양하게 변형되었음에도 현존하는 모든 혐오표현금지법이 공유하는 추가적인 단점에 대해 논의한다. 미리 말하면 그것들은 헌법이 보호하는 혐오표현으로 인해 발생할 것으로 우려되는 잠재적인 해악을 줄이는 데 별로 효과적이지 못했고, 어쩌면 역효과를 냈을 수도 있다.

6장

헌법상 보호되는 '혐오표현'은
실제로 우려되는 해악을
야기하는가?

표현 규제를 정당화하려면, 정부는 언급된 표현의 해악이 단지 추측이 아니라 실제로 있고, 규제가 이러한 해악을 직접적이고 실질적으로 완화할 것임을 입증해야 한다.

— 미국연방대법원, '미국 대 미국 재무부 노동조합' 판결 (1995)

이전 장에서 나는 혐오표현금지법이 필수적인 관점 중립성 원칙과 긴급성 원칙을 위반하고, 또한 모호함과 과도한 광범위함이라는 특별한 위험을 야기한다고 설명했다. 이러한 이유로, 이 법은 표현의 자유를(특히 소수자 관점 및 발화자에게) 위협하고 민주주의적 정당성을 약화한다. 이것들은 혐오표현금지법을 거부해야 하는 강력한 이유다. 그러나 혐오표현금지법이 이러한 문제를 제기하지 않았더라도, 우리는 여전히 그 법이 지지자들이 주장하는 긍정적인 효과를 실제로 가지는지 여부에 대해 의문을 제기해야 한다. 혐오표현금지법이 실제로 차별, 폭력 및 정신적 상처를 줄여 주는가?

대체로 검증되지 않은 이 주장은 다음 두 가지 가정에 근거한다. 첫째, 헌법상 보호되는 혐오표현이 우려되는 해악에 실질적으로 기여한다는 것이다. 둘째, 혐오표현금지법은 문제의 표현과 우려되는 해악 모두를 효과적으로 감소시킨다는 것이다. 이 장과 다음 장에서 나는 이 두 가정에 대해 이의를 제기하는 정보를 각각 차례로 제시할 것이다.

헌법상 보호되는 혐오표현이 우려되는 해악에 크게 기여한다는 가정은 두 가지 이유로 결함이 있다. 첫째, 혐오표현 일반이 해악에 기여한다는 증거가 충분하지 않다. 둘째, 특히 **헌법상 보호되는** 혐오표현이 해악에 영향을 미친다는 증거는 훨씬 적다. 혐오표현금지법 지지자들이 검열을 정당화하기에 충분히 해롭다고 주장하는 혐오표현의 사례들은 종종 긴급성 테스트를 충족하고 따라서 이미 처벌받을 수 있는 사례들이다. 개념 정의에 따라 헌법상 보호되는 혐오표현은 특정한·임박한·심각한 해악을 직접적으로 야기하지 않기 때문에, 그것이 야기할 수 있는 잠재적인 해악은 필연적으로 더 불확실하고 예측할 수 없다.

헌법상 보호되는 '혐오표현'은
어느 정도까지 해악을 입히는가?

오늘날 커뮤니케이션 과학 전통에 있는 많은 사람은 메시지가 직접적이고 강력한 영향을 미쳐 태도와 행동을 획일적으로 변화시킨다는 마법의 탄환 이론(magic bullet theory)[41]을 거부한다. 대신, 의사소통을 인과관계의 사슬에 영향을 미치는 우발적 조건과 매개변수가 있는 복잡한 과정으로 간주한다.

— 클레이 캘버트(Clay Calvert), 플로리다대학교 커뮤니케이션학 교수

개인의 인구통계학적 배경과 성격적 특성, 가족과 동료 집단에 의한 사회화, 더 광범위한 문화적 영향을 포함한 다른 영향의 맥락으로부터 미디어의 영향을 분리해 내는 것은 사실상 불가능하다.

— 로널드 와이처(Ronald Weitzer), 조지워싱턴대학교 사회학 교수

반사회적 태도와 행위의 책임을 표현 탓으로 돌리는 자연스러운 경향이 있는 것 같다. 결국, 말과 이미지는 생각과 행동을 형성하는 데 도움을 줄 수 있다. 그것이 바로 표현이 중요한 이유다. 사실 나는 가르치고, 말하고, 쓰고, 옹호하는 일에 평생을 바쳤기 때문에, 표현이 영향을 미칠 수 있기를 확실히 희망하고 믿는다. 하지만

---

41 '마법의 탄환 이론'은 매스미디어의 메시지를 '미디어 총(media gun)'에서 시청자의 '머리'로 발사된 탄환에 비유하여, 메시지가 대중에게 즉각적이고 획일적이고 강력한 영향을 미친다는 이론이다.

이 말이 단지 나쁜 영향을 **미칠 수도 있다는** 이유로 우리가 표현을 금지해야 한다는 것을 의미하는 것은 아니다. 우리가 나중에 부정된 나쁜 경향성 테스트하에서 정부 비판자들과 사회정의 운동가들에 대한 만연한 검열에서 배웠듯이, 그러한 접근은 단지 정부가 메시지나 발화자를 선호하지 않는다는 이유로(이런 동기를 인정하지 않을 때조차) 불가피하게 표현을 처벌하도록 허용한다.

정신적 혹은 정서적 해악?

모든 의사소통이 우리에게 적어도 어느 정도의 잠재적 영향을 미친다는 점을 감안할 때, 혐오표현이 때때로 혐오표현으로 비하당하는 일부 사람에게 정신적, 정서적 해악을 끼친다는 것은 놀라운 일이 아니다. 그러나 이러한 해악이 특정 상황에서 발생하는지 여부는 발화자와 혐오표현으로 비하당한 개인 모두의 개인적 특성과 상황 등 모든 사실과 상황에 달려 있다. 법학 교수 리처드 델가도(Richard Delgado)도 "인종 모욕"에 대한 새로운 불법행위법 소송을 옹호하는 1982년의 중요한 논문에서 이 점을 인정했다. 델가도는 인종 모욕으로 인한 "정서적 해악"은 "가변적이고, 여러 요인에 따라 달라지며, 그중 한 가지만이 부당한 모욕이다"라고 인정했다. 따라서 델가도는 "이 X 같은 N○○"과 같은 혐오스러운 욕설조차도 항상 작동하는 것은 아니라는 점을 인정했다.

의사소통을 전문으로 하는 사회과학자들은 혐오표현이 정신적 또는 정서적 해악에 기여할 가능성에 대해 "경험적 조사가 많지 않았다"라며 "그런 해악에 대한 좋은 연구 증거는 거의 없다"라고 지적해 왔다. 이 전문가들은 "무엇이 상처를 주는 메시지를 구성하는 지에 대해 개인차가 매우 크다"라는 것과 "어떤 표현을 해롭다고 여기는지는 제3자의 반응, 메시지의 인지된 의도, 발화자와 청자의 관계, 토론 주제, 대화 장소, 사용된 언어, 발화자와 청자의 몸짓, 목소리 톤을 포함한 상황적 변수에 크게 좌우된다"라는 점을 인정한다. 또한 "많은 연구는 사회적 지지와 어떤 개인적 특성이, 혐오표현의 대상이 되었기 때문에 잠재적으로 발생하는 스트레스의 영향을 완화한다는 것을 시사"하며 비하당한 개인의 반응은 무엇보다도 "과거의 경험, 심리적·육체적 힘, 지위, 필요 및 목표에 의해 조정"된다고 했다.

이 주제에 대한 경험적 연구의 공백을 메우기 시작한 연구는 스탠퍼드대학교 커뮤니케이션학과의 로라 리츠(Laura Leets)가 수행했다. 그는 유대인과 성소수자 대학생들을 모집하여 각각 반유대주의와 동성애 혐오적인 비방 글을 읽히고, 만약 그들이 이러한 혐오 메시지의 표적이 되었다면 어떻게 반응했을지에 대한 질문에 답하게 했다. 모든 표현은 실제 상황에서 따온 것이다. 놀랍게도, 학생 참가자들의 "공통된 반응"은 혐오표현이 단기적으로나 장기적으로 그들에게 "아무 영향도 주지 않았을 것"이었다. 연구에 참여한 많은 사람은 발화자가 무지나 불안감이 동기가 되었기 때문에 분노가 아닌 연민의 대상이 되어야 한다는 믿음을 표현했다. 일부 참가자는 발화자에게 침착하게 대응했을 것이라고 말했다. 일부 참가자는 발화자를 무시했을 것이라고 말했다. 또 다른 일부는 화가 나서 대응했을 것이라고 말했다. 한편 혐오표현 직후 적어도 직접적으로 자존감이 저해되는 부정적인 반응을 보였을 것이라고 말한 참가자도 있었지만, 이들은 소수였을 뿐이다. 리츠의 연구에서 특히 흥미로운 부분은 참가자의 83퍼센트가 혐오표현에 대한 응답으로 침묵을, 약하거나 수동적인 반응이 아니라 권한을 부여받고(empowered) 힘을 실어 주는(empowering) 대응으로 간주했다는 것이다. 그들은 혐오표현을 한 발화자와 거리를 두는 것을 포함해서, 무언의 대응이 더 높은 도덕적 입장을 취하는 것이라 여겼다.

리츠 연구의 주요 결과는 보다 최근의 더욱 광범위한 데이터로 입증되었다. 특히 주목할 만한 것은 UCLA 고등교육연구소가 1967년부터 실시한, 최근에 발간한 대학교 1학년 신입생 대상 연례 전국 조사다. 2015년에 대학에 입학한 학생들을 대상으로 한 설문조사에 따르면, 아프리카계 미국인과 다른 소수민족 학생들은 대학과 더 큰 지역사회 및 정치 시스템 모두에서 차별에 반대하는 계획된 목소리를 내는 것과 행동주의라는 측면에서 사상 최고치를 기록했다. 이러한 반응은 혐오표현과 편견범죄라는 최근 널리 보도된 사건에 대한 학생들의 최우선적인 반응이 의기소침하거나 움츠러드는 게 아니라 적극적으로 참여하는 것이었음을 나타낸다. 이 연구의 저자들은 다음과 같이 결론지었다. "최근의 발전에 따라, 대학과 공동체에서 중요한 문제를 제기하기 위한 집단적인 소속감과 협력이 변화를 이끌어 낼 수 있다는 신호가 학생들에게 전달되었을 것이다."

나는 앞의 정보들 중 일부가 대학생들에게 초점을 맞추고 있으며, 혐오표현이 교육적으로 불리한 사람들을 포함한 다른 사람들에게는 다른 정신적 영향을 미칠 수 있다는 것을 인정한다. 8장에서 논의하겠지만, 혐오표현의 잠재적인 부정적 영향에 저항할 수 있는 능력을 계발하기 위한 교육적 도구가 있으며, 이러한 자원들은 널리 이용되어야 한다.

노스이스턴대학교의 심리학 교수인 리사 펠드먼 배럿(Lisa Feldman Barrett)은 혐오표현으로 인해 잠재적으로 발생할 수 있는 정신적 해악과 기타 해악을 평가할 때 "정기적으로 발생하는 스트레스"와 "장기간에 걸쳐 부글부글 끓어오르는 스트레스"를 구별했다. 그는 신체적·정신적 피해로 이어질 수 있는 "만성적" 또는 "장기적" 스트레스를 유발하는 혐오표현의 예로 "학교나 소셜미디어에 만연한 괴롭힘(bullying)"을 언급한다. 반대로 그는 "몸과 뇌에 나쁘지 않고" 실제로 "교육적"일 수 있는 혐오표현의 예로 "혐오스러운 사상에 대한 일시적 노출"을 예로 들며, "일상적인 잔혹함의 문화와, 당신이 강하게 반대하는 의견 사이에는 차이가 있다"라고 말한다. 3장에서 설명했듯이, "만연한 괴롭힘"으로 공정하게 정의할 수 있는 표현은 표적이 있는 괴롭힘(targeted harassment)에 해당할 가능성이 높으며, 이러한 괴롭힘이 긴급성 테스트를 충족한다면 처벌 대상이 될 수 있다.

7장에서 더 자세히 논하겠지만, 혐오표현을 듣는 것을 포함하여 우리가 스트레스를 받는 상황을 어떻게 인지하거나 해석하는지에 따라 우리의 심리적, 생리학적 반응이 실질적으로 변화할 수 있다는 연구 결과가 나왔다. 따라서 일부 심리학자는 정신 건강과 신체 건강 모두에 가장 좋은 전략은 그러한 표현이 반드시 해로운 것은 아니라는 사실과 그러한 스트레스를 받는 상황을 긍정적인 개인적 발전의 기회로 인식하는 방법을 교육하는 것이라고 주장한다. 심리학자인 패멀라 퍼레스키(Pamela Paresky)는 "특정 단어를 듣거나 특정 발화자의 말을 듣는 것이 자신들에게 해악을 끼칠 수 있다고 믿는 학생들은 자기실현적 예언에 굴복하는 것일지도 모른다. 그러나 해악을 끼치는 것은 말 자체가 아니라 말이 해악을 끼칠 수 있다는 믿음이다"라고 말한다. 《뉴욕타임스》의 한 기사는 다음과 같이 관련 연구를 요약했다. "당신은 스트레스를 당신의 몸에 대혼란을 일으키는 것으로 볼 수도 있고 역경을 극복하는 힘과 에너지를 주는 것으로 볼 수도 있다. **힘든 상황에서, 스트레스는 당신을 더 강하게 만들 수 있다.**"

설령 헌법상 보호되는 혐오표현이 어떤 경우에는 정신적 또는 정서적 해악을 직접적으로 발생시킨다고 치더라도, 그것이 검열을 정당화할 수는 없다. 이전 장에서 언급했듯이 핵심 관점 중립성 원칙은 정부가 일부 사람에게 부정적인 정신적 또는 정서적 영향을 미칠 수 있다는 이유로 혐오표현 등 공적 관심사에 대한 표현을 처벌하지 말아야 한다는 것을 의미한다. 그러한 영향을 미칠 수 있는 끝없는 일련의 대중적 관심사에 관한 표현을 감안할 때, 관점 중립성 원칙 외의 다른 모든 규칙은 민주적 담론에 대규모로 재갈을 물릴 것이다.

'혐오표현'은 혐오적인 태도와 행동을 유발하는가?

혐오표현은 혐오표현을 듣는 사람들로 하여금 혐오적이고 차별적인 태도와 행동을 조장하는가? 미디어 메시지와 청중의 행동 사이의 잠재적 연관성에 대한 포괄적인 사회과학 연구의 검토 결과, 메시지가 청중 행동에 미치는 영향은 "약할뿐더러 소수의 청중 구성원에게만 영향을 미친다"라는 결론이 내려졌다. 표현이 청중의 이후 행동에 어떤 제한적이고 사실상 불확실한 영향만을 준다는 결론은 두 가지 논란의 여지가 있는 표현 유형, 즉 폭력의 묘사 및 "포르노그래피"의 영향에 대한 사회과학 연구를 통해 확인되었다.

최근 폭력적 표현의 효과(또는 실제로는 효과가 없음)에 대한 사회과학 문헌의 한 측면을 검토할 기회가 미국연방대법원에 주어졌다. 2011년 판결에서 미국연방대법원은 아동에게 폭력적인 비디오게임을 판매하는 것을 제한하는 캘리포니아 주법을 파기했는데, 이 법은 폭력적인 비디오게임을 본 아동들이 폭력적인 행동을 하도록 영향을 받을 것이라는 두려움에 근거한 법이었다. 그러나 폭력적인 비디오게임에 노출되었을 때 미성년자들이 공격적으로 행동한다는 연구 결과는 단 한 건도 없었다.

표현이 이후의 행동에 갖는 미약하고 예측할 수 없는 영향을 인정하면서, 법원은 긴급성 원칙을 충족하는 드문 상황을 제외하고는, 폭력을 포함한 반사회적 행위의 원인을 행위자가 특정 표현에 노출되었다는 점에서 찾을 수 없다는 입장을 일관되게 취해 왔다. 법원은 텔레비전, 영화, 음악, 웹사이트, 비디오게임을 포함한 많은 대중매체 제작물들에 관한 그러한 주장을 기각했다. 예를 들어, 2002년 연방항소법원은 하급법원이 폭력적인 특정 미디어 작품의 제작자들이 그것을 본 십 대들이 저지른 학교 총격 사건에 부분적으로 책임이 있다고 간주할 수 있다는 주장을 기각한 것을 지지했다.

만약 표현물의 제작자와 배포자가 일부 개인이 그 자료를 보고 저지른 반사회적 행위에 대해 책임져야 한다면, 어떤 작품도 안전하지 않을 것이다. 확실히 성경도 코란도 둘 다 수많은 개인 범죄와 대량 범죄를 선동했다고 비난받아 왔다. 학교 총기 난사 사건에서 미국연방대법원은 청중이 서로 다른 메시지에 필연적으로 다양하게 반응할 수 있음을 강조하면서 다음과 같이 설명했다.

어떤 사람들을 폭력이나 파멸로 몰아갈 수 있는 생각이, 다른 사람들에게는 탁월한 또는 위대한 위업을 일으키도록 영감을 줄 수도 있다. 많은 문명의 위대한 종교, 지식인, 그리고 예술가 들의 이름으로 잔학 행위가 저질러졌지만, 우리는 범죄에 영감을 준 사람들에게 잔학 행위에 관해 책임을 지라고 비난하지 않는다. 그들이 책임져야 할 것이 있다면, 범죄를 저지른 부적응자들로 하여금 그 나라의 나머지 사람들이 읽고, 보고, 들을 수 있는 것과 없는 것을 선언하도록 허용하는 것이다.

영국 작가 케넌 말릭(Kenan Malik)은 자신이 혐오표현금지법에 반대한다는 것을 설명하면서 다음과 같이 언급했다. "인종주의자들은 물론 인종차별적인 발언에 영향을 받는다. 그러나 인종차별적 발언을 인종차별적 행동으로 옮긴 책임은 그들에게 있다. 아이러니하게도, 표현의 자유를 책임감 있게 사용하자는 모든 이야기에도 불구하고, 검열을 요구하는 것의 진정한 결과는 자신의 행동에 대한 개인의 책임을 완화하는 것이다."

대항표현의 중요성

수십 년 전, 법학 교수인 리처드 델가도, 마리 마쓰다, 찰스 로런스는 미국에서 혐오표현금지법 제정을 지지한 영향력 있는 초기 논문들을 출판했다. 비록 이 논문들이 인종차별적 표현으로 인한 정신적·정서적 해악을 강조하기는 했지만, 그들은 그러한 해악이 상당 부분 그러한 표현에 대한 언론과 대중의 대응, 더 정확하게는 대응 부족 때문이라고 설명했다. 그들은 인종차별적 표현이 대중이나 언론의 관심을 거의 받지 못했고, 정부나 대학 관계자 또는 기타 공동체 구성원의 충분한 대항표현을 촉진하지 못했다고 비판했다. 그들은 인종차별적 표현에 의해 폄하된 사람들이 인종차별적 표현 자체만큼이나 다른 사람들의 관심과 지지의 부족으로 고통을 겪는다고 주장했으며, 따라서 대항표현을 필수 해결책으로 지지했다.

예를 들어, 1982년 논문에서 델가도는 인종차별적 표현에 의해 폄하된 사람들이 "심리적 해악으로 이어지는 무력감"을 경험했다고 말했다. 이러한 부정적인 영향에 대응하기 위해 그는 "가해자와 사회에 인종 모욕이 용납되지 않을 것임을 알리는 것"을 옹호했다. 그는 또한 인종 모욕에 대한 새로운 혐오표현 불법행위법을 옹호했지만, 혐오표현에 대해 상당한 "사회적 압력"이 있을 경우, "편견을 가진 사람들이 사회적 반감을 피하기 위해 차별행위조차도 자제하게 될 수도 있다"는 점을 인정했다.

유사하게, 마쓰다의 1989년 논문은 혐오표현에 대한 대응으로 "국가의 침묵(state silence)"이 야기하는 해악을 강조하면서, 국가의 침묵이 혐오표현을 "정당화"한다고 말했다. 그는 이렇게 "인종차별적 표현을 공식적으로 용인"한다면 "혐오표현의 표적이 된 자들은 대학이 부작위(inaction)를 통해 혐오표현을 편드는 것으로 인식" 하기 때문에 대학 환경에 특히 해롭다고 언급했다. 마쓰다는 또한 대항표현을 혐오표현에 대한 효과적인 대응이라며 찬사를 보냈다. 찰스 로런스의 1990년 대학 혐오표현 학칙을 옹호하는 논문에서도 사회가 혐오표현으로 비난당한 사람들의 말을 충분히 듣지 않고 그들로 하여금 "우리가 그들을 버렸다"라고 느끼게 하여 그들이 경험하는 고통을 증가시킨다고 강조했다. 로런스는 대항표현이 가진 긍정적인 영향을 강조하면서 우리 모두에게 "우리가 혐오하는 생각들에 대해 개인적으로 충분히 강력하게 비난했는지 자문해 보아야 한다"라고 요구했다.

우리 사회가 여전히 혐오와 차별 문제를 해결하기 위한 중요한 시험대에 올라 있지만, 영향력 있는 혐오표현금지법 옹호자들에게 매우 두드러졌던 특정한 문제, 즉 혐오표현의 대상에 대한 관심과 지지는 더 이상 부족하지 않다. 소셜미디어에 다양한 형태의 혐오표현이 넘쳐 나지만, 소셜미디어 자체와 주류 미디어 모두에 대항표현이 가득하다. 대항표현들은 혐오표현 사건을 널리 보고하며 심각한 사회문제로 제시하고, 혐오표현은 "미국스럽지 않다(un-

American)"라고 비판한다. 예로 들 수 있는 많은 것 중 두 가지만 언급하자면,《뉴욕타임스》는 '금주의 혐오(This Week in Hate)'라는 제목의 정규 기사를 실었고,《프로퍼블리카》및 기타 언론매체는 "혐오를 기록하다(Documenting Hate)" 프로젝트를 만들기 위해 자원을 모았다.

2017년 9월《버즈피드뉴스(BuzzFeed News)》는 '2016년 대선 이후 고등교육기관에서의 혐오표현에 대한 포괄적인 검토'라는 제목의 기사에서 좋은/나쁜 소식 시나리오를 보도했다. 나쁜 소식은 "전국 대학 120곳 이상에서 혐오표현 사건 총 154건을 확인했다"는 것이다. 반면 좋은 소식은 "대학들이 대체로 편견 사건에 학생들이 만족하게끔 신속하게 반응했다는 것과 거의 모든 경우에 대학 총장들이 혐오표현을 비판하는 대량 이메일을 발송했다"는 것이다.

이제 정부 관료, 지역사회 지도자, 소셜미디어 캠페인, 그리고 혐오표현으로 비난당한 자들의 권리를 옹호하는 단체 및 조직의 구성원들은 혐오적·차별적 표현과 행동을 신속하고 강력하게 규탄한다. 의도적이고 노골적인 혐오적 표현뿐만 아니라 부주의하거나 둔감해서 나온 혐오표현에도 이러한 규탄은 동일하게 적용된다. 한 평론가는 이렇게 말했다. "정치인이나 언론인이 인종차별주의자라고 낙인찍히는 것은 일반적으로 공적 경력을 마감당하는 것과 같다." 실제로 2017년에 플로리다주의 한 상원의원(백인)은 몇몇 다른 주 의회 의원들과의 사적인 대화에서 인종차별적 비방을 했다는 사실이 드러난 후 강제로 사임당했으며, 이에 대해 비굴하게 사과했다. 또 다른 최근의 사례로 HBO 방송 진행자인 빌 마허(Bill Maher)가 웃겨 보려고 N○○이라는 말을 했다가 즉시 사과했다. 그 후 HBO는 그를 해고하라는 압력을 받았다.

영국 학자인 데니스 J. 베이커(Dennis J. Baker)와 루시 자오(Lucy Zhao)는 누구든지 오늘날 혐오적이고 차별적인 표현으로 소외된 사람이 있다면 그는 혐오스러운 의견을 표현한 사람이라는 점을 알아냈다. 그들은 "우리 모두가 평등하다는 메시지는 서구 민주주의 국가에서는 매우 가시적이며 여러 법률이 이를 뒷받침한다"라고 결론지었다. 그 말에 따르면, "언론의 감시, 대중적 수치심, 다수의 강력한 태도"를 통해 "비하적인 표현으로 비하당한 사람들이 사회의 완전한 구성원이 아니라고 느끼는 것을 막을 수 있다". 2016년 여러 국가의 혐오표현금지법을 분석한 책을 저술한 커뮤니케이션 학자인 체리언 조지(Cherian George)는 베이커와 자오의 의견에 동의하며 "강력한 차별금지법이 있는 사회에서는 혐오표현이 큰 해악을 입히지 못할 수 있다"라고 결론지었다. 그는 덴마크와 프랑스의 출판물에 실린 무함마드를 묘사한 만평에 항의하면서 일어난 여러 유럽 국가의 폭력적인 시위가 "예언자에 대한 만평의 무례함보다는 유럽의 무슬림 이민자들에 대한 차별에 의해 더 부채질되었을 수 있다"라고 가정했다.

우리 사회 전반에 걸쳐 여전히 너무나 명백한 혐오적이고 차별적인 태도, 표현, 행동의 골치 아픈 현실을 감안할 때, 나는 이러한 문제들이 완화되었다는 결론을 도저히 내릴 수 없다는 점을 강조해야만 한다. 하지만 그보다 내가 지적하고 싶은 점은, 이러한 문제들에 대한 현재의 상당한 관심과 비판이 실질적이고 긍정적인 변화를 이루고 있으며, 이에 따라 델가도, 마쓰다, 로런스가 스스로 분석했던, 혐오표현의 정신적 피해가 줄어든다는 점이다.

소외된 사람들의 대항표현 증가

혐오표현의 잠재적인 해로운 영향 중 하나는 표적이 된 대상을 침묵시킬 수 있다는 것이다. 그러나 지난 몇 년 동안 널리 퍼진 대학 운동에 더하여 BLM, 성소수자 인권운동, 반(反)성폭력 운동, 이주자 인권운동 등 사회 전반의 적극적 운동이 증가함에 따라 그러한 우려는 누그러졌다. 이러한 운동은 관련 집단의 구성원에 대한 혐오적·차별적 표현과 더불어 편견범죄가 발생하고 있다는 사실이 보고되면서 동시에 번성했다. 지금과 같은 환경에서 혐오표현의 존재는 침묵보다는 오히려 자극이 된 것 같다. 펜실베이니아대학교의 '교육에서의 인종 및 평등 연구 센터(Center for the Study of Race and Equity in Education)'의 숀 하퍼(Shaun Harper) 센터장은 대학에서의 이러한 발전을 "흑인 대학생들의 음소거 해제"라고 설명하면서 "그들이 강의실 등에서 경험하는 인종차별에 대해 더 큰 소리로 말하고 있다"라고 언급했다.

대학 신입생들을 대상으로 한 최근 조사에 따르면, 이러한 고무적인 대항표현의 증가 추세는 계속될 것으로 보인다. 학생들은 학생 시절뿐만 아니라 그 이후에도 사회정의를 옹호할 계획임을 시사했다. 이는 행동이 변화로 이어질 수 있다는 생각이 동기가 된 것으로 보이기 때문에 앞으로 더 높은 곳을 향해 나아갈 것으로 기대된다. 즉, 더 많은 행동은 더 많은 긍정적 개혁을 일으킬 것이고, 이는 다시 미래의 더 많은 행동에 활력을 불어넣을 것이다.

HATE

7장

**'혐오표현금지법'은
효과가 없거나,
최악의 경우 역효과를 낳는다**

우리는 혐오표현에 대항하는 입법의 한계를 인정해야만 한다.

— 아다마 디엥(Adama Dieng), 제노사이드 방지를 위한 유엔 특별자문관

법학자는 혐오표현금지법 입법의 이론적 해석에 몰두한다. …… 그러나 그 법의 실제 영향에 대해서는 검토하지 않는다. …… 이론적 기대가 현실의 시험을 지지하는지 검증해야 할 시간이다.

— 안드레아 셰플러(Andrea Scheffler), 프리드리히에베르트재단(Friedrich-Ebert-Stiftung, 독일 재단)

앞의 1장에서 나는 헌법상 보호되는 혐오표현이 그것이 발생시킬 것으로 우려되는 해악에 대해 오로지 사변적인 기여만 할 뿐이라는 점을 설명한 바 있다. 이 장에서는 혐오표현금지법에 반대하

는 또 다른 이유에 대해 다뤄 보려고 한다. 즉, 그런 표현이 차별, 폭력, 정신적 해악에 중대한 기여를 한다고 해도, 그 표현을 검열하는 것은 문제가 되는 표현이나 우려되는 해악을 유의미하게 줄이지 못할 것이라는 점이다. 더욱이 몇 가지 중요한 지점에서, 혐오표현금지법은 우려되는 해악을 줄이기보다는 실제로 역효과를 내거나 문제를 악화시킨다. 요컨대, 그 헌법적 결함과는 전혀 별개로, 혐오표현금지법은 나쁜 공공정책이라는 것이다.

차별 또는 폭력의 감소와 무관하다

4장에서 지적했듯이, 혐오표현금지법을 가진 많은 국가는 차별을 줄이는 긍정적 효과를 거의 경험하지 못했다. 혐오표현을 형사처벌하는 법을 집행해 온 몇몇 정부는 인종, 민족, 종교 등을 이유로 한 야만적인 차별을 경험해 왔음을 알 수 있다. 더 나아가 루이스 그린스펀(Louis Greenspan) 교수와 시릴 레빗(Cyril Levitt) 교수는 "장마리 르펜(Jean-Marie Le Pen)이 이끄는 프랑스 국민전선당(National Front)의 부상은 노골적인 인종차별주의였으며, 스스로 면역이 있다고 믿었던 나라에서 일어난 일"이라고 지적했다. 더 나아가 두 교수는 "독일에는 세계에서 가장 강력한 반(反)혐오 입법의 일부가 있음에도" "'모두가 인정하는' 인종주의자"가 독일에서 정치적 권력을 얻게 되었다고 결론지었다. 2017년 한 독일 언론인은 독일의 "우파 극단주의 폭력의 심각한 문제" 그리고 인종주의로 이해될 수 있는 사상을 가지고 있으며 2017년 9월 총선에서 12.6퍼센트를 득표한 우파 정당인 "독일을위한대안(AfD, Alternative für Deutschland)"의 위력을 언급하면서, 독일에서 혐오표현금지법이 "작동해 왔는지"를 놓고 "오랫동안 논쟁을 벌여 왔다"라고 말했다.

독일에서는 '혐오표현금지법'이 있음에도 나치즘이 부활했다

홀로코스트에 대한 공포를 감안할 때, 완고한 표현의 자유의 신봉자들조차도 그러한 잔혹함을 막을 수만 있다면 혐오표현금지법을 지지할 것이다. 그것은 확실히 부헨발트(Buchenwald) 강제수용소[42]에서 죽을 뻔했던 독일 태생 홀로코스트 생존자의 딸인 나의 경우에도 그러했다. 이 점은 친척들이 나치에 의해 학살당했고 어린 시절 직계가족들과 함께 나치 독일을 탈출했던 국제 인권 활동가 아리에 나이어의 경우에도 마찬가지다. 나이어는 1977년부터 1978년까지 미국시민자유연맹(ACLU)의 대표를 역임했는데, 그때 일리노이주 스코키 마을에서 신나치 시위의 표현의 자유 권리를 성공적으로 옹호했었다. 그는 유명한 표현의 자유 절대주의자였기 때문에, 독자들은 나이어가 나치즘을 미리 막을 수만 있다면 혐오표현금지법을 지지한다고 말했다는 사실을 알게 되면 놀랄 것이다.

---

42 '부헨발트 강제수용소'는 1937년 7월 독일 바이마르 인근의 에테르스베르크(Ettersberg) 언덕에 세워진 나치 수용소다. 독일 국경 내에 있는 대규모 강제수용소 중 하나로, 최초로 세워졌다.

나는 표현의 자유를 사랑하지만 나치에 대한 증오보다 우선하는 다른 것을 고려하고 싶지 않다. …… 자유에 대한 모든 침해를 반대하는 사회에서 홀로코스트의 재발을 막을 가능성이 가장 크다고 믿지 않았다면, 나는 스코키 마을에서 표현의 자유를 옹호할 수 없었을 것이다. 자유에는 위험이 있다. 나는 자유의 억압이 재앙에 대한 확실한 처방이라고 믿는다.

혐오표현금지법 지지자들은 혐오표현금지법 집행이 독일에서 나치 이데올로기의 확산을 막을 수 있었을 것이라고 추정한다. 그러나 역사의 기록에 따르면, 그 추정은 잘못되었다. 나치 권력이 부상했을 때, 현재의 혐오표현금지법과 유사한 혐오적·차별적 표현을 형사처벌하는 법이 명문상 존재했다. 앨런 보로보이는 캐나다시민자유협회의 법률 자문 위원이었을 때 캐나다의 현행 혐오표현금지법을 반대하면서 이렇게 지적했다.

놀랍게도 히틀러 이전의 독일에는 캐나다의 반(反)혐오법과 매우 비슷한 법들이 있었다. 더 나아가 그 법들은 활발하게 집행되었다. 히틀러가 권력을 장악하기 이전 15년 동안, 반유대주의 표현에 대해 200번이 넘는 기소가 있었다. 그리고 그 시대의 손꼽히는 유대인 조직의 의견에 따르면, 그 사건들 중 집행 당국이 잘못 처리한 건수는 10퍼센트가 넘지 않았다고 한다.

독일의 혐오표현금지법은 심지어 나치 수뇌부에도 집행되었다.

그들 중 일부는 상당한 기간의 수감 생활까지 했다. 그러나 그 기소는 나치의 반유대주의 이데올로기를 억제한 것이 아니라, 나치가 주목을 받고 지지를 얻는 데 도움이 되었다. 예를 들어, 언론인 플레밍 로세(Flemming Rose)는 1923년과 1933년 사이 율리우스 스트라이허(Julius Streicher)가 발간한 악의적인 반유대주의 신문인 《슈튀르머(Der Stürmer)》가 "압수를 당하거나 그 신문의 편집인이 서른여섯 번이나 법정에 섰다"라고 보도했다. 그리고 "스트라이허의 죄를 물을수록 그를 향한 지지자들의 찬양은 더 커졌다. 법원은 스트라이허의 반유대주의 운동을 위한 중요한 무대가 되어 버렸다"라고 덧붙였다.

부활하는 나치즘에 대한 독일 대응의 주요한 문제점은 나치가 너무 많은 표현의 자유를 향유했다는 것이 아니라, 나치가 그야말로 자기 멋대로 하고 싶은 일을 했다는 것이었다. 실제로 나치는 반나치, 유대인, 다른 소수자 등 다른 모든 사람의 표현의 자유를 빼앗았다. 아리에 나이어가 스코키 사건에 대한 그의 고전적 책에서 이렇게 언급했듯이 말이다. "1920년대 독일의 교훈은 자유 사회는 정치적 폭력을 강력하게 처벌하지 않는다면 유지될 수 없다는 것이었다. 미국에서, 시민권운동 동안 폭력에 희생당한 메드거 에버스(Medgar Evers)[43], 마틴 루서 킹 주니어 그리고 그 외 다른 피해자들을 살해한

---

43 메드거 와일리 에버스(Medgar Wiley Evers, 1925~1963)는 미국의 시민권운동가이자 전미유색인종발전협회(NAACP)의 첫 번째 현장 사무국장을 역임했다. 미시시피대학교에서의 인종 분리 및 공공시설에서의 인종 분리 정책 철폐를 위해 노력했고, 투표권 쟁취 등 아프리카계 미국인들의 기회를 확대하기 위해 노력했다. 1963년 백인우월주의자들에게 끊임없는 생명의 위협을 당하다가 끝내 KKK단의 전신인 시민위원회(Citizens' Council) 회원에 의해 암살당했다.

자들을 처벌하려는 시도가 없었던 것과 마찬가지다."

국가 간 연관성은 없다

국제 인권 단체 휴먼라이츠워치는, 세계 국가들의 광범위한 경험에 근거하여, 혐오표현을 금지하는 것은 평등을 증진시키는 데 효과적이지 않다는 결론을 여러 번 반복해서 제출했다. 1992년, 차별 구제를 위한 대학 혐오표현 학칙을 제정하라는 압력에 대해, 휴먼라이츠워치는 미국 혐오표현금지법을 반대하는 보고서를 발간하며 이렇게 설명했다. "여러 다른 나라의 경험을 주의 깊게 검토한 결과, 엄격한 혐오표현금지법과 민족적·인종적 폭력 또는 긴장 감소 사이의 관계가 실제로 거의 없다는 점이 명확해졌다."

다른 전문가들이 이 결론을 다시 확인시켜 준다. 2013년, 유럽의회(European Parliament)는 그들의 강력한 혐오표현금지법에도 혐오표현과 편견범죄가 유럽연합 회원국들에서 증가하고 있다는 점을 인정했다. 유엔 인권최고대표실은 혐오표현금지법에 대한 2011년 연구에서 혐오표현에 대한 "광범위한 …… 형사 규제"는 "인종주의 또는 차별적 행동을 줄이는 데 의미 있는 기여를 하지 못한 것으로 보인다"라는 결론을 내렸다. 마찬가지로 옥스퍼드대학교 교수인 티머시 가턴 애시는 혐오표현금지법을 가진 성숙한 민주주의국가들의 경험을 조사한 2016년 저서에서, 혐오표현금지법의 존재와 혐오표현 또는 차별적 행동의 총량의 감소는 서로 관계가 없다는 결론을 내렸다. 예를 들어, 프랑스는 "혐오표현 기소 건수가 상대적으로 높은 수준인데", 그럼에도 "노동시장에서의 고질적인 차별과 축구장에서의 인종차별적 구호"를 경험하고 있다. 이러한 부정적인 평가는 흑인 지향적 인터넷 웹사이트인 〈루트(The Root)〉의 전 편집장 조엘 드라이퍼스(Joel Dreyfuss)도 되풀이했다. "인종주의의 발전이라는 측면에서 보면, 프랑스는 오늘날의 미국보다 강요된 분리주의를 제외하면 1950년대 미국과 더욱 비슷해 보인다."

하나의 유익한 대조는 반유대주의 표현과 폭력에 관련된 것이다. 2013년, 유럽연합기본권청(European Union Fundamental Rights Agency)은 유럽의 유대인들을 대상으로 조사를 수행했다. 76퍼센트는 유럽에 혐오표현금지법이 널리 펴져 있음에도 지난 5년간 반유대주의가 자신이 속한 나라에서 더욱 심각해졌다고 답했다. 마찬가지로 반명예훼손연합(Anti-Defamation League)이 수행한 최근 조사에 따르면, 프랑스는 엄격한 혐오표현금지법을 활발하게 집행하는데도 반유대주의가 미국의 두 배 수준인 것으로 나타났다. 이 경험에서 도출되는 교훈을, 코펜하겐의 싱크 탱크인 저스티아(Justia)의 설립자이자 대표인 야코브 므샹아마(Jacob Mchangama)는 이렇게 요약한다.

심지어 프랑스에서는 이스라엘에 대한 보이콧을 옹호하는 것도 불법이다. 그러나 엄격한 혐오표현금지법의 증가와 반유대주의적 태도의 증가가 일치하는 지점에서 유럽의 입법자들은 멈춰 선다. 혐오표현금지법은 반유대주의를 실제로 증가시켜 왔을지 모른다. 마찬가지로 홀로코스트 부정을 처벌하는 법은, 지적 순교라는 걸치레를 제공함으로써 심지어 홀로코스트 부정을 자극해 왔을지 모른다.

국내에서의 연관성은 없다

혐오표현금지법을 집행하고 있는 나라에서 혐오표현이나 차별적 행위의 양이 줄어들었다는 증거는 없다. 이를 보여 주는 많은 사례 중 몇 가지를 제시하겠다. 영국은 1965년 혐오표현금지법을 처음으로 제정했다. 인도에서 태어난 영국 작가 케넌 말릭은 인종주의적 공격을 당한 자신의 개인적 경험을 회상하며 이렇게 말했다. 인종주의자 폭력배들이 아시아인들을 두들겨 패라고 요구하는, "파키-배싱(Paki-bashing)"[44]뿐만 아니라 "경찰과 이민 담당 공무원" "공공연히 인종차별적인" 공공기관들 등 이후 10년 동안은 "아마도 영국 역사상 가장 인종차별적이었다." 2015년 컬럼비아대학교 세계 표현의 자유 연구소(Columbia Global Freedom of Expression) 소장인 아녜스 칼라마르는 현재 유럽 상황에 초점을 맞춰 이렇게 말했다. "유럽 정부들은, 중동을 제외하면, 다른 지역보다 혐오표현을 금지하는 법을 더 많이 만들어 왔음"에도 유럽 국가들은 유럽 전역에 걸쳐 "폭력과 혐오, 반이민, 반롬인(Anti-Roma),[45] 반유대주의 레토릭이 높은 수준을 보이는 등 불관용과 증가하는 불평등에 의해 황폐해졌다."

---

44 '파키-배싱'이란 파키스탄인 이민자에 대한 박해를 뜻한다.

45 '반롬인'은 롬인/집시를 향한 적대감, 편견, 차별, 인종차별, 외국인 혐오로 구성된 편견의 한 형태다. 반집시주의(antigypsyism), 반롬인주의(anti-Romanyism), 롬인포비아(Romaphobia), 또는 집시포비아(Antiziganis)라고도 한다. 참고로, 집시(gypsy)는 인도-아리아계의 민족 집단이며 전통적으로 유목민이었던 이들을 일컫는 말인데, 비하적인 표현으로 사용되기 때문에, '로마니인(Romani or Rromani)' 혹은 '롬인(Roma or Rroma)'이라는 말이 사용된다.

호주 교수 두 명이 수행한 또 다른 연구도 있다. 그들은 혐오표현 금지법이 처음으로 제정된 1989년부터 2010년까지 호주의 여러 혐오표현금지법의 효과를 검토했다. 저자들은 법이 집행된 이후, 호주의 소수자 공동체들은 지속적으로 "높은 수준의 언어적 모욕"을 경험했으며, 몇몇 경우에는 심지어 그러한 모욕이 증가하기도 했다는 결론을 내렸다. 마지막으로 케냐에서 2013년 선거로까지 이어진 혐오표현 추적 프로젝트 연구의 사례를 제시하겠다. 케냐는 2007~2008 선거 후 기간에 발생한, 만연한 집단 간 폭력을 제거하기 위한 시도 중 하나로 2008년 혐오표현금지법을 제정했다. 이 법이 제정되었음에도 이 연구의 결론은 차별적 폭력을 초래하는 혐오표현은 "여전히 심각하고 광범위"했다는 것이었다.

왜 '혐오표현금지법'은 효과가 없고 심지어는 종종 역효과를 내는가

혐오 집단을 검열하는 것보다 그들을 더 강화하는 것은 없다. 검열은 그들을 표현의 자유의 순교자로 만들고, 그들의 불만감을 조장하고, 더욱 파괴적인 행동주의를 추구하게 한다. …… 반대로 샬러츠빌의 여파가 증명했듯이, 그들의 진짜 본성을 드러내도록 하는 것만큼 그 집단의 악을 폭로하고 그들을 약화하는 방법은 없다.

— 글렌 그린월드, 언론인

혐오표현금지법이 차별 및 폭력의 감소와 무관하다는 것은 놀라운 일이 아니다. 혐오표현과 그 표현이 야기한다는 해악을 줄이는 데 효과적이지 않은 혐오표현금지법의 몇 가지 특징을 고려한다면 말이다.

집행이 안 되는 것은 불가피하다

4장에서 언급했듯이, 혐오표현 규제는 언제나 지나치게 애매하다. 그래서 그 규제 집행의 담당자들은 재량적 판단을 해야만 한다. 이미 보여 주었듯이, 그러한 몇 가지 판단은 불가피하게 너무 많은 것을 포함하지만(overinclusive), 똑같이 불가피하게 너무 좁은 범위에 국한된다(underincluisve). 집행 결손(underenforcement) 문제는 오랜 민주적 구조나 전통이 부재한 나라에서 특히 심각하다. 그런 나라에서는 강력한 정치적 인물이 그 나라의 혐오표현금지법을 침해하는 표현에 정기적으로 관여하지만, 그렇게 해도 법적 책임을 지지는 않는다. 예를 들어, 대중 정치인이 동성애자, 유대인, 롬인(Roma), 그 외 다른 인종적 소수자를 목표로 삼았던 폴란드의 경우가 그러했다. 강력한 정치 집단이 롬인과 집시 소수자들을 목표로 삼았던 헝가리, 로버트 무가베(Robert Mugabe) 대통령의 충성파들이 그의 정적들을 목표로 삼았던 짐바브웨, 나렌드라 모디(Narendra Modi) 총리 등 강력한 정치인이 취약한 소수자 카스트·종교·종파를 목표로 삼았던 인도, 공직자들이 인종적 소수자들을 목표로 했던 르완다와 케냐 등이 그러했다. 마찬가지로 싱가포르 성소수자 권리 운동가들은 "싱가포르에서 성소수자 공동체는 정치인, 종교 지도자 등 뉴스를 만들어 내는 영향력 있는 사람들의 공적 발언을 통해 혐오표현을 경험한다"라고 항의했다. 저널리즘 교수 체리언 조지는 이렇게 결론을 내렸다. "혐오표현금지법은 '혐오표현을 마음껏 하는 정치인들'을 억제하는 데에 '미국 대중문화'보다 덜 효과적이다." 결과적으로, "혐오표현은 수정헌법 제1조가 미국 정치인들에게 제공하는 광범위한 자유에도 불구하고, 미국보다는 인도의 선거에서 더 노골적이고 널리 만연했다".

아이러니하기는 하지만 예상 가능하게도, 차별과 혐오표현이 가장 심한 나라에서 집행 당국은 그러한 차별을 예방하고 시정하도록 되어 있는 혐오표현금지법 등 법을 집행할 가능성이 낮다. 이 점은 라틴아메리카에서 그러한 법을 연구한 포드햄 로스쿨(Fordham Law School) 교수 타냐 허낸데즈(Tanya Hernandez)가 강조했다. 그의 결론은 다음과 같다.

공공 당국에 혐오표현을 형사처벌하는 법의 집행을 위임한다면, 혐오표현 행위자와 동일한 인종적 편견을 가진 공직자가 무관심하게 태만할 때 법의 토대가 무너질 수 있다. 이것은 라틴아메리카에서 특히 위험한데, 라틴아메리카 공직자들은 아프리카계 후손들이 인종차별 진정을 제기하지 못하도록 끊임없이 행동해 왔다는 사실이 드러났으며, 종종 그들 자신이 차별과 폭력의 가해자이기 때문이다.

노골적인 표현만 표적이 된다

오늘날 미국 사회에서 인종주의자들이 지휘하는 실제 권력은 그것이 표현되는 저속함으로 인해 거꾸로 변할 가능성이 있다. …… (혐오표현금지법을 옹호하는) 사람들은 우리로 하여금 암호화된 혐오표현(coded speech)보다 혐오표현 학칙(hate speech code)을 걱정하는 데 더 많은 시간을 쏟게 만든다.

— 헨리 루이스 게이츠 주니어(Henry Louis Gates, Jr.), 하버드대학교 교수

심지어 혐오표현금지법의 옹호자들도 인정하듯이, 법적 제재는 가장 노골적인 차별 표현에만 한정해야 한다. 표현의 자유의 기본 원칙에 따르면, 정부가 우리의 공적 담론에 만연해 있는, 더욱 미묘하고 따라서 더욱 영향력 있는 편견을 담은 표현을 억제하는 것은 금지된다. 예를 들어, 마리 마쓰다 교수는 "증오나 박해의 요소"를 포함하지 않는 한 "인종 사이에 있을 수 있는 지적 차이"에 관한 진술은 허용해야 한다고 주장해 왔다. 4장에서 설명했듯이 그러한 제한은 혐오표현금지법의 광범위함을 줄여 주지만 수정헌법 제1조의 다른 문제를 만들어 낸다. 첫째, 이러한 제한은 우려되는 해악을 만들어 낼 가능성이 가장 높은 표현에 대해서는 혐오표현금지법의 효과가 없게 만든다. 이것은 혐오표현금지법이 우려되는 해악을 실질적으로 줄이지 못하면서 헌법상 보호되는 혐오표현을 억압한다는 것을 뜻한다. 더 광범위한 법이 억압하는 것보다는 더 좁은 범위의 표현을 억압하기는 하지만 말이다. 심지어 더욱 근본적으로, 미국 연방대법원은 이렇게 경고했다. 법은 문제가 되는 해악을 야기하는

단지 일부 표현만 선별하여 표적으로 삼음으로써 분명히 "좁은 범위를 포괄할 것(underinclusive)"이며, 이러한 법은 "특정한 발화자나 관점을 탐탁지 않게 여긴다기보다는 정부가 실제로 그것이 야기하는 이익을 추구하고 있는지 여부를 심각하게 의심하게 만든다". 결국 그러한 법은 몇몇 헌법상 보호되는 혐오표현을 검열하기 때문에, 검열되지 않는 표현은 거꾸로 우연히도 그 정당성을 승인받을 수도 있을 것이다.

하버드대학교 교수인 헨리 루이스 게이츠 주니어는 혐오표현금지법이 고질적으로 충분히 포괄적이지 않다는 문제가 있다는 점을 강조하면서, 이를 이 법에 반대하는 하나의 이유로 들었다. 이러한 문제의 사례로, 그는 유명 대학에 들어온 아프리카계 학생에 대한 두 가지 진술을 가정했다. 하나는 게이츠가 "저속한 욕설(gutter epithet)"이라고 불렀던 것이고 또 하나는 그가 "논고(disquisition)"라고 불렀던 것이다. 게이츠가 가정한 저속한 욕설의 사례는 "꺼져버려 흑인 놈들아(Out of my face, jungle bunny)"였다. 게이츠는 논고의 예로 "적성 시험이 아프리카계 미국인을 평균 이하에 놓이게" 하기 때문에, 적극적 평등화 조치(affirmative action)는 "준비되지 않은 흑인 학생들을 과도한 부담이 되는 교육 환경에 놓이게 한다"라고 말하면서 대학의 적극적 평등을 위한 입학 정책을 비판하는 것을 들었다. 혐오표현금지법은 아마도 게이츠의 논고가 아니라 욕설을 처벌하게 될 것이다. 사실 나는 미국에서 혐오표현금지법을 공공 문제에 대한 일반적 진술에까지 확대 적용하자고 주장하는 혐오표현금지법 지지자를 알지 못한다. (3장에서 얘기했듯이, 욕설이 만약 일반적 맥락에서 진짜 위협이 되거나, 싸움 거는 말이거나, 표적형 괴롭힘에 해당하는 경우에는 이미 처벌할 수 있다.) 게이츠는 논고는 처벌할 수 없기 때문에, 욕설을 처벌하는 것은 "가능하더라도 좋게 없다"라고 판단했다. 왜냐하면, 혐오표현금지법을 정당화하는 것으로 전제된 우려되는 해악에 더욱 기여하는 것은 욕설보다는 논고이기 때문이다.

마찬가지로 하버드대학교 법학 교수인 랜들 케네디(Randall Kennedy)는 혐오표현금지법이 "피해를 주지만 정중한 비판은 보호하는 반면 무례하지만 피해를 주지 못하는 욕설은 보호하지 않는다"는 "잘못된 방향의 어휘 목록(vocabulary of indirection)"을 지지한다는 점에서 이 법을 비판했다.

혐오표현금지법은 혐오적·차별적 표현에 참여하려는 의향이 있는 사람들에게 세 가지 선택지를 남기며, 이 모두는 평등과 사회적 화합에 부정적인 결과를 초래한다. 즉, 일부 표현은 지하로 숨어들 것이고, 일부 표현은 교묘한 수사로 위장하여 처벌을 피할 것이며, 일부 표현은 기소로 인한 홍보 효과를 노림에 따라 그대로 유지되거나 오히려 더 증가할 것이다.

몇몇 표현을 숨게 만든다

나의 할머니가 말씀하시곤 했듯이, 바보들은 말할 때마다 늘 자신의 무지를 광고할 뿐이다. 그들이 말하게 내버려 둬라. 당신이 그들의 말을 허락하지 않는다면, 당신은 그들을 희생자로 만들 뿐이며, 그렇게 되면 그들은 책임을 회피할 수 있다.

— 버락 오바마, 미국 대통령, 2016년 하워드(Howard)대학교 졸업 축사

혐오표현이 완전히 불법화된다면 무슨 일이 일어날까? 인종에 대해 지속적으로 중요성을 부정하는, 이미 존재하는 혐오표현이 더욱 강화될 것이다. 그것은 인종주의를 더 숨게 만들 것이고 법관과 다른 이들에게 그 존재와 중요성을 부인할 자유를 더 많이 허락할 것이다.

— 테드 쇼(Ted Shaw), 전미유색인종발전협회(NAACP) 법률방어및교육기금의 전 고문 겸 이사

검열은 일부 차별적 표현을 더욱 숨게 만들며, 이는 중요한 부정적 결과를 초래한다. 첫째, 혐오적이고 차별적인 생각을 품고 있는 일부 사람들이 이러한 생각을 표현하지 못하기 때문에 우리는 그들이 누구인지 알 수가 없다. 따라서 우리는 그들을 설득하고 그들의 행동이 차별적이지 않은지 감시할 기회를 잃게 된다. 둘째, 사람들이 이러한 생각에 귀를 기울이고 그 결함을 깨달을 기회를 잃게 된다. 셋째, 그러한 생각을 개탄하는 사람들이 대응책을 수립하여 전달할 기회를 박탈당하고, 다른 모든 사람은 그러한 의견을 들을 기회를 박탈당한다. 장기적으로 볼 때, 차별적 사상을 공개적으로 알리고 이에 대한 토론을 이어 가는 것이 차별적 사상을 억제하는 데 검열보다 더 효과적일 수 있다. 넷째, 2015년 유네스코 보고서에 따르면, "혐오표현은 뿌리 깊은 긴장과 불평등을 들여다볼 수 있는 창이며, 이를 해결할 필요가 있다". 따라서 혐오표현은 우리 사회를 괴

롭히는 차별과 혐오를 해결하기 위해 시민들이 사회정의 운동에 참여하도록 활력을 불어넣는 긍정적인 영향을 미친다. 다시 말해, 혐오표현을 억제함으로써 얻을 수 있는 단기 이익보다는 이를 폭로하고 이의를 제기함으로써 얻을 수 있는 장기 이익이 더 클 수 있다. 옛 속담에 "햇빛은 최고의 소독제"라는 말이 있듯이 말이다.

헌법상 보호되는 혐오표현을 숨게 만드는 것의 마지막 단점을 설명하기 위해, 페이스북의 혐오표현 금지 규정 시행에 대해 오랫동안 불만을 제기해 온 시민권운동가 및 단체의 사례를 들어 보겠다. 그것은 페이스북이 혐오표현과 혐오적 행동에 대한 대중의 관심을 높이고 이에 대한 동원을 이끌어 내는 데 방해가 되었다는 것이다. 민간기업으로서 페이스북은 수정헌법 제1조의 기준에 구속되지는 않지만, 페이스북이 혐오표현 규정을 시행한 기록은 혐오표현 금지법 집행(및 입안)에 내재된 문제점을 강조한다. 소수자 활동가들이 페이스북의 혐오표현 금지 조치에 대해 지적하는 문제 중 하나는 페이스북 규약에 따라 인종차별을 영속화하려는 것이 아니라 인종차별을 "고발"하고 정서적·심리적 지원을 하기 위한 것이라고 설명하는 경우에도 페이스북은 자신을 겨냥한 혐오표현을 공유하지 못하도록 차단한다는 점이다. 요컨대, 비난을 받은 사람들이 자신을 겨냥한 혐오표현을 인용했을 때 이를 대항표현으로 전환하지만, 혐오표현금지법은 역설적으로 이러한 대항표현을 검열하기 위해 작동한다.

흑인인 프랜시 라투어(Francie Latour)는 혐오표현에 대한 대응을 억압하는 부정적 영향을 직접 경험했다. 그는 어린 두 아들과 함께 보스턴에서 식료품을 쇼핑하던 중 한 백인 남성이 "아들 쪽으로 몸을 기울이며 아이들이 들을 수 있을 만큼 큰 소리로 저속한 인종차별적 욕설을 퍼부었던 것"이다. 라투어는 곧바로 페이스북에 이 사실을 알렸지만, 페이스북의 혐오표현 금지 규정을 위반했다는 이유로 게시물이 즉시 삭제되었다. 그는 페이스북의 검열이 "내 아들들에게 일어난 일과 거의 똑같이 느껴졌다"라고 말했다. "아들들에게 그 모든 추함과 혐오가 남겨졌고, 나는 사람들에게 그 사실을 알리려고 페이스북에 게시물을 올렸지만, 그 즉시 차단당했다."

정부 공직자들과 많은 공동체 구성원들이 적극적으로 검열하고자 했던, 헌법상 보호받는 유명한 혐오표현 사건이 없었다면 발생하지 않았을 극적인 대항표현의 사례를 하나 설명하겠다. 미국시민자유연맹(ACLU)이 대리한 1977~1978년에 일어난 스코키 사건에서, 신나치주의자들은 많은 홀로코스트 생존자가 포함된 유대인 지역사회에서 집회할 수 있는 법적 권리를 획득했다. 2009년에 스코키시는 "잃어버린 사람들의 기억을 기리고 혐오·편견·무관심과 싸우라는 보편적인 교훈을 가르침으로써 홀로코스트의 유산을 보존"하는 데 헌신하는 홀로코스트 박물관 및 교육 센터를 열었다. 시카고대학교 법학 교수인 제프리 스톤(Geoffrey Stone)은 다음과 같이 말했다. "아이러니하지만 절묘하게도 스코키와 전 세계의 생존자들이 그것을 인식하게 만든 것은 스코키 논쟁이었다. 과거를 뒤로하고 싶은 욕망이 있었지만 더 이상 침묵할 수 없었다." 그래서 그들은 이 새로운 시설을 만들었고, "교육을 통해 혐오와 싸우는 데 전념했다".

더욱 입맛에 맞는 따라서 더욱 강력한 혐오표현을 자극한다

혐오표현 관련 법은 혐오적 생각을 가진 일부 발화자가 이를 "포장"하도록 유도하며, 그 결과 혐오표현이 더 널리 유포되고 수용되는 왜곡된 결과를 초래한다. 루이스 그린스펀과 시릴 레빗 교수는 유럽 6개국의 혐오표현금지법에 대한 연구를 바탕으로 이 법이 인종차별적 의제를 가진 정치인들이 "신중하게 표현된 인종차별적 프로그램"을 채택하도록 하고 그들이 "더 강력한 힘을 발휘"하게 만들었다는 결론을 내렸다. 그들은 유럽의 정제된 인종차별적 표현과 미국 나치당의 무분별한 표현을 뚜렷하게 대조했다. "히틀러가 옳았다. 유대인에게 가스를 살포했기 때문이다'와 같은 구호로는 미국의 인종차별주의 우파는 일반 대중들로부터 어떤 것도 얻어 내지 못했다."

관심과 지지의 증가

어떤 자료를 검열하면 청자가 그 자료를 얻고자 하는 욕구가 커지고 그 자료를 더욱 잘 수용하게 된다. 이러한 현상은 매우 널리 퍼져 있어서, "부메랑효과" "금단의열매 효과" "스트라이샌드효과" 등 이를 설명하기 위해 널리 사용되는 몇몇 용어들이 만들어졌다. 스트라이샌드효과(Streisand effect)는 가수 바브라 스트라이샌드 (Barbra Streisand)가 캘리포니아 말리부에 있는 자기 집 사진을 공개하지 않으려다가 의도치 않게 이 집에 대한 대중의 관심을 더 크게 만든 것을 가리키는 말이다. 또한 검열은 침묵하게 된 발화자를 표현의 자유를 위한 순교자로 만듦으로써, 비판했던 사람들이 그

도덕적 지위를 잃게 만들기도 한다. 따라서 많은 혐오선동가가 혐오표현금지법과 그 법에 따른 기소를 환영하는 것은 놀라운 일이 아니다.

이러한 이유의 일부로, 캐나다의 연방 형법상 혐오표현금지법은 거의 집행되지 않았으며, 비효율적이고 심지어 비생산적이라는 강한 비판을 받아 왔다. 이 법에 따라 초기에 기소되었던 악의적인 반유대주의 공립학교 교사, 제임스 키그스트라(James Keegstra)[46] 사건을 생각해 보자. 그는 학생들에게 반유대주의 교육을 했다는 이유로 교직에서 해임된 지 2년 후인 1984년, 혐오표현금지법에 의해 고발되었다. 이후 장기간에 걸친 법적 소송 결과, 1996년 그는 집행유예 1년, 보호관찰 1년과 사회봉사명령 200시간을 선고받았다. 캘거리대학교 법학 교수 피터 보월(Peter Bowal)은 이 사건을 이렇게 요약했다.

키그스트라가 교직에서 해임된 지 14년이 지났다. 그동안 긴 재판 두 번, 선고 세 번, 캐나다 대법원에서의 심리 세 번, 재판과 항소 여섯 번이 있었다. 비용이 약 100만 달러가 들었고, 죄를 뉘우치지 않은 키그스트라는 솜방망이 처벌을 받았다. 아이러니하게도 그에게는 공개적인 무대에서 자신의 의견을 알릴 수 있는 14년이라

---

46 'R 대 키그스트라(R v Keegstra, 3 SCR 697, 1990)' 사건은 캐나다 대법원의 표현의 자유 판결로, 캐나다 대법원은 캐나다 권리 및 자유 헌장 제2조(b)항의 표현의 자유 조항에 따라 식별 가능한 집단에 대한 고의적인 증오 조장을 금지하는 형법 조항이 합헌이라고 판시한 바 있다.

는 시간이 더 주어졌던 것이다. 번거로운 법적 소송에 대한 언론의 광범위한 보도가 키그스트라에게 심지어 더 많은 동정심을 불러 일으켰을지도 모른다.

보월은 키그스트라에 대한 기소와 유죄판결로부터 "실현된 사회적 가치"가 없었고, "이것이 그 이후 수년 동안 캐나다의 범죄 관련 혐오표현 형사처벌법에 따른 성공적인 기소가 거의 없었던 이유를 설명해 줄 수 있을지도 모르겠다"라고 말했다.

이러한 유형의 또 다른 유명한 예는 1977~1978년 스코키 논쟁이다. 이 지역 유대인 지도자들의 지원을 받은 지방공무원들은 처음에는 나치가 원하는 홍보 효과를 피하기 위해 나치 행진 요청을 허가했다. 법원에서 이 허가 요청이 뒤집혔고, 이 법적 싸움의 결과는 예상대로 나치가 장기적인, 심지어 국제적인 미디어의 관심을 끌었다는 점에서 나치의 승리였다. 이것은 예상했던 법적 승리에 비해 아마도 그들에게 더 귀중한 것이었을 테다. 나치가 계획한 소수 인원(부풀려서 추정할 때 30~50명)의 짧은(20~30분) 행진을 그냥 허용했다면 나치는 훨씬 더 적은 관심을 받았을 것이다.

'혐오표현'을 침묵시키는 것은 기술적으로 불가능하다

최근 인터넷과 휴대폰 등 분산형 통신 기술이 폭발적으로 증가하면서, 오늘날 모든 유형의 표현을 완전히 차단하는 것은 사실상 불가능하다. 2010년, 당시 오바마 대통령은 유엔총회에서 미국이 폭력으로 이어질 수 있는 혐오표현에 대한 검열(긴급성 테스트가 충족되는 드문 상황은 제외)까지도 반대하는 여러 이유를 설명하면서, 특히 다음과 같은 점을 지적했다. "휴대폰만 있으면 누구나 버튼 클릭 한 번으로 모욕적인 견해를 전 세계에 퍼뜨릴 수 있는 상황에서, 정보의 흐름을 통제할 수 있다는 생각은 더 이상 쓸모가 없다."

실제로 온라인 혐오선동가들이 혐오표현금지법에 따라 수감된 후에도 그들의 웹사이트는 여전히 살아남아 있다. 일례로, 신나치 선전을 퍼뜨린 에른스트 춘델(Ernst Zundel)은 캐나다와 독일에서 혐오표현을 했다는 혐의로 기소되었고, 1996년부터 2007년까지 11년 동안 이어진 소송에서 유죄판결을 받았다. 그러나 2010년에 한 전문가가 지적했듯이 "지금도 춘델이 수감 중임에도 그의 웹사이트는 여전히 운영되고 있으며 그의 '감옥으로부터의 편지'가 정기적으로 업데이트되고 있다"고 한다.

법 집행의 좌절

캐나다의 키그스트라 사례에서 알 수 있듯이, 혐오표현으로 비난당한 사람들의 관점에서 볼 때 혐오표현금지법들의 또 다른 단점은 최종 구제 방법과 가해자의 최종 처벌이 있더라도 너무 늦게, 그리고 너무 높은 거래 비용으로 이루어지기 때문에 의미 있는 구제를 제공하기 어렵다는 점이다. 이러한 사례들에서 집행 문제에 대한 가장 철저한 연구는 호주의 캐서린 겔버(Katharine Gelber) 교수와 루크 맥너마라(Luke McNamara) 교수가 호주의 혐오표현금지법들을 검토한 것이다. 호주의 법률은 전형적이기 때문에, 겔버와 맥너마라가 입증한 문제들이 일반적인 것은 아니라고 볼 이유는 없다. 이들은 호주의 혐오표현금지법들에 따라 "구제 방법을 찾는 것"은 "힘들고, 스트레스가 많고, 시간이 많이 걸리며, 아마도 비용이 많이 들 것이다"라고 결론지었다. 혐오표현의 표적이 된 개인과 그들의 변호사, 그리고 그들을 지원한 단체들은 "결국에는 이길 수 있겠지만, 너무 많은 것을 잃게 될 것"이라고 일관되게 문제를 제기했다. 혐오표현을 고발한 사람들은 결국 단지 "사소한 승리"로 일축된 결과를 받게 되는 경우가 빈번하다.

'혐오표현금지법'이 다음 사항을 줄이는 데 얼마나 효과적인가

집단 사이의 적대성

(르완다의 혐오표현금지)법은 혐오표현을 막는 대신에 그 이상의 충돌에 기름을 붓는 도구가 되었다.

— 안드레아 셰플러, 혐오표현금지법 사례연구 저자

영국 학교에서 혐오 사건을 기록하는 것은 아이들 상호 간의 인식을 인종화(racializing)하는 예상 밖의 결과를 낳았다.

— 티머시 가턴 애시, 옥스퍼드대학교 교수

혐오표현금지법은 집단 간 폭력, 적대, 긴장을 줄이기는커녕 오히려 여기에 기름을 붓는 경향이 종종 있다. 이 문제는 여러 나라에서 이러한 혐오표현금지법을 연구해 온 커뮤니케이션 학자 체리언 조지가 이를 설명하는 "혐오 조작(hate spin)"이라는 용어를 만들 었을 정도로 널리 퍼져 있다. 정치인들은 경쟁 집단의 발언을 혐오 표현으로 "조작(spin)"하여 해당 국가의 법률에 따라 기소함으로써 적대를 부추겨 정치적 이득으로 귀결시킨다.

발전한 민주주의국가에서도 혐오표현금지법의 집행으로 집단 간 긴장이 줄어드는 것이 아니라 오히려 늘어날 가능성이 높다. 실 제 사례에 따르면, 집단 간 갈등을 줄이거나 해결하는 가장 효과적 인 방법은 "법전쟁(lawfare)"[47]이 아니라 협력적이고 화해적인 접근 이다. 최근 혐오표현 고발이 폭발적으로 증가하면서 갈등이 심화되 고 있다. 혐오표현을 고발하는 사람들은 "나는 당신의 생각이 싫다" 라고 본질적으로 언급함으로써 발화자의 견해에 대해 강한 부정적 감정을 전달하는 동시에 발화자가 강한 부정적 감정에 사로잡혀 있 다고 비난한다. 하지만 때때로 이러한 표현은 무지나 무감각을 반 영할 뿐이다. 심리학 전문가들이 확인했듯이, 악의적인 동기가 없 는 발화자에 대해 혐오표현을 했다고 공격하는 것은 앞으로 더 세 심한 언어를 사용하도록 설득하는 가장 건설적인 방법이 아니다. 혐오적 태도를 품고 있는 발화자라 하더라도 이들을 적대적인 법적 절차에 회부하는 것은 태도나 행동의 긍정적인 변화를 유도하는 최

---

47 '법전쟁'은 법(law)과 전쟁(warfare)을 합성한 말로서, 적에게 피해를 주거나 그의 법적 권리의 사용을 막기 위해 법체계와 법 제도를 활용하는 전술을 뜻한다. 공적 의제에 대한 비판이나 노동쟁의를 막기 위해 승소와 무관하게 상대에게 소송에 대 한 부담을 지게 해서 상대방을 위축시키려고 수행하는 전략적 봉쇄 소송(Strategic Lawsuit Against Public Participation, SLAPP)이 대표적인 예다.

적의 전략이 아니라는 증거가 있다.

혐오표현금지법의 또 다른 단점은 전문가들이 집단 간 혐오와 차별을 줄이기 위한 전제 조건으로 보는 편견에 대한 집단 간 대화를 억제한다는 것이다. 스탠퍼드대학교 신경심리학 연구소의 피에르 비에르(Pierre Bierre)가 말했듯이, "갈등을 해결하기 위한 첫 번째 단계는 사람들이 마음을 열고 검열되지 않은 직감을 공유하도록 하는 것이다. …… 그리고 두 번째 단계는 상대방이 그러한 감정을 듣지 못하게 하는 장애물을 제거하는 것이다". 이와 반대로, 혐오표현금지법은 열린 표현 그리고 열린 마음으로 경청하는 것 모두를 위축시키는 영향을 가져온다.

보복 폭력
자유민주주의에서 법은 모욕하는 사람을 위협으로부터 보호하는 것이지, 위협한 사람을 모욕당하지 않도록 보호하는 것이 아니다.

— 덴마크 의회에 제출된 청원

헌법상 보호되는 혐오표현이 초래할 수 있는 또 다른 잠재적 해악은 혐오 메시지를 경멸하는 사람들이 발화자 또는 발화자의 지지자들에게 보복성 폭력을 가하는 것이다. 정부가 이러한 보복 폭력의 위협에 굴복하여 표현을 억압한다면, 위협과 폭력이 억제되기는커녕 더 큰 위협과 폭력이 조장될 뿐이다. 이는 법원이 반대하는 사람들의 위협과 심지어 실제 폭력을 이유로 시민권 옹호자들의 연설과 시위를 중단시키는 것을 거부했을 때, 시민권운동 전반에 걸쳐 반복되는 주제였다.

2012년, 당시 버락 오바마 대통령은 유엔총회에서 리비아 벵가지(Benghazi) 주재 미국대사관에 대한 살인 공격을 촉발한 것으로 여겨지는 반이슬람 동영상을 미국이 검열하지 않은 이유를 설명하면서 다른 것들보다 이 문제를 지적했다. "무고한 사람을 죽이는 것을 변명할 수 있는 말은 없다. …… 현대 기술을 가진 이 현대사회에서, 혐오표현에 검열의 방식으로 대응하는 것은 전 세계를 혼란에 빠뜨리는 발언을 한 개인에게 힘을 실어 주는 것이다. 그런 식으로 대응한다면, 최악의 사람들에게 힘을 실어 주게 된다."

정신적·감정적 해악

정신적으로 부정적인 영향을 미칠 수 있는 표현으로부터 사람들을 보호하는 것이 정신 건강에 좋을 것이라는 점은 자명해 보일 수 있다. 그러나 일부 전문가는, 적어도 어떤 상황에서는, 헌법상 보호받는 혐오표현을 포함하여 부정적인 정신적 반응을 가진 표현으로부터 사람들을 보호함으로써 사람들의 정신 건강이 오히려 훼손될 수 있다고 주장한다. 뉴욕대학교 심리학 교수인 조너선 하이트(Jonathan Haidt)와 '교육에서의 개인의 권리를 위한 재단(Foundation for Individual Rights in Education, FIRE)'[48]의 대표인 그레그 루키아노프(Greg Lukianoff)는 2015년 기사에서 관련 심리학 문헌을 요약하여 다음과 같이 결론을 내렸다. "표현을 단속하고 발화자를 처벌하는 데 전념하는 대학 문화는 학생들에게 병적으로 사고하도록 가르칠 수 있고" 이는 우울증과 불안을 유발할 수 있다. 연구 팀은 학생들의 정신적 행복을 더 잘 보호하기 위해 대학이 표현을 제한하는 학칙을 집행하는 것보다는 포기해야 한다고 권고한다. 2017년, 노스이스턴대학교의 심리학 교수인 리사 펠드먼 배럿은 "만성" 스트레스는 신체적 질병을 유발할 수 있지만, 혐오표현을 들었을 때 발생하는 스트레스를 포함한 단기적인 스트레스는 오히려 유익할 수 있다며 다음과 같이 지적했다.

모욕(offensiveness)은 신체와 뇌에 나쁘지 않다. 우리의 신경계는 호랑이로부터 도망치거나 끔찍한 생각에 맞서는 등 주기적인 스트레스를 견딜 수 있도록 진화했다. 자신이 동의하지 않는 입장을 접하도록 강요당할 때 불쾌감을 느끼지만, 이것은 좋은 종류의 스트레스—일시적이고 신체에 해롭지 않은 스트레스—이며, 장기적으로 학습의 이점을 얻을 수 있다.

하이트와 루키아노프는 이러한 "좋은 종류의 스트레스"가 적어도 "때때로 개인을 더 강하고 회복탄력성 있게 만든다"라고 덧붙이며, "다음에 비슷한 상황에 직면했을 때, 대처 능력이 성장했기 때문에 더 가벼운 스트레스 반응을 경험하게 될 것"이라고 설명한다.

48 '교육에서의 개인의 권리를 위한 재단(FIRE)'은 대학에서의 기본권, 특히 표현의 자유를 옹호하는 단체로, 대학 내 표현을 검열하는 학칙에 반대하는 활동을 적극 벌여 왔다. 1999년에 창립되어 2022년에 공식 명칭을 '개인의 권리와 표현을 위한 재단(Foundation for Individual Rights and Expression)'으로 변경하면서 대학 이외의 영역으로 활동 범위를 확대했다. 이 책의 저자 네이딘 스트로슨은 이 재단의 선임 연구원(senior fellow)이다.

하버드대학교와 위스콘신대학교 연구진의 주요 연구는 스트레스가 긍정적인지 부정적인지에 대한 우리의 인식이 스트레스가 우리에게 미치는 실제 심리적·생리적 영향에 큰 차이를 만들 수 있다는 사실을 밝혀냈다. 이러한 연구 결과들을 고려할 때, 스탠퍼드대학교의 심리학자 켈리 맥고니걸(Kelly McGonigal)은 그의 저서 『스트레스의 힘: 끊임없는 자극이 만드는 극적인 성장(The Upside of Stress: Why Stress Is Good for You, and How to Get Good at It)』에서 "스트레스를 친구로 만들기 위해" 스트레스를 "다시 생각해 보자"라고 주장했다. 이러한 연구 결과에 따라 일부 심리학자는 학생들과 다른 사람들이 혐오표현과 불쾌감을 주는 다른 표현에 대한 인식을 바꾸도록 교육해야 한다고 주장한다. 예를 들어, 심리학자 패멀라 퍼레스키는 이렇게 말한다.

높은 수준으로 **지각된** 스트레스는 불리한 신체적·생리적 영향과 관련이 있다. 어떤 사람이 어떤 발화자의 말을 듣는 것이 참을 수 없고 해로울 것이라고 스스로에게 말한다면, 그 경험은 나쁜 생각을 이겨 낼 수 있는 기회가 될 것이라고 스스로에게 말하는 사람보다 더 큰 스트레스가 될 것이다. 또한, 만약 우리가 스트레스가 해악을 야기한다고 믿는다면 실제로 스트레스로 인해 더 많은 해악을 입을 수 있는 반면, 스트레스가 우리를 강화한다고 믿으면 동화(anabolic, "성장") 호르몬이 증가하는 것을 경험할 수 있다.

위에서 인용한 심리학 교수들은 만성 스트레스가 신체적 해를 끼칠 수 있지만 단기간의 스트레스에 직면하고 극복하는 것은 정신적·신체적 건강에 긍정적인 경험이 될 수 있다는 두 가지 중요한 점에 대해 대체로 동의한다. 하지만 이러한 원칙이 대학 내 혐오표현의 맥락에서 어떻게 적용되는지에 대해서는 몇 가지 이견이 있다. 펠드먼 배럿은 "마일로 야노풀로스(Milo Yiannopoulos)[49]와 같은 혐오선동가가 대학에서 발언하는 것을 허용하지 않는 것이 합리적"이라고 주장하는데, 그 이유는 그가 "모욕 캠페인의 일부"이며, 대학을 "가혹한 환경"으로 만들어 학생들이 "(자신의) 안전을 걱정하는 데 많은 시간을 소비"해야 하기 때문이다. 이와는 대조적으로, 하이트와 퍼레스키는 대학 환경에 대한 이러한 반응은 학생 대부분의 인식에서 비롯된 것이므로, 가장 효과적인 개입은 학생들을 괴롭히는 발언이나 생각으로부터 보호하는 것이 아니라 학생들의 회복탄력성을 높이고 회복탄력성에 대한 인식을 포함하여 학생들의 인식을 변화시키는 것이라고 주장한다. 실제로 많은 학생과 대학 환경에 익숙한 다른 사람들은 대학 환경이 일반적으로 "가혹하다"는 인식을 공유하지 않는다.

심리학 전문가들 사이에서 벌어지고 있는 이러한 논쟁의 어느 한쪽 편에 무게를 두려는 것은 아니다. 그보다 나는 그저 일부 전문가가 혐오표현에 대한 노출을 줄이면 관련 정신적 또는 정서적 해악을 효과적으로 줄일 수 있다는 "명백해 보이는" 결론을 거부한다는 사실에 주목하는 것이다.

---

49 마일로 야노풀로스(1984~)는 영국의 극우 비평가로 이슬람, 여성과 페미니즘, 성소수자를 비난하는 연설을 하고 글을 써 왔다.

'혐오표현금지법'은 긍정적인 상징 가치를 가질까?

혐오표현금지법이 실제로 평등, 사회적 화합 또는 정신적 안녕을 증진한다는 증거가 부족하다는 점을 고려할 때, 혐오표현금지법 지지자들이 이 법의 주요한 이익이 이러한 목표에 대한 사회의 의지를 표현하는 "상징적" 가치에 있다고 주장하는 것은 놀라운 일이 아니다. 이러한 주장은 입증할 수도 반박할 수도 없다. 다만 이러한 주장에 불리한 것이 있는데, 혐오표현금지법과 관련된 상징성에 몇 가지 부정적인 측면이 있다는 것이다.

첫째, 이러한 법은 명시된 목표에 대한 사회의 의지뿐만 아니라 표현의 자유와 민주주의에 대한 사회의 신뢰 부족을 상징한다. 하버드대학교 교수 헨리 루이스 게이츠 주니어는 혐오표현금지법에 반대하면서 다음과 같은 점을 강조했다.

인종차별적 표현의 규제가 부분적으로 또는 전체적으로 상징적 행위라는 점을 인정했다면, 우리는 작동할 수 있는 다른 상징적 고려 사항의 효력을 기록해야 한다. 국기 소각에 대한 논란이 좋은 예다. …… 국기를 지키는 것이 좋은 것을 상징할 수도 있지만, 우리 중 많은 사람에게는 국기를 태울 자유를 지키는 것이 더 좋은 것을 상징한다.

둘째, 혐오표현금지법의 주요 수혜자로 전제된 소외받는 집단은 사회가 실제로 효과적인 조치를 취하는 대신 단순히 상징적인 또는 형식적인 제스처를 제공한다고 느낄 수 있다. 게이츠는 이러한 이유로 혐오표현금지법에 대한 상징주의 옹호론에 대해서도 다음과 같이 비판했다. "표현 규제 규정은 …… 어떤 집단의 사람들이 '이것은 우리가 …… 사기꾼(rigger)이라고 말하는 것을 용납할 수 있는 공동체가 아니라는 것을 상징한다'고 말하게 허용하는 것이다. 그렇다면 이건 큰일이다." 2015년 인터뷰에서 당시 오바마 대통령도 비슷한 지적을 했다. "인종차별은 아직 치유되지 않았다. 그리고 공공장소에서 '깜둥이(nigger)'라고 말하는 것은 정중한 것이 아니라는 차원의 문제가 아니다."

셋째, 평등·사회적 화합·정신적 안녕에 대한 사회의 의지 표현은, 특정 상황에 대해 공동체의 개별 구성원과 정부 공직자들에 의해 자발적으로 수행될 때 더욱 의미 있는 상징적 무게를 지닐 가능성이 높다. 추상적으로 헌법상 보호받는 혐오표현을 비난하는 일반적인 공식 선언보다, 공동체 구성원들과 지도자들이 특정한 혐오표현과 차별적 표현에 대해 구체적으로 자발적인 대응을 하는 것이 혐오표현으로 비난당하는 사람들에게 확실히 더 의미 있을 것이다. 물론 이것은 양자택일의 문제가 아니며, 우리 사회 구성원들은 혐오표현금지법에 대한 보완으로 이러한 자발적인 대항표현을 추구할 수 있다. 하지만 현실적으로 혐오표현금지법으로 인해 적어도 일부 상황에서는 공동체 구성원들이 그런 자발적인 대항표현을 할 유인은 분명히 줄어들었다. 따라서 최근 유럽의 여러 인권 기구는 1장에서 논의한 바와 같이 대항표현 및 기타 비검열적 대응책에 대한 의존도를 높일 것을 촉구하고 있다.

'혐오표현금지법'의 비용은 그 편익보다 더 크다

지난 반세기 넘게 실제로 작동해 온 혐오표현금지법의 장점은 그 단점에 의해 상쇄된다는 점이 분명한 사실이다.

— 티머시 가턴 애시, 옥스퍼드대학교 교수

헌법상 보호되는 혐오표현을 검열한 사례는 종종 혐오표현이 야기할 것이라고 우려되는 잠재적 해악을 나열하는 것에 주로 의존한다. 이때 혐오표현금지법이 정당화될 수 있는지 여부를 평가하는 데 논리적으로 고려해야만 하는 다른 요소들은 철저히 분석되지 않는다. 그럼에도 이 장에서 보여 주었듯이, 혐오표현금지법은 헌법상 보호되는 혐오표현 또는 그 우려되는 해악을 효과적으로 억제하지 못하며, 심지어 몇몇 우려되는 해악을 악화시킬 수도 있다. 더욱이 앞서 살펴보았듯이 혐오표현금지법은 표현의 자유, 평등, 그리고 민주주의를 보장하는 핵심 원칙들을 중대하게 훼손할 수 있다. 마지막으로 다음 장에서 보여 주게 될 텐데, 전문가들은 대항표현 등 비검열적 대안 조치가 헌법상 보호되는 혐오표현의 발생과 그 잠재적인 해악을 줄이는 데 혐오표현금지법보다 "훨씬 더" 효과적이라는 데 동의하고 있다.

HATE

8장

비겁열적 방식이
헌법상 보호되는 '혐오표현'의
잠재적 해악을
효과적으로 억제한다

2015년에 유럽인종차별위원회(ECRI)는 유럽 국가들이 혐오표현에 대한 비(非)검열적 대응을 추구할 것을 강력하게 촉구하는 보고서를 발표했다. 최근 수십 년 동안 많은 유럽 국가가 유럽인종차별위원회를 포함한 지역 기구의 장려로 혐오표현금지법을 제정했기 때문에, 이는 특히 주목할 만하다. 그러나 유럽인종차별위원회는 혐오표현과 차별을 억제하려는 유럽 국가들의 노력을 모니터링한 결과, 혐오표현을 금지하는 법률보다는 비검열적 대안 조치가 혐오표현과 그 잠재적인 해로운 영향을 "궁극적으로 근절하는 데 **훨씬 더** 효과적인 것으로 입증될 **가능성이 있다**"라고 결론지었다. 이 장에서는 그러한 대안 조치의 몇 가지 중요한 예에 대해 논의한다.

대항표현

"대항표현"이라는 용어는 동의하지 않는 메시지에 대항하는 모든 표현을 포괄한다. 1927년 '휘트니 대 캘리포니아' 사건에서 브랜다이스 대법관은 다수 대법관이 지지한 나쁜 경향성 원칙을 거부하고 긴급성 테스트를 지지하는 보충 의견을 냈는데 여기서 그는 검열에 대한 적절한 대안으로 대항표현에 찬사를 보냈다. "사악한 충고에 대한 적절한 치료법은 선한 충고다. 만일 토론을 통해 거짓과 오류를 드러낼 시간이 있다면, 교육과정에서 악을 피하기 위해 적용해야 할 해결책은 강요된 침묵이 아니라 더 많은 표현(more speech)이다." 미국연방대법원이 브랜다이스 대법관의 접근법을 만장일치로 받아들인 이후 반세기 동안,[50] 미국연방대법원은 그 메시지가 탐탁지 않거나, 불온하거나, 두려움을 주는 광범위한 표현에 대해 "더 많은 표현"이라는 "해결책"을 강력하게 지지해 왔다.

혐오표현의 맥락에서 대항표현은 혐오표현이 전달하는 사상을 직접적으로 반박하는 표현, 광범위하고 적극적인 교육 계획, 차별적인 발언을 한 사람의 반성 표명 등 잠재적으로 광범위한 표현들

---

50 긴급성 테스트를 지지한 브랜다이스 대법관의 보충 의견은, 나중에 '브랜던버그 대 오하이오(Brandenburg v. Ohio, 395 U.S. 444, 1969)' 사건에서 채택되게 된다. 브랜던버그는 오하이오주의 KKK단 지도자로, 흑인과 유대인에 대한 보복을 선동한 혐의로 유죄판결을 받았으나, 미국연방대법원이 이를 뒤집었다. 미국연방대법원은 어떤 표현이 위험을 낳을 가능성이나 경향을 넘어, 불법적인 행동을 즉각적으로 선동하거나 야기하는 경우 또는 그럴 가능성이 있는 경우에만 처벌 대상이 될 수 있다고 판결했다. 이 기준은 '브랜던버그 기준(Brandenbrug test)'으로 불리며 지금까지도 표현을 처벌할 수 있는 기준으로 자리 잡고 있다.

로 이루어져 있다. 다음에서는 먼저 대항표현이 혐오표현의 잠재적
으로 해로운 영향을 억제하는 데 효과적일 수 있다는 증거에 대해
논의하고, 그다음에 몇 가지 구체적인 대항표현 전략의 사례를 제
시하겠다.

대항표현의 효과

**극단주의적 표현은, 극단주의적 콘텐츠를 삭제하는 것보다 호의적인 메
시지를 추가함으로써 더 효과적으로 약화된다.**
— 2016년 트위터의 대항표현에 대한 보고서

인터넷은 전 세계적으로 즉각적인 소통을 가능하게 해 준다는 점
에서 비교가 불가능할 정도로 편리하지만, 이는 혐오표현의 측면에
서 양날의 검이다. 인터넷은 혐오성 메시지를 그 어느 때보다 쉽게
전달해 줄 뿐 아니라, 그에 대한 반박도 그 어느 때보다 쉽게 해 준
다. 게다가 인터넷을 이용하면 대항표현의 범위와 영향을 더 쉽게
측정할 수 있다. 이 분야는 아직 생소하지만, 유망한 온라인 대항표
현 계획과 그 효과에 대한 연구가 있다. 예를 들면 다음과 같다.

- 구글은 혐오성 메시지를 포함하는 사이트에 대한 거부권을 웹사이트에 추가
했다. 검색 결과 이러한 사이트가 눈에 띄게 표시되는 경우, 구글은 자신들이
그러한 메시지를 지지한다는 인상을 사용자에게 주지 않기 위해 사과뿐만

아니라 검색 결과의 순위가 어떻게 매겨지는지 설명을 제공한다.

· 유튜브는 혐오성 메시지에 대응하는 동영상을 개발했다.

· 페이스북은 사용자들이 공식적으로 페이스북에 삭제를 요청하기 전에 그들이 불쾌하게 생각하는 콘텐츠를 작성자에게 개인적으로 알리는 도구를 만들었다.

· 페이스북은 공공정책 단체인 데모스(Demos)와 협력하여 페이스북에서 대항표현이 생성되고 공유되는 정도에 대한 연구를 착수했다. 2015년에 발행된 데모스의 초기 보고서에 따르면, 혐오성 온라인 표현은 "종종 반대 의견, 조롱, 반대 캠페인에 직면"하며 이러한 "군중 기반 대응(crowd-sourced response)"은 표현을 억제하는 것에 비해 상당한 이점이 있다. 즉 "더 빠르고, 더 유연하며, 즉각 반응하고, 문제가 있는 표현을 어디서든 어떤 언어로든 다룰 수 있다"라는 것이다. 일부 페이스북 이용자는 혐오표현에 맞선다는 명확한 목적을 위해 적극적으로 혐오표현을 검색하기도 한다. 일부 대항표현은 공개적으로 공유되고, 일부는 발화자와의 사적인 커뮤니케이션을 통해 전달된다. 보고서는 일부 유형의 콘텐츠와 형식, 특히 사진과 동영상, "건설적인" 댓글, 특정 정책 문제에 대한 댓글 등이 혐오표현에 대항하는 데 특히 효과적이라는 결론을 냈다.

2016년에 미국과 캐나다의 학자들이 공동 저술한 트위터의 대항표현 보고서가 발행되었다. 이 보고서는 온라인 대항표현에 대한 기존 연구의 "작은 부분"에 대한 첫 검토를 하면서, 혐오 및 기타 "극단주의적인" 표현은 그것을 삭제하는 것보다 대항표현을 통해 더 효과적으로 "약화"된다고 결론지었다. 이러한 결론을 내린 한가지 이유는 "콘텐츠가 삭제된 후 인터넷의 다른 곳에서 다시 나타날 가능성이 높다"라는 것이다. 페이스북에 대한 데모스의 보고서와 마찬가지로, 트위터 보고서는 텍스트보다는 이미지가 더 설득력이 있으며, 풍자를 포함한 유머가 특히 강력하다고 결론지었다. 보고서는 유머와 이미지라는 두 가지 접근 방식을 결합함으로써 "언어를 공유하지 않는 사람들"도 효과적으로 "문화적·국가적 경계를 넘어 다수의 사람과 함께 대항하여 말할(counterspeak) 수 있다"라고 지적했다. 보고서에서 제공한 예는 다음과 같다.

> 브라질의 흑인 축구선수 다니 아우베스(Dani Alves)는 경기장에서 굴욕적인 인종차별적 제스처를 당했다. 한 관중이 그에게 바나나를 던진 것이다. 다른 선수는 "우리는 모두 원숭이다"라는 의미의 해시태그 #Somostodosmacacos를 달아 자신이 바나나 먹는 사진을 재빨리 게시했다. 이 해시태그는 빠르게 퍼졌다. 수천 명이 자발적인 지지로 바나나 먹는 셀카를 올렸다.

트위터 보고서는 발화자가 "혐오적인 이데올로기에 확고하게 헌신"하고 "공개적으로 선언"하는 것처럼 보였을 때조차 대항표현이 "신념의 지속적인 변화"를 달성할 수 있었던 상황을 인상적으로 언급했다. 보고서는 발화자를 혐오주의자라거나 인종차별주의

자로 지정하기보다는(그런 표현을 그렇게 규정하기는 하지만), 발화자에 대한 대응으로 발화자에게 공감하거나 친절한 어조를 사용하는 것 등 이러한 상황에서 성공적이던 전략을 비검열 전략(non-censorial strategies)으로 규정했다. 다음은 효과적인 대항표현의 특히 고무적이었던 사례에 대한 보고서의 설명이다.

메건 펠프스로퍼(Megan Phelps-Roper)는 그의 할아버지 프레드 펠프스(Fred Phelps)가 설립했고 그가 길러진 웨스트버러 침례교회(Westboro Baptist Church)의 극단적인 동성애 혐오 교리를 완전히 확신했다. 트위터에서 그는 자신의 견해에 이의를 제기하는 사람들을 만났다. 그들 중 두 사람과의 확장된 대화는 펠프스로퍼의 견해를 완전히 바꾸어 놓았다. 그는 결국 교회를 떠났다.

역설적이게도 어떤 상황에서는 침묵이 가장 효과적인 형태의 대항표현이 될 수 있다. 도발적이고 혐오적인 발화자를 의도적으로 무시함으로써, 침묵은 경멸이라는 암묵적인 메시지를 강력하게 전달하는 동시에 혐오적인 발화자가 추구하는, 종종 논쟁을 불러일으킴으로써 얻는 관심을 차단할 수 있다. 대항표현에 참여하는 사람들은 공격적인 반대 시위를 통해 혐오 발언자를 침묵시키려는 노력 등 궁극적으로 역효과가 나는 방식으로 행동하지 않도록 주의해야 한다. 공격적인 반대 시위와 같은 전술은 도덕적으로 정당해 보이지만, 거의 항상 역효과를 낸다.

예를 들어, "혐오와 편견에 맞서 싸우는 데 전념하는" 남부빈곤법률센터(SPLC)는 전략적인 이유로 그러한 반대 시위를 강력히 반대한다. 2017년 센터는 대안-우파(Alt-right)[51]가 대학에서 회원 모집을 확대하려고 애쓰는 것에 대항하여, 그것을 억제하는 방법에 관한 학생용 안내서를 발행했다. 이 가이드는 대안-우파 연사를 대학에 초청한 단체를 설득하여 초청을 철회하도록 하고, 행사에 평화적으로 반대 목소리를 내며, 소수자 학생 집단 등 대안-우파가 표적으로 삼고 있는 대학의 집단과 만나 상호 지원을 제공하는 것 등의 여러 단계를 권고한다. 그러나 가이드가 권고하는 첫 번째이자 가장 중요한 전략은 "대안-우파 연사 및 지지자와의 대면을 피하라"라는 것이다.

대안-우파는 적개심으로 번성하고, 혐오는 군중을 먹고 산다. 자신이 피해자라고 주장할 수 있는 발화자만 언쟁을 담은 비디오 영상에서 가려져서 보호받을 것이다. 대안-우파 성향의 연설자들에게 고함을 지르는 것을 참기 힘들더라도 그들과 맞서지 말라. 그들과 논쟁하지 말라. 이 출판물이 분명히 밝혔듯이, 그들의 믿음에 이의를 제기할 많은 다른 방법이 있다.

남부빈곤법률센터는 반대 시위에서 혐오에 찬 발화자들과 공격

---

51 '대안적 우파(alternative right)'의 약자인 '대안-우파(Alt-right)'는 극우 백인 민족주의 계열의 운동을 전반적으로 일컫는 말이다. 이들은 활발한 온라인 활동을 기반으로 2010년대 초 미국에서 시작되어 다른 국가에도 진출했으며, 2017년 이후에는 감소세를 보이고 있다.

적으로 대면하기보다 "포용과 우리 국가의 민주적 가치에 대한 대학의 헌신을 강조하기 위해 대안-우파 행사와는 떨어진 곳에서의 대안적 행사"를 개최할 것을 권장한다. 이렇게 대면하지 않는 행사의 예로는 음악 및 기타 엔터테인먼트와 연사를 포함한 "다양성과 관용을 위한 축제" "콘퍼런스, 집회 또는 포럼 개최"가 있다.

후자의 접근 방식의 변형은 《뉴욕타임스》가 2017년 독일인들이 한 마을에서 매년 행해지던 신나치 행진을 "비자발적 걷기 대회"로 변모시킨 방법을 다룬 기사에서 찾아볼 수 있는데, 기사는 이를 "유머러스한 전복"이라고 평가했다.

신나치가 행진할 때마다 지역 주민들과 기업들은 사람들이 극우 극단주의 단체를 떠날 수 있도록 돕는 프로그램에 10유로를 기부하기로 약속했다.

그들은 행진을 모의 스포츠 행사로 만들었다. 누군가는 마치 경주라도 하는 것처럼 거리에 "출발선"과 결승선 스텐실을 그렸다. 경로 끝에 있는 표지판에는 나치 반대운동에 1만 유로를 기부한 행진자들에게 감사를 표시했다.

이 전복적 유머 전략은 2012년 "white power(백인 권력)" 행진에서 반대 시위대가 광대 의상을 입고 "wife power(아내 권력)"라고 쓴 간판을 들고 "white flour(흰 밀가루)"를 던졌던 노스캐롤라이나주 샬럿 등 다른 곳에서도 활용되었다.[52] 《뉴욕타임스》는 "유머스러한 반대 시위는, 백인우월주의자들이 축적하려는 진지함을 약화함으로써, 그들의 행사가 새로운 회원을 끌어들이는 효과를 둔화시킬 수 있었다"라고 논평했다. "반다나 차림의 안티파(antifa)와 싸우는 것에 불만을 가진 일부 젊은이에게는 낭만적으로 보였을지 모르지만", 조롱의 대상이 되는 것이 결코 매력적일 수 없었다.[53]

전문가들은 앞에서 말한 전술들이 전투적 대결보다 더 효과적이라는 것이 역사적으로 입증됐음을 강조한다. 에리카 체노웨스(Erica Chenoweth)와 마리아 스테펀(Maria Stephan)은 2011년 저서『비폭력 저항이 효과적인 이유(Why Civil Resistance Works)』에서 "1900~2006년에 발생한 320건이 넘는 분쟁에서 비폭력 저항이 폭력적 저항보다 변화를 달성하는 데 두 배 이상 효과적이었다"라고 결론지었다.

소외된 사람들에게 힘 실어 주기

대학에서 진보적인 성향의 동료들에게 거친 이야기를 했다. 나는 당신이 이념적으로 안전하기를 원하지 않는다. 나는 당신이 감정적으로 안전하기를 바라지 않는다. 나는 당신이 강하기를 바란다. 나는 당신이 깊이 속

---

52 "white power(백인 권력)"를 외치는 시위대를 향해, 무슨 말인지 못 알아들은 척하면서, 비슷한 발음의 "white flour(흰 밀가루)라고?" "wife power(아내 권력)라고?" 농구선수 "Dwight power(드와이트의 권력)라고?"를 외치며 조롱한 것이다.

53 좌파 정치운동 세력인 안티파는 파시즘, 이주자 혐오, 국경 폐쇄, 여성 억압, 계급 억압 등에 반대하며, 검은색 반다나(스카프)를 매고 거리에 나가 백인우월주의자 등 극우 세력과 직접 충돌하기도 한다.

상하고 기분이 상하고 화를 내고 나서 되받아치는 법을 배우기 바란다. 그것이 우리가 당신에게서 필요로 하는 것이기 때문이다.

— 밴 존스(Van Jones), 평론가이자 사회정의 운동가

나는 차별받는 소수집단 구성원들이 그들 자신을 대변해서 말할 책임이 있다고 굳게 믿는다.

— 시어도어 쇼(Theodore Shaw), 전미유색인종발전협회(NAACP) 법률방어및교육기금의 전 고문 겸 이사

우리는 젊은이들에게 적대적인 상황에 대처하는 방법을 가르쳐야 한다. 상처를 주고 마음을 상하게 하는 모욕적인 말로부터 살아남는 법을 배워야 한다.

— 그웬 토머스(Gwen Thomas), 시민권운동가

혐오표현금지법의 보호는 무력하다. 백인들은 모욕을 대수롭지 않게 무시할 수 있는 도덕적인 성격을 가지고 있지만 나는 모욕을 무시할 수 없다는 말을 듣는 것, 그것은 모든 것 중에서 가장 인종차별적인 표현이다!

— 앨런 키즈(Alan Keyes), 보수주의 정치 활동가

위에서 인용한 활동가들은 모두 아프리카계 미국인이지만, 그들은 좌우 스펙트럼을 가로질러 이념적으로 다양하다. 그러나 그들 모두는 평등권을 증진하는 것을 목표로 하는 혐오표현금지법이 사실 후견주의(paternalism)와 보호주의를 통해 그 반대의 결과를 가

져온다는 데 동의한다. 이 운동가들은 혐오표현을 억압하기 위해 혐오표현금지법에 의존하기보다는, 혐오표현으로 폄하당한 이들이 직접 대면할 것을 촉구한다. 물론, 이것은 종종 "하는 것보다 말하는 것이 더 쉬운"데, 왜냐하면 혐오표현금지법 지지자들이 주장하듯이 그러한 표현은 그것이 비하하는 사람들을 침묵시키려는 의도와 효과를 모두 가질 수 있기 때문이다. 이 효과는 개별적으로 표적이 되는 혐오표현의 경우에 특히 심각하다. 실제로 나는 개인적으로 악랄한 반(反)유대주의적 비방들의 표적이 되었던 첫 순간을 생생하게 기억한다. 나는 교육을 잘 받은 청년이었지만, 그럼에도 아연실색하여 침묵에 휩싸였다.

이전 장에서 언급했듯이, 최근 몇 년 동안 전국적으로 사회정의에 대한 옹호가 증가하고 있으며, 소수집단의 구성원이 사회정의를 위한 활동을 적극적으로 주도하며 참여하고 있다. 설문조사에 따르면, 이러한 추세는 계속될 것으로 예상된다. 우리를 무기력하게 만들고 반민주적인 검열 접근 방식을 채택하기보다는 그러한 대항표현을 장려하고 촉진하는 것이 개인과 사회 모두의 안녕을 위해 필수적이다. 심리학자 패멀라 퍼레스키는 대학의 상황에 대해 다음과 같이 진술했다.

교수와 관리자는 학생들이 불쾌한 사상에 대한 불편함을 극복하도록 공감을 가지고 격려하거나, "상처"를 유발하는 단어로부터 학생들을 보호해야 한다고 설득할 수 있다. 그러나 후자는 불행의 비결이다. 후자는 번영하는 인간, 세상을 변화시키는 즐겁고 효과적인 인간이 아닌 "피해자"(또는 기껏해야 "생존자")를 만드는 역할만 한다.

내가 인정했듯이, 어떤 경우에는 혐오표현에 노출된 사람이 그 표현의 부정적인 심리적·정서적 영향 때문에 적어도 그 순간에는 효과적인 대항표현에 참여하지 못할 수도 있다. 또 그들 중에는 교육이 부족하거나 대항표현을 효과적으로 만들 수 있는 의사소통 수단에 접근하기 어려운 사람이 있을 수도 있다. 이는 심각한 문제이며, 사전 예방적 상담과 혐오표현에 건설적으로 참여하기 위한 훈련, 혐오표현에 주의를 상기시키고 대응하기 위한 소셜미디어 및 기타 커뮤니케이션 수단을 활용하는 방법에 대한 교육, 그리고 유용한 기술, 조직 및 기타 자원에 대한 접근을 제공하는 것 등 다양한 조치를 통해 해결할 수 있고 반드시 해결해야 한다. 다행히도, 쉽게 접근할 수 있는 온라인 자원의 보고가 빠르게 확장하고 있다.

위에서 인용한 아프리카계 미국인 활동가들이 말하듯이 혐오표현의 표적이 된 사람들의 대항표현을 옹호하는 것에는 하나의 문제가 있다. 표적이 된 사람들이 이러한 부담을 떠안아야 한다고 기대하는 것이 거의 틀림없이 불공평하다는 것이다. 사실상 이는 표현의 잠재적인 피해를 시정할 책임 중 적어도 그 일부를 그 표현의 피해자들에게 부과한다. 이것은 중요한 문제이지만, 상쇄할 수 있는 고려 사항들이 있다. 첫째, 그러한 개인은 물론 대항표현에 참여할 **의무가** 없다. 둘째, 평등과 개인의 존엄성에 헌신하는 우리 사회의 다른 사람들은 혐오표현을 규탄하고 그 대상이 되는 사람들에 대한 지지를 표명할 도덕적 책임이 있다. 셋째, 비난당한 사람들이 표현에 참여하는 데 들이는 시간, 노력, 에너지는 그들 개인뿐 아니라 관련된 모든 사람에게 이익을 가져다줄 건전한 투자라고 볼 수 있다. 버락 오바마는 이 견해를 반복해서 분명히 밝혔다.

소수민족 학생들에게 인종차별적 표현에 대응하여 대항표현을 하라고 권고하면서 그는 이것이 "공정하지 않은 것처럼 보일 수 있지만, 삶을 공정하게 만들고 싶다면, 있는 그대로의 세상에서부터 시작해야 한다"라고 인정했다. 그는 2016년 하워드대학교 졸업식 축사에서 이렇게 말했다. "여러분은 불의에 직면하여 목소리를 높여야 할 책임이 있습니다. 그리고 여러분은 지금 연습을 시작하는 것이 좋을 것입니다. 왜냐하면 여러분은 인생의 모든 단계에서 무지, 증오, 인종차별에 대처해야 할 것이기 때문입니다."

나는 혐오표현에 대해 목소리를 높여야 할 책임은 특히 검열에 반대하고 대항표현을 올바른 대안으로 촉구하는 우리에게 있다고 생각한다. 미국시민자유연맹(ACLU)의 혐오표현 및 시민의 자유에 부합하지 않는 메시지를 전달하는 기타 표현에 대한 오랜 입장은 이러한 생각을 반영한다. 미국시민자유연맹은 시민적 자유에 반하는 메시지에 대한 검열에 반대만 하는 것이 아니다. 미국시민자유연맹은 더 나아가 시민 자유주의자들이 이러한 메시지에 대해 반대 목소리를 높일 것을 촉구한다. 이러한 관점은 또한 전미유색인종발전협회(NAACP)의 법률방어및교육기금의 전직 대표인 테드 쇼의 지지를 받아 왔는데, 그는 다음과 같이 말했다. "만약 우리 법체계에서 혐오표현이 용인된다면, 사람들이 혐오표현을 들었을 때 그것이 누구에게 향해졌든 간에 혐오표현을 한 사람을 비난한다는 사회적 합의가 있어야 한다. 당신이 그것을 볼 때마다 불편하더라도 당신은 그것을 **그 자리에서 바로 거기에서** 비난해야 한다."

혐오표현으로 폄하된 사람들의 편에서 대항표현을 효과적이고 힘 있게 사용하는 한 가지 훌륭한 사례를 애리조나주 템피(Tempe)에 있는 애리조나주립대학교에서 찾아볼 수 있다. 애리조나주립대학교 법학 교수인 찰스 캘러로스(Charles Calleros)의 지도 아래 교수진과 행정직원들은 혐오표현 학칙을 거부했고, 대신 그러한 표현에 대한 교육적 대응 또는 대항표현 대응을 지지했다. 라틴계이자 따라서 스스로도 소수집단의 일원인 캘러로스는 애리조나주립대학교의 비검열적 접근법의 긍정적인 영향에 대해 글을 썼고, 그것이 어떻게 혐오표현의 예비 "피해자"의 역량이 강화될 수 있도록 힘을 실어 주었는지를 설명했다. 다음은 애리조나주립대학교의 "더 많은 표현" 정책에 따른 첫 번째 혐오표현 사건에 대한 캘러로스의 설명이다.

흑인 여학생 네 명은 대학 기숙사인 초우야(Cholla)에서 그들이 방문하던 친구의 숙소 근처에 부착된 인종 비하적인 포스터를 보고 당연히 격분했다. 그들은 인종차별 포스터가 게시된 문을 두드렸고, 문 두드리는 소리를 듣고 나온 거주자에게 그들의 분노를 표현했다. 그는 그 포스터가 부적절하다는 데 동의했고 그것을 제거했다. 이어 네 학생은 초우야의 모든 구성원을 위한 회의를 마련한 초우야 교무부장을 만났다. 장내를 청중이 가득 채웠다. 포스터가 수정헌법 제1조에 의해 보호된다는 힘든 결론을 모두가 받아들이는 것 같았고, 나는 이후 일련의 과정이 모범적인 대응이었다고 여긴다.

우선 포스터를 발견한 흑인 여학생들은 그 포스터가 어째서 자신들에게 깊은 상처를 주었는지를 설명했다. 앵글로계 미국인 학생들은 포스터에 반영된 고정관념을 공유하지 않는다는 것을 흑인 여학생들에게 확신시켰지만, 다른 문화에 대해 더 많이 배우는 것은 도움이 될 것이라는 데 모두 동의했다. 이 모임은 애리조나주립대학교의 흑인 역사(Black History) 행사를 지원하고 초우야의 다문화 프로그램 개발을 위해 노력하기로 합의했다. 토론을 주도한 네 여학생은 문제가 된 기숙사의 거주자들과 만나 의견을 교환하고 이들의 감정과 고정관념의 위험성에 대해 교육하고 싶다는 뜻을 밝혔다.

그 후 전체 대학 커뮤니티는 건설적인 행동과 대화에 에너지를 쏟았다. 학생들은 공개 포럼을 조직했다. 메시지는 이랬다. 기껏해야 대학의 몇몇 사람만이 인종차별 포스터가 유머러스하다고 생각한다. 그러나 이와 달리 수많은 항의자는 비하적인 인종 고정관념이 파괴적이라는, 대학에 더 만연해 있는 입장을 취했다. 이러한 메시지는 인종차별적인 포스터를 게시한 학생을 징계하는 것보다 훨씬 더 효과적이다.

대학 전체의 건설적인 대응을 주도한 학생 중 한 명은 당시 애리조나주립대학교의 아프리카계미국인연대(African-American Coalition)의 회장이었던 로시 터먼(Rossie Turman)이었다. 그는 다음과 같이 말했다.

인종차별에 도전할 기회가 생겼을 때, 그리고 그렇게 했을 때, 여러분은 다음에 그러한 행동을 하는 데 더 자신감을 갖게 된다. 그것은 내가 그런 어리석음을 받아들일 필요가 없다는, 개인적인 역량 강화의 느낌이었다. 가장 끔찍한 일은 인종차별주의자들이 쫓겨나고, 대학이 소송을 제기하고, 사람들이 그들을 변호해야 하는 상황일 것이다. 순간의 승리였을 수는 있겠지만, 우리는 전쟁에서 졌을 것이다.

교육

누구도 피부색이나 배경이나 종교 때문에 다른 사람을 혐오하도록 태어나지 않았다. 사람들은 혐오하는 법을 배우는 것이 틀림없으며, 그들이 혐오하는 법을 배울 수 있다면 사랑하는 법도 배울 수 있다.

— 넬슨 만델라(Nelson Mandela)

시민권이라는 전쟁터에서 평생을 싸워 온 저는, 영화가 어떻게 우리의 무기고에서 가장 효과적인 무기 중 하나가 될 수 있는지 보았습니다. 젊은 시절 저는 시드니 포이티어(Sidney Poitier)가 〈저녁 식사에 누가 올지 맞혀 봐(Guess Who's Coming to Dinner?)〉에서 편견에 도전하고 〈밤의 열기(In the Heat of the Night)〉에서 그가 받은 것만큼 좋은 것을 베푸는 것

에 경탄했습니다. 우리가 불의를 영화를 통해 다른 시각에서 볼 때, 그것은 우리 주변의 실제 불의들을 더 많이 인식하게 만듭니다.

— 버넌 조던 주니어(Vernon E. Jordan, Jr.), 시민권운동가

교육은 중요한 대항표현의 한 형태다. 한 가지 핵심적인 교육적 전략은 전통적으로 소외된 집단에 대한 정확하고 긍정적인 정보를 전달하는 것이다. 이러한 사전 예방적 접근법은 특정 혐오표현 사례에 대한 기타 다른 대응들을 보완한다. 사전 예방적 접근법은 학교 시스템, 대중매체, 소셜미디어 및 엔터테인먼트 등 수많은 방법을 통해 수행할 수 있다. 사회과학 연구에 따르면, 긍정적인 미디어 묘사가 편견을 줄이고 보다 관용적이고 통합된 사회를 촉진한다는 것을 보여 주었다. 이러한 연구는 20세기 중반 심리학자 고든 올포트(Gordon Allport)가 개척한 유명한 이론인 "집단 간 접촉 이론(intergroup contact theory)"과 유사하다. 1956년, 사회학 교수인 도널드 호턴(Donald Horton)과 리처드 월(Richard Wohl)은 청중이 대중매체의 인물들에게 느끼는 대면 관계의 환상을 지칭하기 위해 "준(準)사회적 상호작용(para-social interaction)"이라는 용어를 만들었다. 그 이후로 사회과학자들은 미디어 노출이 실제 집단 간 접촉과 동일한 편견 감소 효과를 만들어 낸다고 계속해서 기록해 왔다.

미디어 묘사를 통해 차별에 대항하기 위한 시책은 홀로코스트 직후부터 시작되었다. 예를 들어, 1947년에 할리우드는 북미에 여전히 만연해 있는 반(反)유대주의를 폭로한 영화 두 편, 즉 〈신사

협정(Gentleman's Agreement)〉과 〈십자포화(Crossfire)〉를 개봉
했다. 두 영화 모두 예술적으로 호평을 받았음에도 반유대주의
에 대항하기 위해 만들어졌기 때문에 논란이 있었고 제작되지 못
할 뻔했다. "#오스카소화이트(Oscarsowhite)"와 "#에미소화이트
(Emmysowhite)"에 대한 오늘날의 계속되는 논쟁은 1947년 이후
연예계 산업에서 우리가 이룩한 모든 진보에도 불구하고 아직 해야
할 일이 많다는 것을 분명히 하고 있다.

특히 젊은이들에게 긍정적인 역할모델을 제공하는 것이 중요하
다. 다시 말하지만, 우리는 진전을 이루고 있지만 더 많은 것을 만들
어야 한다. 한 가지 예를 들자면, 위스콘신대학교의 협동아동도서
센터(CCBC)는 아동문학의 "다양성 격차"를 해소하기 위해 홍보하
고 노력해 왔다. 2014년 통계는 지난 21년 동안 아동서적의 10퍼
센트만이 유색인종을 다루었으며, 특히 유색인종 소녀는 과소 대표
되었다고 밝혔다. 2014년에는 그 수치가 14퍼센트로 증가했는데
아마도 부분적으로 협동아동도서센터의 노력 덕분일 것이다.

기타 많은 다른 교육 시책도 혐오표현의 잠재적인 부정적 영향
을 억제할 수 있다. 혐오표현에 의해 폄하된 소수집단의 구성원들
에게, 그러한 표현의 잠재적이고 부정적인 심리적·정서적 영향을
방지하거나 최소화하고 그 메시지를 논박하는 데 도움이 되는 기
술과 전망을 개발해 주는 것이 특히 중요하다. 일부 심리학자는 혐
오표현에 대한 노출을 포함하여 스트레스가 많은 상황에서 발생할
수 있는 불안이나 기타 부정적인 반응을 줄이기 위해 대학생들 및
다른 사람들에게 일반적인 인지행동치료 기술을 가르치는 것을 지

지한다. 심리학자들은 또한 그러한 상황에 직면했을 때 사람들의 "회복력(resilience)", 즉 자존감을 유지하고 일과 개인적인 활동을 효과적으로 수행하는 능력을 발전시키기 위한 교육적 접근을 지지한다.

혐오적인 메시지를 전달하는 발화자의 경우, 자신과 다른 사람들에게 자신의 표현이 잠재적으로 해로운 영향을 미칠 수 있음을 이해하는 것이 중요하다. 이러한 종류의 교육에 참여하는 단체로는 폭력적이고 극우적인 백인 권력 집단의 전 회원들이 2009년에 설립한 시카고에 기반을 둔 '혐오 이후의 삶(Life After Hate)'이 있다. 이 단체는 백인 권력 집단을 떠나고자 하는 현재 구성원들에게 정서적 지원을 제공한다. 또한 사랑하는 사람이 대안적 관점을 고려하도록 설득하려는 가족구성원을 돕는다. 그리고 잠재적인 신입 회원들이 그러한 집단에 가입하는 것을 만류하고자 한다.

이 모든 것 외에도 우리 자신과 사회에 대해 배워야 할 중요한 교훈들이 있다. 예를 들어, 대학들은 암묵적이거나 무의식적인 편견의 존재를 탐구하고 이를 극복하기 위한 단계를 탐색하도록 설계된 코스와 프로그램을 점점 더 많이 제공하고 있다. 여기에는 우리 사회의 많은 소수집단에 부정적인 영향을 미치는 차별과 폭력, "백인 특권" 현상, 혐오표현이 야기하는 정신적·존엄적 및 기타 해악, 무심코 튀어나오는 둔감하고 모욕적인 언어, 우리 자신과 우리가 속한 집단에 대한 차별적이거나 기타 부정적인 메시지에 대응하는 방법, 우리가 노출된 정보나 아이디어를 무심코 받아들이지 않도록 하는 비판적 경청 및 학습 기술, 그리고 대항표현이 혐오표현의 잠재적인 피해를 예방하거나 시정하는 데 어떻게 도움이 되는지 등의 내용이 포함된다.

물론 이러한 문제는 복잡하고 논쟁의 여지가 있으며 학문의 자유 원칙에 부합하는 방식으로 연구되어야 한다. 목표는 "세뇌"당하는 것이 아니라 이러한 문제를 비판적으로 생각하는 방법을 배우는 것이다. 학생들은 다양한 관점을 제시하고 활발한 토론과 논쟁에 참여할 자유가 있어야 한다. 그것이 결국 교육의 본질이다.

이러한 주제는 공식적인 교육 환경에서뿐만 아니라 풍부한 관련 온라인 자료를 포함하여 우리 사회의 모든 구성원이 탐구해야 한다. 제임스 매디슨(James Madison)[54]이 말했듯이 "지식의 확산이야말로 진정한 자유의 유일한 수호자"이며, 이는 마찬가지로 우리 민주주의의 필수적인 토대이기도 하다.

더 두껍고 얇은 피부 개발하기

아무도 당신의 동의 없이는 당신을 열등하다고 느끼게 만들 수 없다.

— 엘리너 루스벨트

---

54 제임스 매디슨 주니어(James Madison Jr., 1751~1836)는 1809년부터 1817년까지 미국의 4대 대통령을 지낸 미국의 정치가, 외교관, 건국의 아버지다. 그는 미국 헌법과 권리장전의 초안을 작성하고 홍보하는 데 중추적인 역할을 한 공로를 인정받아 '헌법의 아버지'로 칭송받고 있다.

발화자의 인종적 욕설은 청자가 메시지를 이해함으로써만 청자에게 해악을 끼친다. 해악은 듣는 사람이 다른 방식이 아닌 정신적으로 반응하는 정도에서만, 즉 발화자에 대한 비판자가 아니라 피해자로서 정신적으로 반응하는 정도에서만 해악이 발생한다.

— 에드윈 베이커(C. Edwin Baker), 교수

앞에서 언급한 혐오표현에 대응하기 위한 두 가지 교육적 전략, 즉 우리를 대상으로 하는 혐오표현에 덜 민감해지는 방법과 타인을 대상으로 하는 혐오표현에 더 민감해지는 방법을 배우는 것에 대해 간략히 언급하고 싶다. 우리 자신의 행복을 위해 상대적으로 두꺼운 피부를 발달시켜 우리의 자신감이 혐오적인 말로 위협받지 않도록 해야 한다. 나는 "막대기와 돌멩이가 내 뼈를 부러뜨릴 수는 있어도, 말이 나를 다치게 하지는 않을 거야(Sticks and stones may break my bones, but words will never hurt me)"라는 옛 동요를 그렇게 이해한다. 이 동요는 사실에 대한 진술이 아니다. 우리 모두는 무수히 많은 방식으로 말에 상처를 받았다. 그것들은 우리의 감정을 상하게 했을 뿐만 아니라 우리의 마음을 아프게 했고, 우리의 자존심을 상하게 했으며, 때로는 육체적인 징후를 갖는 수많은 다른 부정적인 감정에 기여했다.

우리에게 상처를 주는 말의 명백한 힘을 감안할 때, 이 오래된 동요는 상처를 줄 수 없는 말의 무능력을 묘사한 진술이 아니라, 우리에게 힘을 주고, 상처를 주려는 사람들의 힘을 빼는 방식으로 말에 대응하도록 격려하는 어떤 권고다. 이 암묵적 의미는 "막대기와 돌멩이가 내 뼈를 부러뜨릴 수는 있지만, [나는] 말이 결코 나를 다치게 [놔두지는] 않을 거야(Sticks and stones may break my bones, but words [I] will never [let] hurt me)"라는 두 단어를 삽입함으로써 명확해진다. 이것이 바로 위에 있는 엘리너 루스벨트가 말한 경구의 핵심이다.

확실히 우리 중 일부는 다른 사람들에 비해 혐오표현을 포함하여 상처를 주는 특정한 말의 해로운 영향을 잘 견디지 못한다. 소외된 소수집단의 구성원은 차별적인 단어가 "절대 나를 다치게 하지 않을 거야"라는 태도로 직면하는 것이 남들보다 더 어렵다고 여길 것이다. 더욱이 우리 각자는 상처를 주는 말에 대해 고유한 정도의 (무)감수성[(in)sensitivity]을 가지고 있다. 우리의 피부는 가장 얇은 곳에서 가장 두꺼운 곳까지 그 범위가 넓다. 그러나 개인으로서 우리가 누구이고 어떤 사회집단에 속해 있든 우리는 우리를 대상으로 하는 혐오적이고 차별적인 말의 해로운 잠재력에 저항할 수 있고 또한 다른 사람들을 대상으로 하는 말에 더 민감해질 수 있는 능력을 키울 수 있고 또 그렇게 해야 한다. 요컨대 **우리는 자신을 위해서는 두꺼운 피부를 발달시키고, 다른 사람들을 위해서는 더 얇은 피부를 발달시켜야 한다.**

물론 이 모든 것은 "말하기는 쉽지만 행하기는 어렵다". 그럼에도 행동심리학자들과 기타 전문가들은 혐오표현에 대한 노출을 포함하여 스트레스가 많은 상황에서 환자들이 겪을 수 있는 부작용에 저항하고 이를 감소시키며 이로부터 회복하는 방법을 그들에게 가르쳤다는 것을 증명한다. 마찬가지로 전문가들은 타인에 대한 공감

능력을 높이기 위한 교육 기법을 개발해 왔다.

사과

'미안합니다(I'm sorry)'는 영어에서 치유력이 가장 높은 말이다.

— 해리엇 러너(Harriet Lerner), 심리학자

전문가들이 혐오표현을 하는 사람들과 그들이 비난하는 사람들 모두에게 상호 유익한 것으로 환영한 구체적인 "더 많은 표현" 조치는 신선할 정도로 간단한 것이다. 바로 진심 어린 사과다. 혐오표현 금지법 지지자들은 표적화된 표현이 심리적·생리적 악영향을 미칠 수 있다고 강조한다. 그러므로 진심 어린 사과의 형태로 치유하는 말이 긍정적인 심리적·생리적 이점을 가질 수 있다는 것은 놀랄 일이 아니다. 심리치료사 베벌리 엥걸(Beverly Engel)은 "사과를 받는 것은 신체에 눈에 띄게 긍정적인 생리적 영향을 가져온다"는 것을 보여 준 연구를 인용한다. "사과는 실제로 그것을 받는 사람의 신체 기능에 영향을 미친다. 혈압이 떨어지고, 심박수가 느려지며, 호흡이 안정된다." 사과는 또한 사과를 하는 사람에게도 유익하다. 심리학자 해리엇 러너는 다음과 같이 쓰고 있다.

사과할 수 있는 용기는 상처 입은 사람이 자신을 갉아먹는 분노로부터 해방되었다고 느끼게 하므로 상처 입은 사람에게 주는 선물이다. 그것은 또한 사과하는 사람 자신의 건강을 위한 선물이기도 하다. 사과할 수 있는 용기는 자존심을 부여하며, 우리의 행동이

다른 사람에게 어떠한 영향을 미치는지 명확히 볼 수 있는 능력, 다른 사람을 희생시킨 행동에 대해 책임을 질 수 있는 능력을 부여한다.

그러나 전문가들은 진정성 있는 사과를 강요할 경우 그 이득이 계속되지 않는다고 경고한다. 엥걸에 따르면, "다른 사람이 여러분에게 그것이 옳은 일이라고 말하기 때문에" 하는 사과는 치유력이 부족하다. 이것이 우리가 적대적이고 징벌적인 접근보다는, 건설적인 교육적 접근을 통해 차별적인 표현을 다루어야 하는 또 다른 이유다.

혐오표현금지법에 따른 실제 경험은 심리학자들의 가르침을 확인시켜 준다. 두 학자는 호주의 혐오표현금지법이 역효과를 내는 이유 중 하나가 진심 어린 사과가 제공하는 건설적인 해결책을 훼손하기 때문이라고 결론지었다. 캐서린 겔버 교수와 루크 맥너마라 교수는 혐오적이고 차별적인 표현으로 폄하된 사람들이 처음에는 "오로지 진정한 사과만을 요구하는 경향이 있다"라고 보고했다. 그러나 장기간의 법적 절차가 마침내 법원이 명령한 사과로 종결되는 경우, "잘못에 대한 진심 어린 인정을 요구하는 고소인들은 좌절한다".

정부 및 대학 당국의 대항표현

사회과학자들은 관련 공동체 지도자들의 대항표현이 특히 혐오표현을 반박하는 데 설득력이 있으며, 따라서 잠재적으로 유해한 효과에 대처하는 데 매우 효과적이라는 사실을 확인했다. 정부 관료들은 대항표현에 참여할 수 있다. 다만 그들의 대항표현은 문제 되는 사상을 사실상 검열하는 것과 기능적으로 같은 정도의 억제 효과를 갖지 않는다는 한도 내에서 허용된다. 특정 상황에서 비난과 검열의 경계를 긋기 어렵다면 관료들은 논평을 자제해야 한다.

사실상의(de facto) 억압이라는 위험을 줄이려면, 대항표현을 하는 관료들은 발화자를 처벌하려는 것이 아니라는 점을 강조해야 한다. 이러한 접근법의 좋은 모델은 리비아의 벵가지에 있는 미국대사관에 대한 테러 공격 직후, 오바마 대통령이 유엔총회에서 했던 2012년 연설이다. 당시에는 이 테러 공격이 최근 유튜브에 올라온 반(反)무슬림 동영상에 의해 선동된 것으로 여겨졌다. 오바마는 이 비디오의 입장을 강력하게 규탄했다. 하지만 그는 또한 그 동영상 제작자와 배포자들의 표현의 자유 권리뿐 아니라, 심지어 혐오 메시지를 위해서조차도 자유에 대한 미국 법의 일반적인 헌신을 강력하게 옹호했다.

지적 자유가 특히 중요한 대학 환경에서 대학 총장과 같은 대학 관리자는 "누군가를 괴롭히는 설교(bully pulpit)"를, 반대 의견을 가진 발화자를 괴롭히는 설교(pulpit for bullying speakers)로 전환하지 않아야 한다는 유사한 우려가 있다. 대학은 이념적 정통(orthodoxy)의 외양을 만들어 내는 것조차 삼가야 한다. 미국연방대법원은 자주 인용되는 문구에서 다음과 같이 선언했다. "학문의 자유는 단지 관련 교육자들에게뿐만 아니라 우리 모두에게 초월적인 가치를 지니고 있다. 수정헌법 제1조는 강의실에 정통이라는 장

막을 드리우는 법을 용납하지 않는다."

이러한 이념적 중립의 중요성은 수정헌법 제1조의 학자이자 옹호자인 시카고대학교 법학 교수 해리 케일븐이 주 저자(chief author)인 '1967년 케일븐 보고서(Kalven Report)'에 잘 언급되었다. 보고서는 "조사의 자유가 보장되는 특별한 환경을 유지"하고 "자체 공동체 내에서 가장 폭넓은 견해의 다양성"을 장려하는 고유한 사명을 수행하기 위해 대학은 "오늘날의 정치적 문제와 사회적 문제에 대한 의견을 표명하는 것에 무거운 추정"을 수용해야 한다고 말한다.

앞서 언급한 학문의 자유에 대한 우려에 비추어 볼 때, 공식 자격으로 행동하는 대학 관계자들은 명백히 혐오적인 표현에 대한 대응이라 할지라도, **모든** 대항표현에 참여하는 것을 삼가야 한다고 주장할 수 있다. 케일븐과 마찬가지로 수정헌법 제1조의 선도적인 학자이자 옹호자인 시카고대학교 법학 교수인 제프리 스톤은 이러한 입장을 지지하면서 "대학이 특정 입장을 '진리' 또는 '거짓'으로 '선언'할 수 있는 권한을 남용할 때마다, 교수진과 학생들이 공식적으로 승인되지 않은 반대 입장을 취할 수 있는 자유를 위축시킨다"라고 말했다.

나는 학문의 자유를 존중하고 대학이 근본적인 문제에 대해 자신의 입장을 내세울 수 있도록 하는 그럴듯한 대안 전략을 제안하겠다. 즉, 대학은 자신이 옹호하는 일반원칙의 긍정적인 성명을 발표함으로써 능동적인 대항표현을 해야 한다. 여기에는 표현의 자유와 학문의 자유뿐만 아니라 평등, 다양성, 포괄성도 포함된다. 이러한 광범위하고 미래지향적인 진술은 대학 관계자들이 대학 공동체 구성원들이 행한 특정 논란의 여지가 있는 표현에 대해 "노코멘트" 하는 정책을 그러한 표현을 지지하는 것으로 해석해서는 안 된다는 것과, 오히려 학문의 자유에 대한 대학의 충실성을 반영하는 것으로 해석해야 한다는 것을 설명해야 한다.

대학 관계자들이 특히 혐오적이거나 다른 탐탁지 않은 메시지를 비판하는 제도적 대항표현에 참여하기로 선택한 경우, 대학 공동체의 모든 구성원이 반대 의견을 표현할 수 있는 자유에 대한 지지를 강조하여 해당 교직원들의 발언이 찬반양론을 위축시킬 위험을 최소화하도록 해야 한다. 이런 접근법의 좋은 모델은 1984년 한 학부 남학생 동아리가 배포한 성차별적인 전단에 대한 응답으로 하버드 대학교 총장 데릭 복이 하버드 공동체에 배포한 편지다. 복의 편지는 전단을 쓴 학생들이 표현의 자유 원칙에 따라 어떠한 공식적인 징계도 받아서는 안 되는 이유를 설명했지만, 그러고 나서 전단에 담긴 사상을 비판하였고, 이 비판이 전단 저자들의 표현의 자유 권리를 축소하지 않았다는 이유를 다음과 같이 설명했다.

전단의 문구는 여성에게 너무 극단적이고 경멸적이어서, 하버드 행정부가 이 편지에 동정심이나 안일함을 품고 있다는 잘못된 인상을 아무도 받지 않도록, 공개적으로 제 반대 의사를 전달하고 싶었습니다. 이러한 행위는 표현의 자유를 침해하지 않습니다. 실제로 반대 의견의 진술은 표현의 자유가 장려하기로 되어 있는 공개 토론의 일부이자 핵심입니다. 또한 어떤 견해를 비판할 수 있는 권리는 그것을 표현할 수 있는 권리만큼 보호됩니다. 물론 권위 있는 사람들이 구두로 반대하는 것조차 학생들에게 방해 효과를 줄 수 있다는 점을 인정합니다. 그럼에도 이러한 가능성은 교직원들이 공동체의 중요한 사안에 관해 목소리를 내야 할 필요성보다 크지 않습니다. 물론 교직원들이 다른 사람들의 표현에 불이익을 주는 조치를 취하지 않는 한 말입니다.

접촉 및 상호작용

시민권의 진전은 우리 각자에게 달려 있다. 작은 행동도 변화를 가져올 수 있다.

— 버넌 조던 주니어, 시민권운동가

정부 및 민간 부문 기관은 모든 사회집단 간의 차별 철폐, 다양성 및 상호작용을 촉진하기 위해 전통적으로 과소 대표되어 온 집단에 손을 내밀어야 한다. 사생활에서도 우리는 모든 사회집단 구성원, 특히 차별을 받아 온 사람들을 이해하고, 그들과 같이 일하고 교류하기 위해 노력해야 한다. 이것은 우리의 삶을 풍요롭게 할 것이고, 또한 사회의 차별과 분열을 줄이는 데 도움이 될 것이다.

사회과학 연구는 일상적인 경험이 시사하는 바를 확인시켜 주었다. 즉, 어떤 사회집단의 구성원들에 대한 사람들의 부정적인 태도를 줄이는 가장 효과적인 방법은 그들에게 서로에 대해 알아 가는 기회를 주는 것이다. 위에서 언급했듯이, "집단 간 접촉 이론"은 하버드대학교 교수 고든 올포트가 1954년 저서 『편견의 본질(Nature of Prejudice)』에서 처음 공식화했다. 올포트는 상호작용이 학교, 직장 및 공동체 집단과 같은 환경에서 특히 건설적이라고 가정했다. 올포트의 연구 결과는 집단 간 접촉이 편견을 줄이고 보다 관용적이고 통합적이며 조화로운 사회를 촉진하는 데 중요한 역할을 한다는 것을 증명하는 방대한 사회과학 문헌에 의해 입증되었다. 그 증거는 접촉이 편견을 극복하고 인종과 민족, 노인, 성소수자, 정신질환자, 장애인, 에이즈 피해자를 포함한 많은 다양한 집단의 사람들 사이의 긍정적인 관계를 형성한다는 것을 보여 준다. 예를 들어, 1993년 이성애자들이 남성동성애자들에게 갖는 태도에 대한 연구는 접촉의 정도가 정치적 이념을 포함한 다른 어떤 변수보다 이러한 태도를 더 잘 예측한다는 것을 발견했고, 2001년 접촉 이론 연구 500건에 대한 메타분석은 집단 간의 더 큰 이해는 본질적으로 모든 접촉에 의해 촉진될 수 있다는 결론을 내렸다.

보다 포용적인 대학

전통적으로 소외된 집단에 대한 인종적 불의와 부적절한 포용에 대한 최근의 분노는 대부분 대학에서 발생했다. BLM 및 이와 유사한 조직과 협력하여 이러한 문제를 해결하는 대다수 학생들은 혐오표현금지법을 포함하지 않는 다양한 시정조치를 지지한다. 이 점은 펜실베이니아대학교의 '교육에서의 인종 및 평등 연구 센터' 센터장 숀 하퍼가 강조했다. 이 센터는 전국의 대학에서 인종적 풍토에 대한 조사 수십 건을 수행했으며, 하퍼는 그와 그의 센터 동료들이 "유색인종 학생들에게 관리자가 대학에서 어떤 시정조치를 취하기를 바라는지 물었을 때, 그들은 표현 학칙에 대해서는 아무 말도 하지 않았다"라고 보고했다.

그들은 우리가 그들을 듣고, 이해하고, 진지하게 받아들이기를 원한다고 말한다. 그들은 백인들이 그들의 말과 행동이 가진 해로운 영향을 인식하기를 원한다. 그들은 교육과정에 문화적으로 다양한 관점을 더 많이 포함시키고, 민족 연구 프로그램과 문화센터를 위한 더 많은 자원, 교수직과 고위 행정직에 더 많은 유색인종을 원한다. 그들은 대학의 교육자들이 다양한 학생들을 가르치는 것과 모든 학생이 존중받는다고 느끼는 포괄적인 학습환경을 조성하는 데 고도로 숙련되기를 원한다. 그들은 건물에서 노예 소유자의 이름이 삭제되고 백인우월주의자들의 동상이 철거되기를 원한다.

사회과학 연구는 편견과 사회적 불화를 줄이는 데 이러한 비검열적 조치의 효과를 확인했다. 위에서 논의한 바와 같이 방대한 문헌들은 집단 간 접촉이 편견을 무력화하고 사람들이 상호 노력을 위해 협력할 때 긍정적인 잠재력이 가장 크다는 것을 보여 주었다. 이는 특히 대학에서 실현 가능하다. 추가적인 연구들은 다른 집단의 문화에 대해 더 많이 배우는 것이 해당 집단의 구성원들에 대한 더 긍정적인 태도를 촉진한다는 것을 보여 주었다.

자율적 제한
유럽에서는 표현에 대한 법적 제한이 더 많지만 사회적 압력은 덜한 반면,

미국에서는 법적 제한이 거의 없지만 훨씬 더 많은 사회적 압력이 있다.

— 플레밍 로세, 덴마크 언론인

한 사람에게 어떤 것을 말할 권리가 있다는 것이 그렇게 하는 것이 옳다는 것을 의미하지는 않는다. 그러므로 비판자들이 우리가 말하는 어떤 것들이 불필요하게 상처를 주거나, 무신경하다고 하면, 비록 그것을 의도치 않았다고 하더라도, 우리는 메시지의 내용이나 관점을 훼손하지 않은 채 메시지를 바꿔서 표현할 수 있다면 그렇게 해야만 한다. 그렇게 할 때, 우리는 표현의 자유 권리를 사려 깊게 행사하는 것이다.

눈치챘겠지만, 나는 이 책 전체에서 N○○(N-word)이라는 용어를 사용하기로 선택했다. 내가 인용하는 다른 사람들이 이 용어를 사용했을 때에도, 그리고 그들이 합법적이고 혐오적이지 않은 목적으로 사용했을 때에도(예를 들어, KKK 지도자의 표현에 부분적으로 근거한 유죄판결을 검토하고자 그의 표현을 인용한 미국연방대법원 판결), 실제 단어를 대신하기 위해서 "N○○"을 사용했다. 나는 서면 또는 구두 발표에서 그러한 단어를 사용하는 것조차 일부 독자 또는 청중으로부터 부정적인 반응을 유발하여 불필요하게 그들을 화나게 하고 문제의 토론에서 주의를 산만하게 하는 상황을 목격했기 때문에 그렇게 하기로 결정했다. 이와는 대조적으로 나는 이 책에서 당시 대통령이었던 버락 오바마가 특별한 주장을 입증하기 위해 이와 직접적으로 관련되어 있었던 용어 전체를 솔직하게 사용했던 인용문을 편집하지 않기로 결정했다. 나는 최고의 시민권 옹호자이자 그 자신이 이 비열한 단어의 빈번한 표적이기도 했다는 것을 포함하여, 오바마의 특수한 위상과 신뢰에 비추어 그 판단을 내렸다. 이렇게 단어를 선택함으로써 나는 이 책에서 주장하는 요점을 훼손하지 않고 강화하는 방식으로 내 표현의 자유를 신중하게 행사한 것이다. 나는 다른 사람들은 다른 판단을 내릴 거라고 확신하지만, 그러한 모든 결정이 우리 각자의 표현의 자유를 행사하는 것에 상응한다는 것을 그들이 인지하기를 희망한다.

자발적으로 선택한 민감하고 존중을 위한 언어 외에도, 다른 유형의 자발적인 자율적 제한(self-restraint)에는 일부 청중을 화나게 할 수 있는 언어를 사용하거나 그러한 주제에 대해 토론할 것임을 청중에게 경고하는 "사전 경고(trigger warnings)"가 포함된다. 이러한 경고는 정부나 대학 관계자들이 명령해서는 안 된다. 미국연방대법원이 오래전부터 인정한 바와 같이, 말하고 싶지 않은 것을 말하도록 강요하는 것은, 하고 싶은 말을 하지 않도록 강요하는 것과 마찬가지로 표현의 자유와 학문의 자유 원칙에 완전히 위배된다. 그러나 교사나 다른 발화자가 그러한 경고를 한 경우 그것은 어떤 표현의 자유를 행사한 것이다. 더욱이 특정 청중이 해당 주제에 참여하는 것을 장려하려는 의도로 제공하는 경우, 표현의 자유를 억압하기보다 촉진할 수 있다.

개인적인 자율적 제한 외에도 공공 및 민간 부문 주체들은 혐오표현의 사용을 권장하지 않을 수 있으며, 3장에서 설명했듯이 일부 상황에서는 그러한 표현을 처벌할 수도 있다. 많은 조직은 혐오표현을 비즈니스 관행 및 직업윤리의 문제로 제한해 왔다. 이러한 자율 규제(self-regulation)는 유럽인종차별위원회가 승인한 혐오표현금지법에 대한 비검열적 대안 중 하나다. 실제로 유럽인종차별위원회는 자율 규제가 "혐오표현을 해결하는 데 가장 적절하고 효과적인 접근 방식이 될 수 있다"라고 결론지었다.

* * *

이 장에서 논의한 증거는 대항표현 및 기타 비검열적 대안이 혐오표현 및 그것의 가능한 해악을 제한하는 데 혐오표현금지법보다 훨씬 더 "효과적"이라는 유럽인종차별위원회를 비롯한 많은 전문가의 결론을 뒷받침한다. 이것은 1장에서 요약했고 이후의 장에서 자세히 설명한 저울질 분석의 마지막 요소다. 이 분석은 심지어 그러한 법률의 기초가 되는 두 가지 가정의 문제, 즉 헌법상 보호를 받는 혐오표현은 우려되는 해악에 현저히 기여한다는 것과, 혐오표현금지법은 그러한 해악들을 실제로 줄인다는 것을 차치하고서도 혐오표현금지법을 거부해야 하는 몇 가지 독립적인 이유를 제시한다. 설령 헌법상 보호되고 있는 혐오표현이 우려되는 해악에 현저하게 기여했다 하더라도, 또한 설령 혐오표현금지법이 그것들을 줄이는 데 의미 있는 도움이 될 것이라 하더라도, 비검열 조치들도 우려되는 해악에 효과적으로 대항할 수 있기 때문에, 또한 혐오표현금지법이 표현의 자유, 민주주의, 평등 및 사회적 화합을 심각하게 손상할 것이기 때문에, 우리는 여전히 혐오표현금지법을 거부해야 한다.

HATE

9장

결론:
뒤를 돌아보고 앞을 내다보기

혐오표현금지법이 있거나 없는 실제 경험을 되돌아봄으로써 우리는 무엇을 배웠으며, 이것이 앞으로 나아가기 위한 어떤 지침을 제공하는가? 이 책을 쓰면서 나는 이러한 문제들에 대한 나의 이해를 풍부하게 하는 정보와 통찰력을 얻었고, 나는 이것이 독자에게도 해당되기를 바란다.

스코키 논쟁이 터진 1977년부터 혐오표현에 대해 생각하고, 읽고, 말하고, 글을 써 온 나는 수년 전 이 문제에 대한 추가 글을 써 달라는 청탁을 더 이상 수락하지 않고 거절하는 지경에 이르렀다. 나는 내게 새로 말할 것이 없으며, 이 주제의 모든 측면에 대한 모든 주장은 법학 교수들이 주로 표현의 자유와 평등에 관한 법률적 문제에 초점을 맞춰 집필한 방대한 저서에 철저히 발표되었다고 믿었다. 나는 혐오표현금지법이 표현의 자유만큼이나 평등에 해가 될 것이라는 나와 미국시민자유연맹(ACLU)의 오랜 입장에 열정적으로 헌신했을 뿐만 아니라, 이전 저작들에서 내가 할 수 있는 한 최선을 다해 그 입장을 충분히 설명했다고 생각했다.

하지만 몇 년 전부터 이러한 관점이 바뀌었는데, 대학 안팎에서 다양한 평등권 운동을 지지하는 운동이 증가하는 것을 보았기 때문이다. 당시 "중학교"에서부터 로스쿨에 이르기까지 다양한 평등주의 운동을 하던 학생운동가였던 나는, 최근에 학생 참여가 부활하는 것을 보고 감격했다. 하지만 너무 많은 학생과 그 밖의 사람들이 표현의 자유가 자신들이 옹호하는 사회정의 운동을 훼손할 것이라고 믿으면서, 그 같은 견해를 공유하지 않는 발화자들에 대한 검열을 요구했다는 사실에 실망했다. 입증되지 않은 보고서와 여론조사 자료를 보면서, 강력한 표현의 자유와 평등권을 옹호하는 나를 비롯한 사람들이 우리의 입장을 충분히 설명하지 못했다는 사실을 깨닫게 되었다. 우리는 만인을 위한 평등한 정의가 만인의 완전한 표현의 자유에 달려 있다는 것을 많은 학생을 비롯한 사람들에게 분명히 전달하지 못했다. 따라서 나는 나와 다른 사람들이 이전에 했던 것보다 더 명확하고 설득력 있게 이 결론을 뒷받침할 수 있기를 바라는 마음에서 이 책을 쓰는 도전을 환영했다.

이 책을 위해 자료를 조사하고 집필하는 과정은 나에게 놀라운 것이었다. 나는 내가 이전에 했던 것보다 더 설득력 있게 과거의 주장을 할 수 있을 뿐만 아니라 그 이상으로 나아갈 수 있다는 것을 깨달았다. 가장 중요한 것은 내가 이 주제에 대해 마지막으로 글을 쓴 이후로 중요한 발전을 이끌어 냈다는 것이다. 요컨대 나는 처벌 가능한 혐오표현과 보호 대상인 혐오표현 사이에 선을 긋는 미국 법의 미묘한 입장에 대해 그 어느 때보다 감사하게 생각한다. 게다가 나는 헌법상 보호되는 혐오표현을 억압함으로써 발생할 해악과, 정부 관료 및 시민사회단체 그리고 개인 공동체 구성원이 적극적으로 추구해 오고 있는 점점 더 왕성해지고 세련되어지는 대항표현을 비롯한 그 밖의 비검열적 대응 조치로부터 계속해서 발생할 이익에 대해 그 어느 때보다도 더 확신하고 있다. 특히 혐오적이고 차별적인 언행의 대상이 되는 사람들의 활기찬 표현과 행동에 힘을 얻는다. 그들은 침묵하기는커녕 목소리를 높이도록 일깨워지고 있다.

1980년대에 이 주제에 대한 관심이 폭발적으로 증가한 것을 시작으로, 혐오표현에 관한 상당한 분량의 글들은 법률가들에 의해 쓰였다. 보다 최근에 다양한 사회과학자들에 의해 "혐오"라는 주제에 대한 보다 다양한 학문적 성과가 나타났다. 1992년에는 곤저개대학교(Gonzaga University)에 학제 간 혐오연구소(Institute of Hate Studies)가 설립되었으며, 동시에 학제 간《혐오연구저널(Journal of Hate Studies)》이 창간되었다. 다른 대학에도 유사한 프로그램들이 도입되었으며 대학에서는 혐오에 관한 학제 간 과정을 커리큘럼에 추가하고 있다. 이 주제에 대한 토론은 일반 대중매체에서도 성황을 이루고 있다.

법률가로서 최근 급증하는 이 자료들을 정독하면서 나는 다소 겸손해진다. 이들은 이 주제에 대해 다작을 해 온 법률가들을 지배해 온 법적 문제들을 거의 다루지 않기 때문이다. 이는 마크 트웨인의 유명한 격언을 떠올리게 한다. "만약 당신이 가진 도구가 망치뿐이라면, 모든 문제는 못처럼 보일 것이다." 수십 년 전에 이 문제를 다루었던 획기적인 법학 교수들이 헌법상 보호되는 혐오표현이 야기할 수 있는 잠재적 해악을 해결하기 위한 법적 도구, 특히 새로운 법률을 제안했던 것도 이해는 된다. 그러나 그 이후로, 더 다양한 도구를 가진 여러 전문가가 대안적이고 보다 효과적인 전략을 개발해 오고 있다.

나는 우리가 이룬 진보에 만족하고 우리의 영예에 안주해야 한다고 제안하기 위해서가 아니라, 오히려 그 반대 이유인 자유·평등·민주주의는 물론 개인적 행복·사회적 화합과 같은 중요한 목표를 위해 계속 싸우겠다는 우리의 결의를 강화하기 위해서, 지난 수십 년의 긍정적인 조치들에 주목한다. 더 적은 표현이 아니라 더 많은 표현을 통해 우리가 이미 이룬 진전들은 우리가 이 과정을 계속하도록 격려할 것이다. **우리 모두는 중요한 대의를 촉진하기 위해 가장 본질적인 권리를 행사해야 한다. 즉, 침묵하지 않을 권리 말이다.**

HATE

부록

저자와의 대담

네이딘 스트로슨, 홍성수

홍성수_ 안녕하세요? 이렇게 직접 찾아뵙고 말씀 나눌 수 있게 되어서 매우 기쁩니다. 교수님의 책을 번역하게 되어 영광이고요.

네이딘 스트로슨_ 저도 정말 영광입니다. 감사합니다. 교수님도 혐오표현에 대한 훌륭한 전문가이신데 제가 한국어를 읽을 수 없어서 아쉽습니다.

홍성수_ 별말씀을요. 책 번역은 거의 마무리되었습니다. 지금까지 인터뷰나 다른 글들을 통해서 표현의 자유나 혐오표현에 대한 교수님의 주장은 이미 잘 알고 있었지만, 이 책에 교수님의 주장이 명쾌하게 정리되어 있어서 큰 도움이 되었습니다. 책에 담겨 있는 몇 가지 중요한 논점에 대해서 교수님께 직접 여쭤 보고 그걸 책에 실으면 도움이 될 것 같아서 이렇게 찾아오게 되었습니다. 바쁘신 와중에 대담에 흔쾌히 응해 주셔서 정말 감사드립니다.

네이딘 스트로슨_ 정말 훌륭합니다. 감사합니다.

홍성수_ 자, 그럼 시작해 보겠습니다. 교수님은 이미 혐오표현에 대해서 강연이나 글을 통해 여러 번 입장을 밝혀 오셨고, 혐오표현에 대한 교수님의 입장은 이미 널리 알려져 있습니다. 그럼에도 이 책을 출간하게 된 계기가 무엇인지 궁금합니다.

네이딘 스트로슨_ 무엇보다 미국에서 표현의 자유와 혐오표현에 대한 논쟁이 대학에서 시작되어 사회 전반으로 퍼져 나갔다는 점을 말씀드리고 싶어요. 그 무렵 또는 그 무렵부터 흑인 청년이 경찰에게 부당하게 살해당한 끔찍한 사건이 널리 알려지면서 Black Lives Matter 운동이 활기를 띠게 되었고, 수많은 대학 시위로 이어졌죠.
저는 오랫동안 경찰의 권한 남용에 반대하고 평등, 존엄, 포용을 옹호해 온 사람으로서 이러한 중요한 대의에 대중들이 강력한 지지를 보내는 것을 보고 기뻤습니다. 설문조사에 따르면, 미국 학생들은 수십 년 동안 정치에 무관심했고 공적 사안에 참여하기는커녕 뉴스에도 관심을 기울이지 않았거든요. 제가 학생이었을 때 이후로 한동안 볼 수 없었던 방식의 학생운동이 나타났다는 점에서 매우 긍정적인 일이었습니다.

반면에, 이 학생들이 표현의 자유를 자신들의 대의에 반하는 것으로 본다는 것을 금방 알아챌 수 있었습니다. 예를 들어, 미주리주의 마이클 브라운(Michael Brown) 사망 사건(2014년 18세 흑인 청년이 경찰의 총에 맞아 사망한 사건) 이후 흑인 인권운동 시위를 하던 학생들이 언론사의 취재 요청을 거부하고 학생 기자를 물리적으로 내쫓고 교직원이 학생 기자를 실제로 폭행하는 등 "혐오표현은 표현의 자유가 아니다"라는 수사가 점점 더 많아지기 시작한 것을 기억하실 것입니다. "표현의 자유는 평등에 좋지 않다"라는 것이었습니다. 그리고 점점 더 그런 담론들이 강력해졌습니다. 제가 기억하는 한 시위가 있었습니다. 미국시민자유연맹(ACLU)의 버지니아주 지부 지도자가 모교인 워싱턴 윌리엄앤메리(William and Mary) 칼리지에서 캠퍼스 내 표현의 자유를 주제로 연설할 예정이었는데, 학생들이 "백인의 표현의 자유는 백인우월주의다"라는 팻말을 들고 연설을 전혀 할 수 없을 정도로 방해했습니다.

홍성수 교수님 말씀대로 저는 수십 년 동안 표현의 자유를 옹호하는 주장을 해 왔지만 성공하지 못했다고 생각했습니다. 이제 매우 활동적인 세대가 등장했습니다. 하지만 이들은 자신의 대의를 알리는 데 표현의 자유가 필수라는 사실을 이해하지 못합니다. 저는 과거에 그들을 설득하기에 충분히 효과적인 옹호자가 아니었던 겁니다. 이제 다시 시도해 보고자 했습니다.

홍성수_ 그럼 젊은 세대를 위해 이 책을 쓰셨다고 봐도 되겠네요.

네이딘 스트로슨_ 사실 제가 목표했던 청중은 표현의 자유를 지지하지 않는 사람들이었는데, 미국에서 실시된 설문조사를 보면 젊은 층이 표현의 자유에 대해서 더 회의적인 경향을 보입니다. 학계, 저널리즘, 출판, 엔터테인먼트, 도서관, 심지어 시민 자유 및 인권 커뮤니티 같은 전통적으로 표현의 자유를 지지해 온 기관에서의 젊은 층도 마찬가지입니다. 이들은 심지어 적대적인 태도를 보이기도 합니다. 저는 젊은 세대뿐만 아니라 자유주의자들에게도 이 주장을 하고 싶었습니다. 현재 정치 스펙트럼의 왼쪽 끝에서 표현의 자유에 대한 더 많은 적대감이 나타나고 있다고 생각하기 때문입니다.

홍성수_ 미국의 젊은이들은 혐오표현 검열을 지지하는 쪽인가요?

네이딘 스트로슨_ 네, 그렇습니다. 개인의 권리와 표현을 위한 재단(FIRE)과 헤테로독스 아카데미(Heterodox Academy)를 비롯한 여러 단체가 여론 조사 기관과 협력하여 실시한 설문조사에 따르면, 대학생 및 기타 젊은이들 중 과반수는 아니긴 하지만 적어도 상당수가 혐오표현 규제를 지지하는 것으로 나타났습니다.

홍성수_ 그 조사는 대학 내에서의 혐오표현 규제에 대한 조사였나요? 아니면 일반적인 혐오표현 규제에 대한 조사였나요?

네이딘 스트로슨_ 둘 다입니다. 대학에서 일어나는 일은 대학 밖의 세상에서 일어나는 일을 반영한다고 생각합니다. 많은 연구에 따르면, 학생들이 대학 입학 전에 교육을 통해 이러한 태도를 습득하고, 대학을 졸업하고 직장에 들어갈 때 이러한 태도를 가지고 간다고 합니다. 문제가 반드시 대학에서 시작되는 것 같지는 않습니다.

대학에 많은 관심이 집중된 이유는 표현의 자유를 특히 소중히 여기고 보호할 것으로 기대되는 곳이 바로 대학이라고 생각하기 때문입니다. 학생들과 젊은 교원들 사이에서조차 표현의 자유가 지지받지 못한다면, 사회의 다른 부문에서는 표현의 자유가 더더욱 위험에 처한 것 아닐까요?

홍성수_ 책이 출판된 이후의 반응이나 변화된 상황이 있으면 말씀해 주십시오.

네이딘 스트로슨_ 정말로 긍정적인 반응이 계속되고 있습니다. 일화이긴 하지만, 바로 어젯밤에 터프스(Tuffs)대학교 플레처 스쿨(Fletcher School)의 국제법 및 외교 분야의 저명한 교수로부터 이메일을 받았습니다. 저는 작년 가을 그의 국가안전법 세미나에 초대받아 갔었죠. 여러 나라에서 온 학생들이었고, 학생 중 다수는 군대 및 정보기관 출신이었습니다. 그 교수님이 군 경력이 많고 나이가 지긋한 한 남학생과 나눈 이야기를 전해 주었습니다. 그 학생이 원래는 세미나 내내 표현의 자유에 대해 매우 적대적이었고, 보수적이고 친정부적이고 친통제적인 접근 방식을 선호했는데, 나중에 혐오표현금지법에 반대하는 논문을 써냈다고 합니다. 어떻게 된 거냐고 물었더니, 저의 강의를 듣고 설득되어 저의 책을 읽었고 결국 생각을 바꾸게 되었다고 합니다. 이외에도 아마 제가 듣지 못한 많은 사례가 있을 겁니다.

옥스퍼드대학교 출판사의 한 젊은 직원이 제 책의 제목만 보고 출판에 강하게 반대했다고 저에게 말해 주더군요. 그는 저의 책이 싫었지만 마케팅 책임자였기 때문에 어쩔 수 없이 읽었다고 합니다. 그런데 책을 읽고 생각이 바뀌어 모든 친구에게 책을 계속 나눠 주었고 그들이 완전히 마음을 바꾸지 않으면 실망하기도 했다고 합니다.

홍성수_ 아주 흥미로운 이야기네요. 책이 출간된 후 대중 강연에 여러 번 초대받으셨던 것 같습니다. 방송이나 유튜브 채널에서도 쉽게 찾아볼 수가 있더군요.

네이딘 스트로슨_ 네, 2018년 책 출간 이후 매년 대중 강연을 200여 건 했으니까 그동안 1000번은 넘었겠죠.

홍성수_ 정말 엄청난 반응이네요. 자, 그럼 본격적으로 책에 담긴 이야기를 해 보겠습니다. 먼저 역사를 거슬러 올라가 보죠. 수십 년 전의 일이죠. 1977년 스코키 사건에 대해 여쭤 보고 싶습니다. 이 사건은 혐오표현 논쟁에서 가장 중요한 사건이라고 할 수 있을 것 같습니다. 교수님도 책에서 여러 번 언급한 사건이기도 하고요. 당시 미국시민자유연맹(ACLU)이 취한 입장이 화제가 되었는데, 교수님은 그때 어떤 역할을 하고 계셨습니까? (네이딘 스트로슨 교수는 그로부터 14년 뒤에 미국시민자유연맹 대표에 취임한다.)

네이딘 스트로슨_ 그 당시 저는 여러 자원봉사 변호사 중 한 명에 불과했습니다. 저는 로스쿨을 막 졸업한 젊은 변호사였기 때문에 주도할 만한 위치에 있지는 않았지만, 그 사건은 미국시민자유연맹과 무관한 사람들 사이에서도 뜨거운 논쟁이 되었습니다. 아시다시피, 당시 뉴스 보도가 매우 많았고, 생각이 깊은 사람들은 모임에 나가면 늘 그 얘기를 했을 정도였죠.

책에도 썼기 때문에 잘 아시겠지만, 당시 미국시민자유연맹의 최고위직을 맡고 있었던 아리에 나이어는 홀로코스트 생존자였고, 자신이 홀로코스트 생존자임에도 나치에 대한 검열에 반대했습니다. 그 이유를 설명하기 위해 저보다 훨씬 더 좋은 위치에 있었던 거죠. 그는 그 이후 아주 훌륭한 책을 써냈는데, 아직 읽어 보지 않으셨다면, 강력히 추천합니다.

홍성수_ 네, 그 책은 저도 잘 알고 있습니다. 스코키 사건에 대해 쓴 책이죠?

네이딘 스트로슨_ 네 그렇습니다. 1979년에 출간된 『나의 적을 옹호하다(Defending My Enemy: American Nazis, the Skokie Case, and the Risks of Freedom)』라는 책입니다. 저는 주기적으로 다시 읽곤 하는데, 정말 시간이 지나도 변함없는 가치가 있는 책입니다.

아리에 나이어는 표현의 자유를 옹호하는 인물로 잘 알려져 있죠. 미국시민자유연맹에서 시작해 휴먼라이츠워치 창립을 주도했고, 조지 소로스(George Soros)의 오픈소사이어티재단에 합류했습니다. 그는 전 세계에서 가장 잘 알려진 국제 인권옹호자로 표현의 자유를 전적으로 옹호하는 사람입니다.

하지만 그는 실제로 이렇게 말한 바 있습니다. "나는 표현의 자유를 사랑하지만, 그보다 나치를 훨씬 더 혐오한다." 그러니까 만약 나치를 검열해서 나치가 권력을 장악하는 것을 막을 수 있다고 생각했다면, 그는 검열에 찬성했을 것이라는 이야기입니다. 그렇지만 검열의 효과는 없었죠. 나치는 당시 바이마르공화국에서 매우 엄격하게 집행했었던 혐오표현금지법의 적용을 받았지만 나치는 오히려 이를 선전 플랫폼으로 사용하여 다른 방법으로는 얻지 못했을 관심과 동정심을 얻었습니다.

최근에 플로리다주 팜비치(Palm Beach)의 한 유대교회당에서 강연했던 기억도 떠오르네요. 그 유대교회당은 광선을 비춰 만든 낙서와 나치 문양, 그리고 사람들이 잔디밭에 내던져진 끔찍한 포스터 등 정말 추악한 반유대주의 사건이 많이 발생했었던 곳입니다. 그래서 저는 검열이 아닌 표현의 자유로 저항해야 하는 이유와 무단침입방지법, 폭행방지법 등 취할 수 있는 여러 조치에 대해 말했지만, 유대교 지도자들을 설득하진 못했습니다.

유대인 지도자들은 저를 바라보며 필요한 것은 무엇이든 해야 한다고 말했습니다. 저는 효과가 있다면 무엇이든 하고 싶었습니다. 우리는 무언가를 하고 싶습니다. 우리는 즉각적인 피해, 즉 정신적 피해와 부정적 행동으로 이어질 수 있는 태도 변화의 잠재적인 장기적 피해를 모두 인식하고 있습니다. 하지만 도덕적 만족감을 느끼기 위해서 또는 단지 무언가를 하고 있는 것처럼 보이기 위해서 무언가를 해서는 안 됩니다.

다른 사례를 얘기해 보죠. 테러가 발생했을 때, 국회의원들은 테러에 대해 무언가 해야 한다고 생각했었죠. 그래서 어떻게 했나요? 그들은 애국자법(Patriot Act)이라는 법안을 한 달도 안 되는 기간에 토론도 청문회도 거의 거치지 않고 서둘러 통과시켰습니다. 그들은 "우리는 무언가를 하고 있다"라고 말했지만, 근본 원인이 무엇인지에 대한 분석은 없었습니다. 어떤 예방조치가 또 다른 테러 공격을 막을 수 있는지에 대한 분석이 없었던 거죠.

혐오표현금지법도 마찬가지입니다. 법은 뿌리 깊은 문제의 증상을 쫓을 뿐입니다. 세금을 쓰지 않아도 되는 일인데, 정치적으로 값싸고 빠른 해결책을 제시할 뿐이죠. 그리고 그것은 아무 효과도 없습니다. 하지만 법으로 문제를 해결하려는 시도는 계속될 것이고, 최악의 경우에는 독일에서 나치즘이 부상했을 때 그러했던 것처럼 오히려 확대될 것입니다.

홍성수_ 좋은 말씀입니다. 눈앞에 분명히 '악'이 있는데 그것을 금지하고 검열하는 조치를 반대한다고 말하는 것이 결코 쉬운 일은 아닌 것 같습니다. 스코키 사건 때도 미국시민자유연맹이 나치의 표현의 자유를 옹호하다가 회원들이 대거 탈퇴했다고 알고 있습니다. '나치에 반대한다'라는 말과 '그러나 그들의 표현의 자유는 보호되어야 한다'라는 말이 양립할 수 있다는 것, 이것을 설명하는 게 늘 어려운 것 같습니다.

네이딘 스트로슨_ 거의 모든 나라에서 마찬가지입니다. 표현의 자유라는 개념 자체가 직관적이지가 않죠. 교육에서의 개인의 권리를 위한 재단(FIRE)의 대표인 그레그 루키아노프는 오랫동안 재단 웹사이트에 '영원히 급진적인 나(Eternally Radical I)'라는 블로그를 운영해 왔습니다.

어리석고 악하고 위험한 말을 허용해야 한다는 것이 얼마나 급진적인지 아실 겁니다. 그러나 그것은 진실을 추구하기 위한 가장 강력한 아이디어입니다. 그러나 이런 훌륭한 생각은 설명하기가 어렵지 않습니까? 이것이 교수님 같은 분이나 제가 책을 쓰는 이유라고 생각합니다.

홍성수_ 10여 년 전쯤 한국에서도 '일베'라는 극우 인터넷사이트가 활동을 시작했습니다. 그들은 여성, 5·18 희생자, 민주화운동가, 이주자, 성소수자 등을 표적으로 삼았죠. 한국에서는 그동안 혐오라는 문제가 대두된 적이 없었거든요. 그래서 매우 충격적이었습니다. 그때 누군가가 "독일이었으면 혐오표현금지법이나 홀로코스트부정금지법으로 처벌했을 것이다"라고 말했습니다. 우리도 그런 법을 제정해서 혐오 발언자들을 처벌하고 소수자를 보호해야 한다는 것이었죠.

네이딘 스트로슨_ 하지만 잘 아시다시피 독일에서는 유대인과 난민에 대한 끔찍한 물리적 공격, 심지어 살인까지 발생하고 있습니다. 이주자와 난민의 권리를 지지하던 한 정치인이 살해당하기도 했고요. 최근 신나치주의자들이 군대와 경찰에 침투했다는 문서가 발견되기도 했습니다. 그러니까 독일은 매우 엄격한 혐오표현금지법 및 홀로코스트부정금지법이 있지만, 파시즘과 혐오 조직의 부상을 막지 못한 겁니다.

몇 년 전 유럽연합 집행위원과 토론한 적이 있습니다. 그의 공식 직책은 소수자 및 여성 담당이었고요. 그와 혐오표현금지법에 대해 토론했는데, 그 역시도 유럽 국가들에 강력한 혐오표현금지법이 있지만 그럼에도 유럽 전역에서 다양한 소수자집단에 대한 혐오표현, 혐오범죄, 차별적 폭력이 증가하고 있다는 데 전적으로 동의하더군요. 그래서 제 결론은 이런 법이 효과가 없다는 것이었지만, 그의 결론은 정반대로 더 많은 법, 더 엄격한 법이 필요하다는 것이었습니다.

인간의 신념과 태도에 영향을 미치는 요인이 무수히 많기 때문에, 무엇이 옳은 대안인지 사회과학적으로 증명할 방법은 없다고 생각합니다. 하지만 법으로 문제를 해결하려고 하는 것은 사람들이 생각하고 행동하는 방식에 영향을 미치는 무수히 많은 여러 요인 중에서 한 가지 요인인 '표현'만 분리해서 표현 규제에만 초점을 맞추는 것입니다. 균형을 잃은 것이죠. 그런 식으로 우리의 관심을 계속 낭비해서는 안 됩니다. 법에는 그렇게 관심을 집중하면서 다른 수많은 적극적인 조치는 왜 고려하지 않는지 생각해 봐야 합니다.

그런 점에서 인터뷰 자료로 혐오표현에 대처할 여러 방법을 정리해 주신 것이 정말 마음에 들었습니다. (인터뷰 자료로 홍성수의 저서 『말이 칼이 될 때』와 국가인권위원회가 발간한 『혐오표현 리포트』에 실린 혐오표현에 대한 다양한 대응 방법을 정리한 표를 제공했었다.) 그 자료를 보니 미국 작가 마크 트웨인이 남긴 얘기가 떠올랐습니다. 그는 "당신이 가진 유일한 도구가 망치라면 모든 문제가 못처럼 보인다"라고 말했죠. 우리 입법기관의 의원들이 가지고 있는 유일한 도구는 법입니다. 그리고 의원 대부분은 법조인이죠. 그러니 그들이 무엇을 하겠습니까? 법을 통과시키겠죠. 애국자법을 통과시켰고 혐오표현금지법을 통과시키겠죠. 이로써 유권자들에게 "내가 무언가를 하고 있다"라고 말할 수 있겠지만, 실제로는 의미 있는 일을 하는 것은 아니라는 겁니다.

홍성수_ 한국도 마찬가지로 법조인들의 영향력이 큰 편입니다. 국회의원 중에 변호사도 많고요. 아무래도 법조인들은 다른 방법보다도 법으로 세상을 바꾸는 방법을 선호하는 경향이 있는 것 같습니다. 흥미로운 것은 저도 몇 년 전에 표현에 대한 검열을 비판하는 입장을 냈다가 극우를 옹호한다고 비난받은 적이 있습니다. 역사가 다른 시대 다른 공간에서 반복되는 것 같기도 합니다.

네이딘 스트로슨_ 저도 비슷한 질문을 끊임없이 받는데, '미국시민자유연맹이 어떻게 나치를 옹호할 수 있느냐'는 질문이죠. 저는 항상 이렇게 말합니다. "우리는 나치를 옹호하는 것이 아니다. 우리는 나치를 매우 반대한다. 우리는 표현의 자유를 옹호하는 것이다." 이러한 입장의 즉각적인 수혜자는 나치겠지만, 궁극적인 수혜자는 나치를 반대하는 사람을 포함한 모든 사람입니다.

한국에 대해서 충분히 알지 못했는데, 비교할 만한 사안이 있다니 매우 흥미롭습니다. 미국은 정치적으로 매우 다양하기 때문에 정반대의 사례를 항상 제시할 수 있고, 그래서 그런 사례들이 저의 주장을 옹호하는 데 큰 도움이 됩니다. 한 공동체에서 혐오표현인 것이 다른 공동체에서는 혐오표현이 아닌 것으로 간주되기도 합니다. 예컨대 스코키 마을의 경우를 간단히 설명하자면, 스코키는 시카고와 매우 가까운 도시로 유대인이 주로 거주하고 있으며, 당시에는 그들 중 다수가 홀로코스트 생존자였습니다. 한편 시카고와 같은 거리에 있는 시서로라는 또 다른 마을은 인구 구성이 스코키와 완전히 달랐습니다. 인구 대부분이 백인 노동자였습니다. 매우 보수적이고 인종차별적 입장을 가진 사람들이었죠. 스코키에서 유대인들이 신나치에 반대했던 것처럼, 시서로에서 같은 해에 지역 주민들이 마틴 루서 킹 주니어를 반대했습니다.

우리는 기본적으로 마틴 루서 킹 주니어에게 좋은 것이 나치에게도 좋은 것일 수 있고, 그 반대의 경우도 마찬가지라는 것을 알 수 있습니다. 같은 원리에서, 공동체의 구성원이 당신의 생각을 혐오스럽고 위험하고 전복적인 것으로 보는 입장을 취하더라도, 당신의 표현의 자유 권리에 대해서는 찬성할 수도 있고 반대할 수도 있습니다.

홍성수_ 흥미롭네요. 표현의 자유와 관련해서는 아이러니한 일이 자주 발생하는 것 같습니다. 한국에서도 원래 표현의 자유는 진보주의자나 자유주의자 들이 옹호하는 이념이었습니다. 하지만 극우 세력들의 혐오표현을 처벌하자는 목소리가 나오자, 이번에는 극우에서 자신들의 표현의 자유를 주장하고 나서더군요.

네이딘 스트로슨_ 저의 책에서 얘기했듯이, "흑인의 생명은 소중하다(Black Lives Matter)"라는 말이 권력 있는 정부 관료들에 의해 혐오표현으로, 또한 허위 정보로, 극단주의자나 테러 발언으로 공격받기도 했었죠. 반면 많은 사람은 친인권적이라고 정반대로 간주하죠. 얼마나 주관적입니까.

홍성수_ 많은 사람이 독일 등 유럽 국가들에 혐오표현금지법이 있다는 사실을 알고 있지만, 그 법이 그 국가들에서 실제로 어떻게 집행되고 작동되는지는 잘 모르는 것 같습니다. 한국에서도 독일식 혐오표현금지법이 필요하다고 말하는 사람이 있지만, 구체적인 집행 현실을 정확히 아는 사람은 거의 없는 것 같습니다.

네이딘 스트로슨_ 사람들이 독일에서 우파가 부상하고 있고, 극단주의 조직과 노골적인 인종차별주의 정당인 독일을위한대안(AfD)이 약진하고 있다는 점을 알게 된다면, 그리고 혐오표현금지법이 얼마나 효과적이지 않은지 그리고 심지어 역효과를 낼 수도 있다는 사실을 알게 된다면 좀 달라질 겁니다.

최근의 수치는 정확히 모르지만, 독일의 극우는 연방의회에서 상당한 의석을 차지하고 있습니다[2022년 말 기준으로 독일을위한대안(AfD)은 연방의회 736석 중 78석을 차지하고 있다]. 혐오나 차별적 사상을 억압하려는 시도가 그 사상을 없애지 못하고 오히려 부추길 수도 있습니다. 그래서 독일의 많은 인권운동가는 독일이 미국 같은 방식으로 더 나아갔으면 좋겠다고 말합니다.

홍성수_ 한국에서도 비슷한 상황이 있었는데요. 한국은 혐오표현 금지법은 없지만 혐오표현이 명예훼손에 해당할 때는 형사처벌이 가능합니다. 그래서 극우의 대표적인 인물이 실제로 국가 폭력 피해자들의 명예를 훼손했다는 이유로 기소된 적이 있었는데요. 탄압에 굴하지 않는 순교자가 되겠다며 영웅 행세를 하더군요. 책에서도 비슷한 일화가 있었습니다.

네이딘 스트로슨_ 네, 그렇습니다. 그래서 법의 목표는 표현을 억제하는 것이지만 종종 그 표현의 효과를 증폭시키는 정반대의 영향을 미치기도 합니다. 제 남편은 책이 나오면 저를 반대하는 시위가 있기를 바란다고 저에게 말했습니다. 그게 책을 파는 가장 좋은 방법이라고 하더군요(웃음).

홍성수_ 교수님의 책에서는 대항표현 또는 비검열적 조치를 혐오표현에 대한 대응 방안으로 제시하고 있습니다. 저와 함께 교수님의 책을 번역한 유민석 선생님과 저는 그동안 대항표현을 한국에 소개하고 그 중요성을 강조해 왔습니다. 그래서 저희 두 사람이 이 책을 번역하게 된 것이고요. 교수님이 대항표현을 혐오표현에 대한 효과적인 대응이라고 생각하시는 이유는 무엇인지 설명 부탁드립니다.

네이딘 스트로슨_ 대항표현의 개념은 매우 광범위합니다. 교수님이 주신 자료에서는 혐오표현에 대항하는 방법으로 '환경 조성'이라는 표현을 쓰셨던데, 이게 대항표현과 같은 개념입니다. 교육을 하거나 정보를 제공하는 것 말이죠. 우리가 싫어하는 메시지를 억압하는 대신 평등과 포용성 및 다양성에 대한 긍정적인 생각을 불어넣는 것입니다. 이를 위해 모든 매체를 통한 홍보, 커뮤니케이션, 교육 등으로써 긍정적인 생각을 적극적으로 홍보하려고 노력하는 것이죠. 이것은 모든 면에서 표현의 자유 원칙에 부합할 뿐만 아니라 성공할 가능성도 높습니다.

제 책에 있는 내용이지만, 유럽인종차별위원회(ECRI)는 여러 유럽 국가의 모든 혐오표현 관련 법률을 집행하거나 감독하는 역할을 담당하고 있습니다. 그리고 최근 설문조사에서 그들은 이러한 혐오표현금지법이 혐오, 차별, 차별적 폭력의 증가를 동반한다는 결론을 내렸습니다. 대항표현은 검열보다 훨씬 더 효과적일 가능성이 높습니다. 대항표현도 성공한다는 보장은 없죠. 하지만 검열보다는 성공할 가능성이 훨씬 더 높다고 생각합니다.

홍성수_ 혐오표현금지법의 실효성 문제는 정말 중요한 쟁점인 것 같습니다. 비검열적 조치라는 대안에도 주목해야 하고요. 하지만 일각에서는 대항표현이 혐오표현을 억제하는 데 즉각적인 효과는 없지 않냐고 반박하기도 합니다. 대항표현이 혐오 문제를 해결하는 근본적인 방법일지는 몰라도, 단기적인 효과를 기대하기는 어렵지 않냐는 것이죠. 당장 혐오를 당하는 피해자가 있는 상황에서 이들을 보호하려면 즉각적인 조치로서 법적 제재가 필요한 것 아니냐는 것인데요. 여기에 대해서는 어떻게 생각하십니까?

네이딘 스트로슨_ 누군가가 혐오표현으로 직접적인 고통을 겪고 있다면, 표현의 자유의 원칙에 의거하더라도 혐오표현을 금지할 수 있습니다. 그러니까 누군가가 직장이나 학교에서 직접적으로 괴롭힘을 당하거나, 협박을 받거나, 싸움 거는 말을 듣는 경우, 그 발언은 처벌할 수 있는 것이고 또 처벌해야 합니다. 저도 전적으로 동의합니다. 더 나아가 미국 법은 직원이나 학생으로서 고용 또는 교육에 완전히 평등하게 참여할 수 있는 능력을 훼손하는 적대적인 환경형 괴롭힘(hostile environment harassment)을 금지하고 있습니다(미국 법상 직장이나 학교에서 차별적인 환경을 조성하는 것은 평등하게 일하고 교육받을 권리를 침해하는 것이므로 위법하다고 간주된다).

그래서 첫째, 어떤 표현이 심각하게 해악적이고 혐오적이라면 (그래서 누군가에게 직접적인 해악을 끼치고 있다면) 처벌할 수 있고 또 처벌해야 합니다. 강력한 표현 보호 원칙을 가진 미국에서도 심각하게 혐오적인 표현은 처벌할 수 있습니다. 둘째, (심각하게 혐오적인 표현은 아니라서) 직접적인 처벌이 불가능하더라도 여전히 혐오표현 피해자를 보호할 방법이 있습니다. 예를 들어, 혐오 발언 자를 비판하는 것, 혐오표현의 대상이 되는 사람들의 동등한 존엄 성을 지지하고 격려하는 등 대항표현을 하는 것, 교육 자원을 제공 하는 것, 심리상담 자원을 제공하는 것, 충분한 회복력을 갖도록 돕 는 기술 자원을 제공하는 것 등을 통해서 말이죠.

저는 제 책에서 엘리너 루스벨트의 말을 인용하여, "내가 허락하 지 않는 한 그 누구도 말로 나를 해칠 수 없다"라는 정말 중요한 생 각을 얘기했습니다. 심리학자들 사이에서 점점 더 널리 받아들여지 고 있는 인지행동치료에서는 내면의 회복력을 통해 어떤 표현으로 인한 잠재적 피해를 극복할 수 있도록 사람들을 훈련시킵니다. 바 이러스가 창궐한 이 시대에 면역력을 키우는 것처럼 말이죠. 부정 적이고 잠재적인 위험한 힘에 노출되어도 굴복하지 않도록 힘과 저 항력을 키우는 것입니다. 즉, 우리 사회에서 혐오적 생각을 즉시 제 거하지는 못하더라도 피해자를 위해 즉각적으로 할 수 있는 일이 있다는 것입니다.

뉴질랜드의 한 기자가 제가 잊고 있던 사실을 상기시켜 주었는 데요. 논리적으로 볼 때, 혐오 사상을 퍼뜨리는 사람들이 혐오표현 금지법에 대응하는 방법은 세 가지뿐이라는 겁니다. 첫 번째는 공 개적으로 혐오표현을 중단하여 그 표현을 지하로 숨겨 버리는 겁니 다. 표현은 사라지겠지만 여전히 그들은 혐오적 생각을 가지고 있 을 것입니다. 어두컴컴한 인터넷 한구석에 그런 표현이 남아 있을 때, 법 집행기관이 그걸 추적하고 모니터링하고 폭력적 계획을 막는 것이 훨씬 더 어려워질 것입니다. 많은 법 집행 전문가가 검열에 반대하는 이유가 바로 여기에 있습니다. 실제 차별적 폭력을 예방하려면 정보가 필요한데, 그 정보가 바로 혐오표현이라는 것입니다.

두 번째 논리적 가능성은 이미 말씀드린 것처럼 혐오를 조장하는 사람들이 처벌을 받으면 오히려 관심을 받고 자신을 순교자라고 주장할 수 있기 때문에 발언을 멈추지 않고 자신을 처벌하려는 시도를 환영한다는 것입니다.

그리고 세 번째는 교수님이 인터뷰 자료에서도 언급하셨지만, 혐오적 생각을 더 미묘하고 다양한 의미를 담은 수사로 위장하여 계속 말하는 것입니다. 이것은 그 혐오적 생각을 교묘하게 포장하는 것이기 때문에 훨씬 더 위험할 수 있습니다. 이런 일은 정말 자주 벌어집니다. 사람들이 소수인종을 지칭할 때 음식 이름을 사용하는 많은 사례가 있습니다. 나치 신념을 대변하는 숫자도 있습니다. 법 집행자들이 이런 용어가 혐오표현을 대체하는 말로 사용된다는 사실을 알 때까지는 혐오표현으로 간주되기 힘들 겁니다. 언어는 날마다 새롭게 다시 변형되기 때문에 어떤 표현을 검열을 통해 완전히 근절할 수 있다고 생각하는 것은 어리석은 일입니다.

홍성수_ 그러니까 혐오표현을 직접 규제하고 검열하는 것에 반대하지만 그렇다고 아무것도 하지 않고 방치하자는 것은 아니다, 피해자를 위한 특별한 보호조치도 제공할 수 있고, 대항표현과 같은 비검열적 조치가 부작용도 없고 더욱 효과적이고 영향력 있는 방법이라는 말씀이신 거네요. 대학을 예로 든다면, 표현을 규제하는 학칙을 만들기보다는 괴롭힘을 금지하고, 잠재적 피해자들을 적극 보호하고, 대학 차원에서 소수자 지원 정책을 시행하는 것을 생각해 볼 수 있겠습니다. 대학 총장 같은 지도자가 적극적으로 평등과 포용의 메시지를 발표하는 것도 중요해 보이고요. 그 외에 대학 차원에서 혐오표현과 관련해 할 수 있는 비검열적 조치는 무엇이 있을까요?

네이딘 스트로슨_ 제가 몇 가지 예를 들었지만 대항표현은 단순히 혐오표현에 대해 논쟁을 하는 것이 아닙니다. 대항표현은 적극적으로, 지속적으로 하는 것임을 다시 한번 말씀드리고 싶습니다. 대항(counter)이라는 말은 대항한다는 것을 뜻하기 때문에 약간 부적절한 명칭이기도 합니다. 대학은 다양성, 형평성 및 포용성의 가치를 지속적으로 긍정적으로 선포하고 이를 축하하고 구현할 수 있습니다. 입학부터 오리엔테이션, 교육자료, 소수자 학생들에 대한 특별한 기회 제공, 특별한 시설, 심리적 지원까지 다양한 방식으로 시작해 볼 수 있습니다.

홍성수_ 혐오표현에 대한 금지나 검열에 반대한다는 것은, 아무 것도 하지 않겠다는 것이 아니라 오히려 더 많은 일을 적극적으로 해야 한다는 것이죠. 교수님이 평생을 바쳐 전하려고 했던 메시지가 바로 이것 같습니다. 정치인의 혐오표현이 어느 나라에서나 큰 문제가 되고 있는데요. 여기에 대해서도 여쭤 보고 싶습니다. 정치인의 혐오표현에 대해서는 유럽과 미국의 접근법에 차이가 있는 것 같습니다. 유럽에서는 정치인의 발언이 매우 위험하다고 생각하기 때문에 혐오표현금지법으로 더 엄격하게 통제하려는 경향이 있는 반면, 미국에서 정치인의 발언을 법으로 규제하는 것은 상상하기 어려운 것 같아요.

네이딘 스트로슨_ 제 책에서 여러 유럽 국가의 정치인들이 처벌받은 사례를 많이 소개했죠. 단순히 소수자에 대한 차별적 표현을 한 것이 아니라, 정책에 대해 좋지 않은 시각을 제공했다는 이유로 처벌받은 경우도 있었습니다.

표현의 자유는 정보와 생각을 '전달할 권리'일 뿐만 아니라 이를 '수용할 권리'이기도 합니다. 정치인의 표현의 자유를 제한한다면, 우리의 권리, 즉 유권자의 권리도 침해하는 것이죠. 이것은 특히 민주주의에 위배되는 것이기도 한데요, 국민들이 공직자나 정치인 들의 실제 생각을 들을 수 없다면 어떻게 그들에게 책임을 물을 수 있을까요?

제가 가장 좋아하는 미국연방대법원의 판결에 따르면, 공적 사안에 대한 발언은 개인의 자기표현의 문제가 아니라 자치(self-government)의 본질입니다. 따라서 정치인의 표현을 규제하는 것은 정치인 개인을 억압할 뿐만 아니라, 사람들에게 투표하도록 설득하거나 반대 토론의 기회를 제한하여 결과적으로 민주적 과정을 억압하는 것으로 간주되어야 합니다.

홍성수_ 한국에서도 일부 극우 정치인들이 혐오표현을 하는 경우가 있어서 이들을 처벌해야 한다는 주장이 있습니다. 하지만 정치인들은 혐오표현금지법이 제정되어도 법 적용을 피할 방법을 잘 알고 있습니다. 그래서 저는 혐오표현금지법이 제정된다면 정치인보다는 그 정치인에게 영향을 받은 일반 시민에게 적용될 가능성이 더 높을 거라고 봅니다. 더 큰 책임은 정치인에게 있는데 말이죠.

네이딘 스트로슨_ 네, 제 책에서 여러 사례를 제시했습니다. 정치인들은 좋은 변호사를 고용할 수도 있고, 변호사의 조언을 받을 수도 있고요. 검사가 정치인의 기소를 꺼리는 경향도 있습니다. 일반인들과는 달리 그들은 법을 빠져나갈 자원을 가지고 있는 거죠. 힘없는 사람에게 차별적인 방식으로 법이 집행되는 것은 더욱 해악적입니다. 아니러니하지 않습니까? 혐오표현금지법의 철학은 약자를 보호하는 것인데, 오히려 그 집행 과정에서는 사회의 지배적이고 강력한 정치인이나 다른 엘리트 들의 권력이 더 공고해지니까요.

유럽인권재판소에서는 정치인의 혐오표현이 특별히 처벌 대상이 된다고 판결했는데, 그 이유는 정치인은 권력을 가지고 있어서 그들의 혐오표현이 권력이 약한 사람의 혐오표현보다 더 부정적인 영향을 미칠 수 있기 때문이라고 했었습니다. 하지만 유럽인권재판소가 정반대의 결정을 내린 사례도 있습니다. 제가 앞서 말씀드렸던 바로 그 이유 때문에 말이죠. 어떤 정치인이 혐오적 생각을 가지고 있다면, 일단 우리가 그 사실을 알 수 있어야 합니다. 그래야 그들에게 반대표를 던지거나 그들을 퇴출시킬 수 있습니다.

홍성수_ 한국은 혐오표현금지법이 없지만 비슷한 상황을 명예훼손법 집행 과정에서 경험했었습니다. 한국 대법원도 공적 사안에 대한 발언에 대해서는 명예훼손법 적용을 부정하는 판례를 내놓고 있는데요. 이 점을 활용하여, 정치인들은 명예훼손법의 적용을 쉽게 피하곤 합니다. 자신의 발언은 누군가의 명예를 훼손한 것이 아니라, 공적 사안에 대한 발언이라고 항변하는 것이죠. 하지만 일반인들은 이런 방법을 잘 몰라서 쉽게 처벌받는 경우가 있습니다.

또 한 가지 여쭤 보고 싶은 중요한 문제가 있는데요. 일종의 '미국적 예외주의'라고 할 수도 있을 듯합니다. 표현의 자유를 중시하고 혐오표현 금지를 반대하는 것은 미국의 경우에나 유의미한 얘기라는 것입니다. 실제로 제가 볼 때도 미국의 표현의 자유 전통에는 다른 나라와는 다른 다소 예외적인 부분이 있는 것 같습니다. 예를 들면 이런 겁니다. 혐오표현에 대해 대항표현으로 대응하는 것이 가장 좋지만, 대항을 위해서는 충분한 자원이 필요하죠. 그런데 미국 사회에는 그런 자원이 충분히 있는 반면, 그렇지 않은 나라도 있습니다. 대항표현으로 혐오표현에 맞설 수 있는 시민 역량이 부족한 나라들 말이죠. 이런 경우에는 혐오표현금지법이 필요하다고 할 수 있다는 것입니다.

네이딘 스트로슨_ 매우 복잡한 질문이라는 점을 먼저 말씀드리고 싶습니다. 모든 국가가 고유의 역사를 가지고 있다는 점에서 좋은 질문이기도 합니다. 하지만 제가 공부한 바에 따르면, 전 세계와 역사를 통틀어, 아마도 역사 이전에도 표현의 자유에 대한 인류 보편적 열망과 욕구가 있었다고 믿습니다.

제 친구 야코브 므샹아마는 작년에 『표현의 자유: 소크라테스부터 소셜미디어까지(Free Speech: A History from Socrates to Social Media)』라는 멋진 책을 썼어요. 그는 덴마크인입니다. 아버지는 아프리카인이고 어머니는 덴마크인인데, 전 세계의 모든 역사를 통틀어 헌법적 보호가 있든 없든 사람들은 자기표현에 대한 타고난 욕구가 있었으며, 이것은 미국에만 국한된 것이 아니라는 겁니다. 질서와 권위에 대한 반대 압력은 언제 어디서나 존재했다는 것이죠.

오늘날 많은 다른 나라에는 표현의 자유에 대해 완전한 자유주의, 시민적 자유주의 관점을 가진 사람이 많습니다. 저는 일본과 뉴질랜드, 그리고 전 세계의 선진국과 미개발국, 그리고 다양한 정치체제의 사람들을 만났습니다. 물론 세계 각국에 제 생각에 동의하지 않는 사람들이 있었습니다. 미국에도 혐오표현 검열을 지지하는 사람이 많습니다. 미국시민자유연맹(ACLU)도 스코키 사건으로 인해 회원의 상당수가 탈퇴했죠. 그래서 저는 국가별 차이보다는, 개인마다 입장이 다른 거라고 생각합니다.

특정 국가에 차별에 의미 있게 대처할 충분한 자원이 있는지 여부는 매우 심각한 문제입니다. 저는 독일이 최근 들어서야 차별금지법을 제정했다는 소식을 듣고 놀랐습니다(독일의 일반평등대우법은 2006년에 제정되었다). 바이마르공화국에서 이미 혐오표현을 불법화했는데, 그로부터 한참 지난 후에야 차별금지법이 제정된 것이죠. 오히려 미국은 (혐오표현금지법은 없지만) 차별금지법에 관해서는 선구자적 역할을 했다고 생각합니다[미국의 차별금지법에 해당하는 민권법(Civil Rights Act)은 1964년에 제정되었다]. 저는 그런 미국의 결정이 옳았고 지금도 차별금지법이 우선순위라고 생각합니다. 고용과 교육 등 중요한 영역에서 실제 차별을 금지하는데 그렇게 많은 자원이 필요한 것은 아니라고 생각합니다. 차별금지법의 미덕 중 하나는 일단 사람들이 그 법 덕분에 다른 다양한 사람들과 상호작용하며 일하거나 공부할 수 있는 것이라고 생각합니다. 고정관념과 편견을 극복하는 가장 강력한 방법은 실제로 상대방을 알아 가는 것이거든요. 따라서 차별적 행위를 금지하는 법 덕분에 태도가 달라질 수 있고, 그 결과 차별적 태도가 사라질 가능성이 높다고 생각합니다.

홍성수_ 결국 차별적이고 혐오적인 생각이 사라져야 하는데, 법적 조치를 취한다면 혐오표현을 금지하는 것보다는 차별을 금지하는 게 낫다는 말씀으로 이해됩니다. 저도 한국에서 혐오표현금지법보다는 차별금지법이 시급하다는 취지로 계속 주장해 왔습니다. 차별금지법에 대한 말씀을 좀 더 듣고 싶습니다.

네이딘 스트로슨_ 앞서 말씀드렸듯이 저는 차별을 금지하는 것이 가장 중요한 단계라고 생각합니다. 제가 어렸을 때 역사적인 민권법 제정이 논의되었었는데요. 이 법에 반대하는 사람들은, 차별적인 '행동'을 쫓아내는 것은 도움이 되지 않는다며 차별적인 '마음'을 쫓아내야 한다고 말했던 것을 기억합니다. 하지만 그 반대라는 것을 보여 주는 많은 심리적 증거가 있습니다.

제 책에도 인용했지만, 고든 올포트가 연구한 것이며 그 이후에도 수많은 검증을 거친 '접촉 이론(contact theory)'에 따르면, 편견을 극복하는 가장 좋은 방법은 사람들을 편견이 있는 사람들과 실제로 접촉하게 하는 것입니다. 우리는 접촉을 통해 우리와 다른 인종이 수백만 가지 다양한 정체성 요소 중 그저 하나에 불과한 차이를 가진 개인일 뿐이라는 것을 알게 됩니다.

차별금지법은 교육 기회나 직업 또는 고용 기회에서 배제되는 경우 발생하는 경제적 피해 등 여러 유형의 피해로부터 사람들을 보호해 줍니다. 그리고 또한 차별금지법을 통해 사람들의 태도가 바뀌는 효과도 기대할 수 있습니다. 차별을 극복하는 문화가 만들어지는 것입니다. 교수님이 소개해 주신 용어인 '환경 조성'에 해당하는 것이죠.

홍성수_ 혐오와 차별과 관련해서 '혐오범죄'를 가중처벌하는 법도 여러 나라에서 시행 중인데요. 안타깝게도 세계의 주요 국가 중 차별금지법과 혐오범죄법이 없는 나라는 한국과 일본 두 나라뿐인 것으로 알고 있습니다. 일본은 차별금지법은 없지만 혐오표현금지법은 (강제력은 없는 상징적 법이지만) 얼마 전 제정하긴 했지만요. 혐오범죄법에 대한 의견도 여쭤 보고 싶습니다.

네이딘 스트로슨_ 기본적으로 저는 모든 형법이 매우 엄격하게 집행되어야 한다고 생각합니다. 혐오범죄법을 통해 유대교회당이나 이슬람 사원을 파괴하는 사람들, 동성애자나 다른 소수자를 폭행하는 사람들은 더 엄격하게 처벌될 것입니다. 표적이 된 사람들은 더 보호될 수 있을 것이고요. 그러나 저는 형사처벌이 사람들의 행동을 변화시킬 수 있을 것인지에 대해서는 조금 회의적입니다. 미국은 징벌적인 사회라고 생각합니다. 형량은 이미 너무 길고 감옥은 사람들이 많은 교육 기회를 접할 수 없는 끔찍한 장소죠. 누군가의 수감 기간을 늘린다고 그가 생각을 바꾸거나 더 건설적이고 평화를 사랑하는 사회 구성원이 될 가능성은 없다고 생각합니다.

홍성수_ 마지막 질문이 될지도 모르겠습니다. 교수님은 책에서 혐오선동가들과 직접 대면(confrontation)하는 형태의 대항표현에 대해서 회의적인 입장을 밝히셨는데요. 그렇게 말씀하신 취지는 충분히 이해하지만, 혐오표현에 분노한 당사자나 지지자들이 정말로 대면해서 항의하고 토론하고 싶어 하는 경우도 있는 것 같습니다.

실제로 일본에서는 조선인 혐오를 선동하는 시위에 대해 대항 시위대가 맞불을 놓았죠. 직접 '대면'해서 항의를 한 겁니다. 이런 방식이 일본에서는 인종차별 문제를 해소하는 데 효과적이라는 평가를 받고 있기도 합니다. 그럼에도 대면에 대해서 우려하신 이유는 무엇인지 궁금합니다.

네이딘 스트로슨_ 교수님의 질문 덕분에 제가 책에서 충분히 밝히지 못한 점을 명확히 할 수 있는 기회를 얻은 것 같습니다. 저는 물리적 폭력이나 폭행이나 협박이 아니라면, 표현의 자유나 반론의 강력한 행사라면 원칙적으로 '대면'에 반대하지 않습니다. 이것은 상황에 따라, 즉 목표가 무엇이고 그 목표를 달성하기 위해 어떤 전술이 효과적일지에 따라 달라지는 전략적 판단입니다. 제가 예로 든 것은 대학 캠퍼스에서 혐오표현을 하는 사람에 대해서 대면으로 문제를 풀어 간다면, 오히려 혐오 발언자에게만 언론보도와 관심이 집중되기 때문에 완전히 역효과를 낸다는 점을 지적한 것입니다. 하지만 특정 상황에서는 대면이 효과적일 수 있을 것입니다. 예컨대, 일본에서의 대항 시위대는 반한 시위대의 메시지를 미화하거나 증폭하지 않으면서 대면했기 때문에 성공적이었을 겁니다. 정확히 어떤 경우에 대면이 효과적인지에 대해서는 저도 좀 더 연구해 보고 싶습니다.

홍성수_ 이제 마무리를 해야 할 것 같습니다. 한국에서도 혐오표현금지법 제정에 대한 찬반 논쟁이 있는데, 제가 늘 아쉽게 생각하는 것은 혐오표현에 관한 모든 논의가 법 제정 찬반 논의로 한정된다는 것입니다. 기자들도 저에게 혐오표현에 관한 질문을 할 때 늘 '혐오표현금지법에 대한 입장'을 묻죠. 저는 이렇게 협소하게 논쟁이 진행되어서는 안 된다고 생각합니다. 그래서 이 책이 혐오표현금지법의 문제점을 충실히 언급하고 있기도 하지만, 동시에 혐오표현에 대처할 다른 여러 방법을 제시하고 있다는 점에서 특별히 의미가 있다고 생각합니다. 한국의 독자들이 주목했으면 하는 부분이기도 하고요. 이 책의 번역을 통해서 교수님의 '이론'뿐만 아니라 교수님이 그동안 직접 행해 온 '실천'도 한국의 독자들에게 소개할 기회가 되었으면 좋겠다는 생각도 해 봅니다. 마지막으로 덧붙이고 싶은 말씀이 있으신가요?

네이딘 스트로슨_ 저의 책을 번역해 준 두 분께 감사의 인사를 전하고 싶습니다. 번역 기획이 궁극적으로 혐오와 차별 그리고 고정관념을 없애고, 우리가 누구이든 무엇을 믿든, 어디에 살든 상관없이 우리 모두의 평등, 존엄성, 다양성, 포용성을 증진하는 가장 중요한 목표를 실현하기 위한 것이라고 믿기 때문에 더할 나위 없이 감사합니다.

홍성수_ 저도 감사드립니다.

옮긴이 해제

홍성수, 유민석

이 책의 저자 네이딘 스트로슨은 미국 뉴욕 로스쿨 교수이면서, 표현의 자유 등 시민권을 옹호하는 미국의 대표적인 인권운동가이기도 하다. 그는 홀로코스트 생존자의 딸이면서도 신나치의 표현의 자유를 보장해야 한다고 주장했고, 여성 착취에 반대하면서도 포르노그래피를 검열해서는 안 된다는 쪽에 섰다.[55] 그는 연구논문 저술뿐만 아니라, 미국에서 논쟁이 격화될 때 각종 미디어를 통해 적극적으로 목소리를 내고, 직접 행동에 나서기도 했다.

또한 미국을 대표하는 시민단체인 미국시민자유연맹(ACLU)에서 1991년부터 2008년까지 대표를 역임했으며, 지금은 대학 내 표현의 자유를 옹호해 온 단체인 '개인의 권리와 표현을 위한 재단

---

55 Nadine Strossen, *Defending Pornography: Free Speech, Sex, and the Fight for Women's Rights*, NYU Press, 1995.

(FIRE)'에서 선임 연구원을 맡고 있다.《전국법저널(The National Law Journal)》이 선정한 '미국에서 가장 영향력 있는 법률가 100인'에 오르기도 했고, 미국변호사협회(ABA)의 마거릿 브렌트 여성법률가상(Margaret Brent Women Lawyers of Achievement Award)을 수상하기도 한 영향력 있는 인물이다.

스트로슨은 혐오표현에 반대하지만 혐오표현을 검열해서는 안 된다는 입장을 일관되게 견지해 왔으며, 이 책은 그 입장을 간명하게 정리했다고 할 수 있다. 평생에 걸친 연구와 활동의 총결산이라고 해도 무방할 것이다. 그만큼 정연하면서도 깊이 있는 내용을 담고 있다. 이 책은 혐오표현에 어떻게 대처할 것인가를 다룬 책이다. 저자의 입장을 간단히 요약하자면 다음과 같다. 1) '혐오표현금지법'은 표현의 자유를 보장하는 수정헌법 제1조에 위배되며, 혐오표현을 억제하는 효과적인 방법도 아니다. 2) 혐오표현을 억제하는 가장 좋은 방법은 대항표현이다.

그의 입장은 한국의 진보-보수 대립 구도에서 보면 다소 특별하다. 표현의 자유라는 쟁점을 좌파-우파 또는 진보-보수라는 단순한 구도와 분리해서 논의하기 때문이다. 예를 들어, 한국에서 일반적으로 표현의 자유를 적극 옹호해 온 것은 진보 진영이었다. 민주화 과정에서 권위주의 통치에 맞서는 필수 무기가 바로 표현의 자유였다. 하지만 이 표현의 자유가 '나쁜 표현'도 허용해야 하는지에 대해서는 진보 진영 내에서도 논란이 있다. 표현의 자유는 원래 불편한 표현, 모욕적인 표현마저도 보호해 주는 것이다. 우리 사회에는 타인이 표현한 '내용'에 대해 중립을 지켜야 한다는 의견도 여전히 있지만, 나쁜 표현의 자유에 대해서는 거부감을 갖는 경우도 매우 많다. 실제로 진보적 정치 성향을 가진 사람들 중에도 일간베스트 게시판, 5·18 광주민주화운동 왜곡, 문재인 대통령 명예훼손, 노무현 대통령 명예훼손, 정부 비판, 포르노그래피 등을 규제해야 한다는 의견에는 찬성하는 사람이 많다.

하지만 네이딘 스트로슨은 혐오표현에 대한 법적 규제와 검열에 반대한다. 혐오표현은 그 개념이 매우 모호하기 때문에 표현의 자유를 보장하는 헌법상 기본 원칙에 반할 수밖에 없다는 것이 첫 번째 이유다. 혐오표현은 개념이 모호하여 표현의 자유를 전반적으로 억압하게 될 수밖에 없다는 것이다. 물론 혐오표현의 개념 범위를 최소한으로 축소한다면 위헌 시비에서 벗어날 여지가 있기는 하지만, 그렇게 범위를 축소하면 우리가 일반적으로 규제해야 한다고 생각하는 혐오표현의 상당수를 규제할 수 없게 된다. 만약 매우 좁은 의미의 혐오표현, 예컨대 특정 개인을 직접적으로 해치는 모욕적 표현, 처벌 가능한 선동, 진정한 협박, 괴롭힘, 편견범죄 등 특정 심각한 해악을 직접적이고 즉각적이고 명백하게 야기하는 경우를 규제하기 위한 것이라면, 굳이 혐오표현금지법이 필요 없다. 이러한 행위들은 소위 '긴급성 테스트'를 통과할 수 있고, 혐오표현금지법 없이도 이미 미국 법에 의해 규제되어 왔다는 것이다.

두 번째 이유는 혐오표현금지법이 혐오표현을 억제한다는 법의 본래 목적을 달성하기 어렵다는 것이다. 첫 번째 이유가 이론적이라면 두 번째 이유는 현실적이다. 한마디로 혐오표현금지법은 현실에서 그 입법 취지대로 작동하지 않는다는 것이다. 혐오표현금지법이 극악한 혐오표현은 규제하지 못하고 상대적으로 사소한 혐오표현에만 적용된다는 문제, 혐오를 잠복시켜서 숨게 만드는 문제, 교묘하고 암호화된 혐오표현을 증가시키는 문제, 법 집행이 늦고 구제 절차가 복잡하고 비용이 많이 들며 지리멸렬해진다는 문제, 혐오 발언자들을 오히려 순교자로 만들고 관심과 주목을 받게 만드는 문제 등이 그것이다. 현실적으로 법의 제정 목적을 달성하기 어렵다면, 그 법의 정당성은 상실되게 된다. 스트로슨은 이러한 문제를 미국을 제외한 나머지 국가들의 사례를 언급하며 설명한다.

더 심각한 것은 혐오표현금지법이 소수자들의 표현의 자유를 축소하는 도구로 오용되는 경우가 적지 않다는 것이다. 예를 들어, 소수자집단에서 자신들을 비하하는 말을 역으로 사용하는 것이 규제 대상이 된다거나, 일종의 미러링으로 다수자집단을 공격하는 것이 규제 대상이 되는 경우다. 정적을 제거하기 위해 혐오표현금지법이 남용되는 경우도 있다. 혐오표현금지법은 원래 소수자집단을 보호하기 위해, 차별을 금지하고 평등을 증진하기 위해 제정하는 것인데, 정반대의 결과가 나오는 것이다. 이것은 단순한 부작용이 아니라 입법의 정당성을 정면으로 훼손하는 것이다.

이 현실적인 문제에 좀 더 주목해야 한다. 사실 혐오표현을 억제하는 방향으로 혐오표현금지법을 효과적으로 작동할 수만 있다면, 위에서 제기한 헌법 이론적인 문제, 즉 혐오표현금지법이 헌법의 기본 원칙과 충돌하는 문제는 어느 정도 해소할 수 있다. 소수자의 평등을 위해 혐오주의자들의 (표현의) 자유가 양보되어야 한다는 이익형량을 터무니없다고 볼 수만도 없는 것이다.

하지만 혐오표현금지법이 실제 효과가 없다면, 게다가 심지어 역효과가 심각하다면 법의 정당성은 완전히 무너진다. 실제로 이 책은 흑인들이 백인 혐오로 신고를 당한다거나, 혐오선동가들이 법적 규제를 받음으로써 오히려 자신들의 생각을 홍보할 기회를 얻게 되는 경우를 소개하고 있다. 부분적으로 혐오표현을 규제하고 있는 한국에서도 이미 이런 현상이 목도되었다. 인터넷게시판에 신고에 기반한 자동 삭제 시스템을 구축했더니 해악이 큰 혐오표현은 그대로 남고 페미니즘 관련 글이 주로 신고되고 삭제된다거나, 남성혐오 신고 건수가 여성혐오 신고 건수보다 많은 경우가 대표적이다. 혐오선동가를 명예훼손으로 고발했더니 탄압받는 순교자로 영웅 행세를 하는 것도 목도되었다. 혐오표현금지법이 추구했던 목표와 전혀 다른 상황이 연출된 것이다.

또 한 가지 주목해야 하는 부분은, 스트로슨은 혐오표현금지법에 반대할 뿐 혐오표현을 방치하자는 입장이 결코 아니라는 것이다. 이 책의 부제는 '우리는 왜 검열이 아닌 표현의 자유로 맞서야 하는가?'다. 혐오표현의 '문제'에는 동의하면서도 그 해결 방법은 법이 아닌 다른 방안이어야 한다는 점을 부제로 강조한 셈이다. 스트로슨의 대안은 대항표현이다. 미국 대법관 루이스 브랜다이스가 혐오표현에 대한 최선의 해결책이 법으로 표현을 금지하는 것이 아니라 "더 많은 표현"이라고 제시한 이래, 대항표현은 혐오표현에 대처하는 효과적인 방법으로 제안되어 왔다.

이 책을 번역한 우리 두 사람이 그동안 국내에 적극 소개해 온 개념이기도 하다.[56] 대항표현은 정형화된 형식이 있는 것은 아니지만,

혐오표현을 금지하는 대신 교육, 홍보, 논쟁과 설득, 캠페인 등 다양한 방법으로 혐오표현에 맞서 싸우는 것을 말한다. 이것을 스트로슨은 '비겁열적 방법'이라고 부른다. 국가인권위원회 『혐오표현 리포트』에서 혐오표현에 대한 대응 방법으로 제시한 '환경 조성'과 일맥상통한다.[57]

나쁜 표현에 대해서는 금지가 아니라 좋은 표현으로 맞서 싸워야 한다는 존 스튜어트 밀(John Stuart Mill)이나 존 밀턴(John Milton) 등 자유주의 전통에서 오랫동안 얘기되어 온 것이긴 하나, 스트로슨의 제안은 좀 더 구체적이고 전략적인 실천 방안을 제시한다는 점에서 특기할 만하다. 그는 책에서 소외된 사람들에게 힘 실어 주기, 교육, 더 두껍고 얇은 피부 개발하기, 사과, 정부 및 대학 당국의 대항표현, 소통과 상호작용, 보다 포용적인 대학 만들기, 자율

56 두 역자가 그동안 발표해 온 저작과 번역서는 다음과 같다. 홍성수, 『말이 칼이 될 때』, 어크로스, 2018; 홍성수, 「혐오표현의 해악과 개입의 정당성: 금지와 방치를 넘어서」, 《법철학연구》, 22(3), 2019; 홍성수, 「혐오에 어떻게 대응할 것인가?: 혐오에 관한 법과 정책」, 《법학연구》, 30권 2호, 충남대학교 법학연구소, 2019; 홍성수, 「혐오표현의 규제: 표현의 자유와의 충돌을 피하기 위한 규제대안의 모색」, 《법과사회》, 50호, 2015; 유민석, 『메갈리아의 반란』, 봄알람, 2016; 유민석, 『혐오의 시대, 철학의 응답: 모욕당한 자들의 반격을 위한 언어를 찾아서』, 서해문집, 2019; 주디스 버틀러, 유민석 역, 『혐오 발언: 너와 나를 격분시키는 말 그리고 수행성의 정치학』, 알렙, 2022; 캐서린 겔버, 유민석 역, 『말대꾸: 표현의 자유 VS 혐오 표현』, 에디투스, 2019.

57 『혐오표현 리포트』(국가인권위원회, 2019)에서는 혐오표현 대응 방법을 '행위 규제'와 '환경 조성'으로 구분한다. 행위 규제가 법이나 규정으로 혐오표현을 직접 규제하는 것이라면, 환경 조성은 교육, 홍보, 정책, 지원, 연구 등을 통해 혐오표현이 작동하기 어렵게 하거나 혐오표현에 대하여 저항할 수 있는 자원을 제공하는 것을 말한다.

적 제한 등의 다양한 '비검열적 조치'를 제안하면서 이러한 대안이 얼마나 효과적이면서 부작용 없는 대안인지를 자세히 설명한다.

다만 이러한 대안이 언제 어디서나 효과적인지에 대해서는 논쟁의 여지가 있다. 실제로 스트로슨은 최근 미국에서 대항표현의 흐름이 대학가를 중심으로 형성되고 있다는 사실에 고무된 듯하다. 미국에는 이렇게 혐오표현에 맞서 싸울 힘이 충분히 있는데, 법을 동원할 필요가 도대체 무엇이냐고 항변하는 것이다. 그런데 이 말을 뒤집어 보면, 그런 힘이 충분히 없는 곳에서는 금지법이 필요할 수도 있지 않은가 하는 반론이 제기될 수 있다. 그러니까 이른바 '비검열적 조치'는 성숙한 시민사회가 있는 곳에서나 작동하는 게 아니냐는 것이다. 물론 스트로슨은 민주주의가 발전하지 못한 나라에서 혐오표현금지법의 남용이 더 심각했다는 점을 지적한다.

또한 혐오표현금지법 같은 국가적 차원의 조치 외에 방송, 인터넷, 대학, 초중고, 직장 등의 특수 영역에서 혐오표현을 규제하는 것은 어떻게 봐야 할지도 문제다. 각 영역에서의 개별적 규제 역시 스트로슨이 우려하는 부작용을 초래할 수 있지만, 국가법과 비교하면 그 여지가 적고, 또 그 해악도 좀 더 간접적이라는 점을 고려할 필요는 있을 것이다. 또한 법적 금지와 비검열적 방법들이 양립 불가능한 것이 아니라는 점도 생각해 볼 수 있다. 만약 혐오표현금지법을 제정하여 집행하되 비검열적 방법들을 충실히 병행한다면, 스트로슨이 우려하는 여러 가지 문제를 어느 정도 해소할 수 있기 때문이다.

한국에서도 혐오표현 문제가 뜨거운 쟁점이다. 혐오표현을 금지하는 법안도 제출된 바 있다. 스트로슨의 주장은 한국 사회에도 이 법이 필요한지를 토론하는 과정에서 좋은 참고 자료가 될 것이다. 이 책은 혐오표현의 개념부터 시작해서, 혐오표현금지법의 이론적 쟁점과 현실적인 문제점, 그리고 실천적 대안까지 혐오표현의 쟁점을 일목요연하게 정리한 교과서나 다름없다. 혐오표현금지법에 반대하는 쪽에 힘을 실어 주는 내용이긴 하지만, 입법을 추진하는 쪽이 입법을 위해 어떤 점을 고려하고 어떤 난점을 해결해야 하는지도 상세하게 다루고 있다. 입법에 관한 문제가 아니더라도 스트로슨의 논의 자체는 혐오표현 문제를 해결하는 데 의미 있는 시사점을 제공한다. 그가 제안하는 '대항표현'이라는 대안들은 혐오표현금지법이 있건 없건 우리 사회에서 지금 당장 실천할 수 있는 것들이기 때문이다.

그동안 한국 사회에서 혐오표현에 관한 논의는 '법 제정 여부'에 지나치게 매몰되어 있었다. 혐오표현을 우려하는 사람들은 혐오표현금지법을 제정하는 데 몰두하는 경향이 있었고, 반대로 혐오표현금지법 제정에 반대하는 사람들은 대개 혐오표현의 해악에 무신경했다. 스트로슨의 제안은 전자에게는 혐오표현금지법이 아닌 다른 대안을 제시하는 것이고, 후자에게는 혐오표현의 위험성을 잊어서는 안 된다고 경고하는 셈이다. 더 나아가, 혐오표현금지법에 반대하는 사람들에게는, 반대만 할 게 아니라 법이 아닌 다른 방법으로 혐오표현에 맞서 싸우자고 제안하는 것이기도 하다.

ㄱ

검열
— 대항표현에 대한 역설적 검열 228
— 혐오 발언자에 대한 관심과 지지 증가 230~232
관점 중립성 원칙(viewpoint neutrality principle) 25~26, 30~31, 77~80
괴롭힘(harassment) 30, 51, 67, 115~117, 201, 226
교육
— 공립학교, 교육에서의 표현 규제 105~107
— 대항표현으로서의 교육 262~266
— 혐오표현에 대한 대응 전략 35~37, 200~201, 266~269
— 혐오표현에 대한 교육, 토론 및 온라인 자원 28~29, 200~201, 258, 264~266
긴급성 원칙(emergency principle) 107~118

ㄴ

나쁜(또는 해로운) 경향성 테스트(bad tendency test) 19~20, 22, 34, 44, 53, 80~82, 87, 131, 180, 198, 248
나치/나치즘 스코키, 일리노이주, 신나치 시위 참조
뉴욕타임스 대 설리번[New York Times v. Sullivan(1964)] 사건 88

ㄷ

대학
— 대학을 위한 포용성, 필요조건들 28, 275~276
— 보고된 혐오표현 사건들(2016~2017) 207
— 차별 반대 운동 200, 209, 284
— 차별과 혐오표현을 탐구하기 위해 제공되는 강좌와 프로그램 264~265, 285
— 폭력적 범죄행위와 동일시되는 혐오표현 28
— 학교 관리자의 혐오표현 정책 272~273
— 혐오표현 학칙 44~45, 51~52, 71, 115, 127, 133~134, 147~150, 184, 187, 206, 218, 224, 238, 260, 275
— 혐오표현 학칙 대신 대항표현 대응 259~260, 270~274
— 혐오표현에 대한 억제 34, 50~52, 69, 147~148, 237~238
— 혐오표현에 대한 엄격 책임(strict liability) 기준에 따른 접근법 180~181
대항표현(counterspeech) 22, 205~210, 248~262

Philos 023

혐오

1판 1쇄 인쇄 2023년 9월 14일
1판 1쇄 발행 2023년 10월 5일

지은이 네이딘 스트로슨
옮긴이 홍성수, 유민석
펴낸이 김영곤
펴낸곳 (주)북이십일 아르테

책임편집 김지영 박장호 편집 최윤지
디자인 어나더페이퍼
기획위원 장미희
출판마케팅영업본부 본부장 한충희
마케팅 남정한 한경화 김신우 강효원
영업 최명열 김다운 김도연
해외기획 최연순
제작 이영민 권경민

출판등록 2000년 5월 6일 제406-2003-061호
주소 (10881) 경기도 파주시 회동길 201(문발동)
대표전화 031-955-2100 팩스 031-955-215 이메일 book21@book21.co.kr

(주)북이십일 경계를 허무는 콘텐츠 리더

북이십일 채널에서 도서 정보와 다양한 영상자료, 이벤트를 만나세요!

인스타그램	instagram.com/21_arte	페이스북	facebook.com/21arte
	instagram.com/jiinpill21		facebook.com/jiinpill21
포스트	post.naver.com/staubin	홈페이지	arte.book21.com
	post.naver.com/21c_editors		book21.com

ISBN 979-11-7117-068-5 (03300)

인생에서 가장 어려운 일 중 하나는 자연적인 동맹자들에게 그들이 틀렸다고 말하는 것이다. 네이단 스트로슨은 혼란의 시기에 명석하고, 위선의 시대에 일관성 있으며, 위협적인 환경에서 용감하다. 이 책은 시민적 자유를 수호해 온 그의 경력에 걸맞은 최고의 성취다.

• 미첼 대니얼스Mitchell Daniels, 퍼듀대학교 총장, 전 인디애나주 주지사

스트로슨은 이 얇은 책에서 놀라운 일을 해냈다. 그는 복잡하고도 철저하게 검토된 분야에 뛰어들어, 독창적이고 통찰력 있으며 명료한 책을 저술했다. 추측건대 이 책은 현장에서 가장 많이 활용될 것이다.

• 로널드 콜린스Ronald Collins, 워싱턴 로스쿨 교수,《수정헌법제1뉴스First Amendment News》발행인

오늘날 사람들은, 의도는 좋지만 잘못된 판단으로, 혐오스럽다고 생각하는 표현을 검열할 것을 주장한다. 네이단 스트로슨은 옹호, 심지어 혐오스러운 사상의 옹호에 대한 범죄화조차 명예로운 자유를 위태롭게 하는 이유에 대해 설명한다. 게다가 그는 구식이지만 종종 잊힌 지혜를 강력하게 옹호한다. 나쁜 생각에 맞서는 가장 안전하고 효과적인 방법은 표현의 자유에 대한 권리를 제한하는 것이 아니라, 그것에 대항하기 위해 권리를 행사하는 것이다.

• 로버트 P. 조지Robert P. George, 프린스턴대학교 법학 교수

스트로슨은 그 누구보다도 이 주제에 대해 강력하고도 설득력 있게 말한다.

• 조너선 마크스Jonathan Marks,《월스트리트저널The Wall Street Journal》

혐오…… 아무리 증오에 가득 찬 사상이라도 수정헌법 제1조의 보호를 받을 자격이 있다는 전제를 뒷받침하기 위해, 저자는 법학, 역사학, 사회과학, 심리학 등 초국적 연구물을 다양하고도 면밀하게 검토했다.

• 스티븐 로드Stephen Rohde,《로스앤젤레스북리뷰Los Angeles Review of Books》

이보다 더 시의적절할 수 없다. 화려한 언변으로, 접근하기 쉬우면서도 교훈적이다.

• 랜들 케네디Randall Kennedy, 제1수정헌법기사연구소Knight First Amendment Institute

모두가 이 책을 읽어야 한다. •《리터러리허브Literary Hub》

스트로슨은 '혐오의 힘'에 대해 깊이 연구했다. •《베니티페어Vanity Fair》